"十四五"职业教育国家规划教材

大学新生入学教育

（第三版）

主　编　尹明柴

DAXUE XINSHENG RUXUE JIAOYU

中国教育出版传媒集团

高等教育出版社·北京

内容提要

本书是"十四五"职业教育国家规划教材。

本书围绕高职新生的学习和生活,对新生困惑的问题、教育规律与现行教育制度、学生自我管理等作了详细阐述。本书分为七个专题:何为大学,融入大学;适应环境,确立目标;校园文化,丰富生活;珍惜青春,健康成长;解读心理,疏通引导;诚信立德,学会感恩;职业规划,人生启航。本书内容丰富,切合学生实际,能满足高职新生入学教育的需求。为了利教便学,部分资源以二维码形式提供在相关内容旁,可扫描获取。

本书可以作为高职院校公共基础课教材。

图书在版编目(CIP)数据

大学新生入学教育 / 尹明柴主编. -- 3 版. -- 北京 :
高等教育出版社,2025. 8. -- ISBN 978-7-04-063373
-3

Ⅰ. G645.5

中国国家版本馆 CIP 数据核字第 2024UM0882 号

策划编辑 雷 芳 赵力杰 责任编辑 赵力杰 封面设计 张文豪 责任印制 高忠富

出版发行	高等教育出版社	网　　址	http://www.hep.edu.cn
社　　址	北京市西城区德外大街 4 号		http://www.hep.com.cn
邮政编码	100120	网上订购	http://www.hepmall.com.cn
印　　刷	上海华教印务有限公司		http://www.hepmall.com
开　　本	787 mm×1092 mm　1/16		http://www.hepmall.cn
印　　张	12	版　　次	2016 年 9 月第 1 版
字　　数	275 千字		2025 年 8 月第 3 版
购书热线	010 - 58581118	印　　次	2025 年 8 月第 1 次印刷
咨询电话	400 - 810 - 0598	定　　价	32.00 元

前　言

　　大学是知识的殿堂,大学校园是同学们实现梦想的地方。大学生都是带着梦想进入大学的,对理想的执着追求、对青春的浪漫期待都可以通过美好的大学生活来演绎和编织。

　　大学新生怀揣着青春的梦想进入大学以后,应该如何迅速进入新的人生角色? 如何坚实地走好人生之路? 大学入学教育是重要一环。大学生入学教育是引导大一新生明确大学学习目的,了解大学学习特点,遵守大学规章制度,自觉提高思想道德修养和综合素质,走好大学生活第一步的重要前提,是帮助大一新生融入大学生活,适应学校教育与管理模式,养成良好的学习和生活习惯,确定新的人生奋斗目标,科学规划未来的保证。通过学习,同学们将认识到,大学不是奋斗的终点,而是生命历程中一条新的起跑线,要在起跑线上展示出自己的风采,了解、适应大学生活是第一步。

　　我们编写本书,是希望帮助大学新生能够尽快地、较好地适应大学生活,了解全新的校园环境。本书对大学新生普遍遇到的问题进行分析,把老师的宝贵经验和同学们进行分享,助力同学们在未来的职场中扬帆启航,让毕业时的留言册上少一点遗憾——不感叹"如果大学可以重来……"谨以此书献给刚刚步入学校的大学新生,祝愿所有大学新生都能以自己火热的青春谱写人生最美的篇章。

　　本书编写过程中,参阅了许多文献资料,并吸取了其中精华,在本书出版之际,对相关作者表示衷心的感谢。由于篇幅有限,未能一一列出,在此致以歉意。

　　由于作者水平有限,书中难免有疏漏和不妥之处,恳请专家和读者批评指正。

编　者

目　录

专题一　何为大学　融入大学

　　"大学之道,在明明德,在亲民,在止于至善。""大人"之学的法门,在于彰显光明正大的品性,在于不断向新向好,在于以美善为终身追求的目标。习近平总书记在北京大学与师生座谈时把这句经典古语送给青年学生,是在期待我们的"大学"出"大人"。无谓职业、无论成就、只论品性的"大人",是品格上的君子,是学业上的才俊,是心理上的成人,是真正的国家栋梁。

学习目标

　　了解大学精神和大学发展的趋势,熟悉西方和我国大学的发展历程,掌握大学教育与中学教育的区别,理解大学是培养人才的摇篮、发展科技的殿堂和服务社会的基地,强化管理自我、转变自我和规划未来的观念,努力适应大学新环境,融入大学生活。

名人名言

　　所谓大学者,非谓有大楼之谓也,有大师之谓也。大学实行通才教育,主张健全人格,由教授治校,有学术自由探讨的风气。

——梅贻琦

第一节　大学精神　伴我同行

　　国内外许多著名大学都有其大学精神,大学精神的核心是以育人为第一要旨,以全面开展人才教育为使命。育人的重点,第一是培养学生对国家、对民族的责任感,培养有抱负、有政治远见、有广博知识、有责任心的人。要教育学生以天下为己任,继承前人"国家兴亡,匹夫有责"的报国精神,学习前人"先天下之忧而忧,后天下之乐而乐"、鞠躬尽瘁的品德,关心天下大事,服务于社会,服务于国家,服务于人民。第二是进行理想、信念教育。理想和信念是精神世界的深层次问题,它取决于世界观、人生观和价值观。要引导学生树立正确的人生目标、人生理想、人生追求,科学的自然观、历史观、社会观和辩证唯物主义认识观。第三是培养爱心。要教育学生爱父母、爱生活、爱事业、爱祖国。第四是培养高尚的人格。要坚持真理,胸怀坦荡,严于律己,宽以待人,淡泊名利,无私奉献。第五是培养自强不息、厚德载物的精神。不只教育学生如何认知,如何做事,还教育学生如何做人。引导学生敢于奋斗,善于成才。总之,育人的目的就是让大学生成为理想远大、热爱祖国的人,成为追求真理、勇于创新的人,成为德才兼备、全面发展的人,成为视野开阔、胸怀宽广的人,成为知行合一、脚踏实地的人。

一、自由精神

　　自由精神既是大学精神的灵魂所在,又是其他精神产生和发展的根基。具体地说,自由精神表现在以下几个方面。一是思想自由,大学应成为各种观念自由发展的场所。正如北京大学原校长蔡元培所言:"大学者,'囊括大典,网罗众家'之学府也……各国大学,哲学之唯心论与唯物论,文学、美术之理想派与写实派,计学之干涉论与放任论,伦理学之动机论与功利论,宇宙论之乐天观与厌世观,常樊然并峙其中,此思想自由之通则,而大学之所以为大也。"当年蔡元培任北大校长时,便提出"对于各家学说,依各国大学通例,循思想自由原则，兼容并包。无论何种学派，苟其言之成理，持之有故，尚不达自然淘汰之命运，即使彼此相反，也听他们自由发展"。二是学术自由，大学应成为自由探索高深学问的场所。学术自由主要包括教学自由、研究自由和学习自由，大学的探究活动要服从真理的标准。三是言论自由，大学应成为自由表达思想、观念的场所。大学应支持和鼓励公开的、自由的交流，这种自由不仅仅局限于校内，还可以扩展到校外。言论自由应尊重他人、遵守法律法规和遵循学术诚信原则。

二、创造精神

创造精神是大学的价值所在，是大学的根本生命力。文化要通过传递的方式继承并发展下去。教育从一开始就是传递和保留人类文化的重要手段。爱因斯坦正是在这个意义上理解学校的："学校向来是把传统的财富从一代传到下一代的最重要手段。"

与过去相比，今天，随着经济社会的发展，家庭的文化传递能力已经被削弱。因此，比起以前，今天，人类文明的延续，要在更高程度上依靠学校。大学教育通过对人类文化内容进行选择和整理，通过更新教育观念，更新人们的价值观念，改善人们的价值取向，改变人们的思维方式，实现文化的再生。

从洪堡提出教学与科研相统一的原则来看，科学研究是大学的一个基本职能。现在，一所大学科研成果的多少也标志着大学对社会的贡献大小。如果把大学为社会培养的创造性人才称为高素质的劳动者，那么，应把大学的科研成果视作对社会生产力的直接贡献，两者共同构成了大学的生产力与生命力的标志。

大学是以人才培养为己任的，而创造性恰恰是人才的核心特质。教育家艾略特认为，大学文化最有价值的成果是使学生具有开放的头脑、经过训练而谨慎的思考态度、谦恭的行为，掌握哲学研究方法，全面了解前人积累的思想。爱因斯坦更直接地认为"学校的目标应该是培养有独立行动和独立思考的个人，不过他们要把社会服务看作自己人生的最高目的""一个由没有个人独创性和个人志愿的规格统一的个人所组成的社会，是一个没有发展可能的不幸的社会"。

大学会创造社会理想，并把这些理想传递给社会成员，再通过人们的实践，将理想变成现实。社会理想是社会需要的具体反映，这种需要是反映社会发展规律并以社会发展规律为基础的。由于在文化积累方面的特殊优势，知识分子，特别是集中在大学校园里的知识分子比其他社会成员更能认识社会发展规律。有了对社会规律的认识，就能够提出符合社会发展规律的社会理想。可见，大学生作为社会中最具活力和潜力的群体之一，其与社会理想的关系既是个人成长的命题，也是时代发展的重要议题。当代大学生社会理想的实现，需要完成从"批判者"到"建设者"的角色进化，在"冷眼观察"与"热血行动"间保持张力。这种实践既是对"为中华之崛起而读书"传统的当代续写，也是应对人类共同挑战的必然选择。

三、独立精神

独立精神是高等教育机构在漫长历史演进中形成的独特品格，它既是大学区别于其他社会组织的本质特征,也是人类文明进步的重要推动力。从根本上看,大学独立精神首先体现为学术共同体的自我治理权,即大学应当拥有制定学术标准、决定研究议程、规划人才培养方案,以及管理内部事务的自主权力。这种制度性保障使得大学能够按照知识演进的内在逻辑而非外部力量的意志来发展。更深层次而言,这种精神表现为学者个体在研究和教学中的思想自由,包括自由选择研究课题、自由发表学术观点、自由进行知识批判的权利。这种自由不仅需要法律层面的保障,更需要学术共同体内部形成宽容异议、鼓励创新的文化氛围。值得注意的是,大学独立精神绝非意味着与社会隔绝,相反,它通过保持批判性的距离来更深入地参与社会变革。这种独立性使大学能够超越短期功利考量,致力于那些可能数十年后才显现价值的基础研究。同时,大学独立精神还包含对知识评价体系的自主权,即由学术共同体而非行政权力或市场力量来决定研究成果的价值。这种专业自律机制保障了学术发展的质量。当大学真正保持独立品格时,它不仅能培养出具有健全人格的公民,更能为人类文明贡献突破性的智慧。大学独立精神的当代意义,正在于为日益同质化的世界保存思想的多样性,为功利主义盛行的时代守护超越性的价值追求,最终使大学成为社会理性的调节器和人类精神的理想国。

四、批判精神

与社会其他结构相比,大学更具批判精神。大学是继承传统科技文化、不断创造新科技文化的场所,聚集了古今中外各种知识,是思想观念和学术思潮的汇集处。大学产生新思想,包容新观念,在这里不同的学术观点可以并存,不同的思想可以通过学术交流相互影响。

首先,大学的批判精神表现为大学教师在教学和科研过程中能够以科学的态度对待传统与现实,否定非科学的内容,破除迷信与保守主义,建立科学的知识体系。可以这样说,大学的教学与科研发展史就是科学史中重要过程的展开史,是一个肯定与否定相结合的扬弃过程。

其次,大学批判精神是对社会现实的理性反思和价值构建。进入技术时代后,一些人变成了技术的牺牲品,把技术崇拜为神。就两个极端而言,科学与人文分离的结果就是出现了两种畸形的人:一种是只懂技术而灵魂苍白的"空心人",另一种是不懂技术、奢谈人文的"边缘人"。现实社会改变这种"技术毒害"是无力的,而大学教育,特别是人文社会科学教育发挥着重要的作用。

大学应注意克服这种片面性,探索科技与人文的汇通之路。许多大学在一二年级即开设"通识课程",包括人文、社会和自然科学的各个方面。一些理工学院的工科学生要学占总课时 22% 左右的人文课程。

最后,大学批判精神是大学知识群体对政府决策的参谋和建议。科学决策是政府决策的关键,但是,做到科学决策并不容易,所以要倾听专家意见,请专家参与决策。专家之所以成为专家,就是因为他们所特有的对问题的科学态度和客观的批判精神。

五、社会关怀精神

社会关怀精神是社会发展的必然产物。在工业化、信息化的社会里,大学已经被越来越深入地参与到社会机器的运转之中。关注现实、服务社会成为高校的重要职能。高等教育将科学研究直接转化为社会第一生产力——科学技术；大学通过人才培养，为社会提供生产力中最活跃的因素——高质量的人力资源。

社会关怀精神还表现在大学对社会精神文明的参与和建设。除了在生产力方面对社会的贡献，大学通过人文社会科学的研究和宣传为社会提供精神产品，包括哲学研究、文学创作与批判、思想道德建设等。知识分子在提炼和批判社会生活的同时，又把各种精神产品回馈到社会，为社会的发展提供支持。

六、人文精神

人文精神是一种普遍的人类自我关怀，表现为对人的尊严、价值、命运的维护、追求和关切，对人类遗留下来的各种精神文化现象的高度珍视，对一种全面发展的理想人格的肯定和塑造，而大学的人文精神，就是指大学所倡导的在处理人与自然、人与社会、人与他人、人与自己关系时的价值观，以及建立在这种价值观基础上的行为规范。具体地讲，大学的人文精神至少包括以下几个方面的内容：第一，高扬人的价值，追求人自身的完善和理想的实现。第二，重视追求，执着探索超越现实的理想世界和理想人格。第三，具有强烈的社会责任感和历史使命感，以及永恒的道德精神。第四，坚持理性原则和主体意识。第五，谋求个性解放，并建立自由、平等、和谐的人际关系。第六，倡导人与自然的和谐发展。

七、科学精神

科学精神是科学工作者在科学研究和科学技术发展过程中所形成的价值准则和行为规范。它既包括从事科学研究的一系列行为规范，如一些学者提出的普遍性、公有性、无私利性和有条理的怀疑论、实证性、客观性等原则，又包括从事科学研究的价值追求，把真、善、美的高度统一作为科学研究的最高价值准则。科学研究是大学的重要职能，大学是开展科学研究、培养科学人才的重要基地。科学家在科学研究中所形成的价值准则和行为规范通过教育、感染而内化为一代代学者的精神气质，形成了他们的科学良心和科学道德。

八、工匠精神

工匠精神的目标是追求极致卓越。对于真正的工匠而言，工作不仅仅是赚钱、养家糊口的工具，更是一种对工作执着、对产品打造精益求精的信仰。对产品每个细节做到极致的欲望、注重工艺的精致化、对产品卓越品质的追求和坚持，正是工匠精神的重要体现。工匠精神的核心内涵是不断的钻研、革新以及传承。工匠精神所倡导的执着、专注，并不意味着简单的机械重复或是因循守旧、一成不变，而是强调在原有技术上精益求精、在传统技艺基础上不断钻研、革新，在一点一滴的积累中实现技术和工艺创新。工匠精神是全民族的精神特质，应该存在于每一个人的身上。广义地讲，工匠并无具体职业之分，因此，工匠精神不应当被狭义地认为只是工人或蓝领才须具备的精神，它广泛涵盖各行各业的人在各自岗位上的价值追求和精神品质。

习近平总书记在庆祝中华全国总工会成立 100 周年暨全国劳动模范和先进工作者表彰大会的重要讲话中指出:"要深入践行社会主义核心价值观,大力弘扬劳模精神、劳动精神、工匠精神。工人阶级和广大劳动群众在长期奋斗中铸就的劳模精神、劳动精神、工匠精神,是社会主义核心价值观的生动体现。要大力弘扬劳动最光荣、劳动最崇高、劳动最伟大、劳动最美丽的社会风尚,营造尊重劳动、尊重知识、尊重人才、尊重创造的良好氛围,激励全体人民通过辛勤劳动、诚实劳动、创造性劳动实现对美好生活的向往。"工匠精神的弘扬与培育是一项长期艰巨的任务,需要政府、学校、企业多方协同培育。政府层面要加强质量监督管理,加大知识产权保护力度,建立国家资格框架等体制机制和完善法律法规,夯实全社会崇尚工匠精神的基础;学校层面要重视思想品德教育,将工匠精神融入专业教育教学,渗透到校园建设的各个方面,强化对学生工匠精神的培养和塑造;企业层面要充分利用校企合作、产教融合、大力推广现代学徒制等形式将工匠精神的培育与生产领域相融合,强化工匠精神的实践应用。

以上所说的大学精神是具有普遍意义的大学精神,具体到每一所大学,由于特定的历史传统、社会环境、学校目标和任务等方面的差异,又会有着其独特的大学精神,每一所大学也会根据自身的实际而对自己的大学精神作别具特色的界定和解释。大学精神是大学文化的核心,也是大学的灵魂所在,在大学发展中起着至关重要的作用。正如学者弗莱克斯纳所指出的那样:"总的来说,在保障大学的高水准方面,大学精神比任何设施、任何组织都更有效。"一方面,大学精神作为一种文化被"大学人"内化,成为"大学人"的良心和气质,在大学的发展中发挥着凝聚、激励、导向和保障作用。另一方面,大学精神作为一种高层次的优秀文化,可以辐射到社会中去,对人们的思维方式、价值观念和行为规范产生积极的影响,从而为大学的发展构建适宜的环境。在把建设世界一流大学作为大学教育改革目标的今天,守望大学精神、发扬大学精神,是至关重要的。

 **知识链接**

著名大学校训

清华大学:自强不息 厚德载物	北京师范大学:学为人师 行为世范
复旦大学:博学而笃志 切问而近思	浙江大学:求是创新
南京大学:诚朴雄伟 励学敦行	同济大学:同舟共济
武汉大学:自强 弘毅 求是 拓新	中山大学:博学 审问 慎思 明辨 笃行
山东大学:学无止境 气有浩然	中国人民大学:实事求是
暨南大学:忠信笃敬	南开大学:允公允能 日新月异

第二节　了解大学　树立理想

一、大学职能

东西方大学的发展经历了一个漫长而艰辛的过程，在发展的不同历史阶段和社会背景中，有着各不相同的目的，即使在同一时期，具体到不同大学，它们的职能也是有差异的。但是不论古今中外，所有大学都肩负着培养人才、发展科技、服务社会这三项基本职能，这是大学的基本使命和职责所在。

（一）大学是培养人才的摇篮

大学既是培养高学历人才的场所，更是培养高素质人才的基地。因此，许多著名大学常常被誉为培养科学家、工程师、政治家、企业家的摇篮。在这里个体能够培养独立思考的能力、清晰的头脑、丰富的想象力等个人成功所必备的品质，这些品质又是社会发展进步的保证。

培养社会需要的人才是大学的基本职能，其职能内涵在不断更新。当今和未来综合国力的竞争归根到底是人才的竞争，培养具有创新精神和实践能力的高级专门人才，是 21 世纪大学的根本任务。大学要转变人才观念，鼓励学生的探究精神，努力培养全面发展的学生，使他们不仅掌握科学文化知识，同时兼备科学精神和人文精神，拥有健康的体魄和完美的人格。即将在这"摇篮"中成长的青年学生，应当紧紧把握住时代脉搏，明确历史使命，把自己的命运和前途同祖国的命运和前途紧密结合起来，不断提高自己的综合素质，更加积极地投入大学生活，努力学习，立志成才，肩负起党和人民的重托，做合格的社会主义建设者和接班人。

（二）大学是发展科技的殿堂

大学是直接推动社会发展的智力和科技基地。21 世纪是知识爆炸的时代，伴随着科学技术的日新月异，人类面临着新一轮科技革命浪潮。大学的功能和面貌发生了前所未有的变化，不容置疑地成为社会的知识工厂和思想库，更成为了科技进步的"孵化器"和社会进步的"加速器"。不管是过去还是现在，大学已经或正在成为各国知识创新的中心和推动科技成果向现实生产力转化的重要力量。例如，在各国的高科技园区，大学将发展高科技的职能发挥得淋漓尽致，以美国斯坦福大学为主导发展起来的硅谷科学工业园区，以麻省理工学院和哈佛大学为核心的波士顿科研中心，以及英国剑桥科学园，我国北京中关村高新技术开发区等，都是以著名大学为中心，以高新技术产业群为基础形成的产学研结合的科技发展基地，人才、成果和产品并举，从而缩短了高科技由科研创造到传播应用的周期，加快了新经济的发展步伐。高科技园区的发展反过来推动大学科研模式的转变，突破了象牙塔式的单一模式，逐步形成了基础研究定向化、应用研究基地化、开发研究社会化、产业化、商品化，上中下游一条龙的整合模式。

（三）大学是服务社会的基地

大学的发展离不开社会的进步与要求，同时，大学又以服务社会为己任，在服务社会中展示其特有的价值和功能。在历史的长河中，大学曾经直面社会问题，被赋予了特殊的历史使命和社会责任。今天，大学不但体现了所在国的综合国力和经济社会发展程度，而且对这个国家的经济、政治、科学、技术、文化、教育乃至军事的发展起着巨大的推动作用，同时也不断为人类的文明和进步作出重要贡献。首先，大学是一个国家科技文化发展水平的重要标志，也是一个民族自立于世界民族之林的重要象征。其次，大学是科教兴国的强大生力军，大学拥有较多的院士和博士生导师，优秀的生源和高水平的学科，其人才培养和科学研究的成果也是优秀的，可以在实施科教兴国战略中更加充分地发挥起先锋作用，使之为国家和民族的繁荣兴旺提供更多更好的人才支持和知识贡献。最后，大学是创新的基地，是国家兴旺发达的不竭动力。在以信息科学技术、生命科学技术、纳米科学技术为代表的高新科技迅猛发展，经济全球化、政治多极化、文化多元碰撞和融汇的当今世界，民族创新精神和能力已成为国家和社会发展的关键。要努力发扬大学的创新精神，激发全民族的创新活力，并在推动国家的理论创新、科技创新、体制创新中发挥思想库作用。优质高效的社会服务更是 21 世纪大学的一项重要任务。大学以创新为中心，应当充分利用优质资源为社会提供全方位的高水平服务，进一步成为社会服务中心，不断强化知识和技术创新，主动培植高新技术，形成产学研一体化的成果转化机制。当然，大学的社会服务功能是多方面的，不仅要满足当前的社会需求，还要有前瞻性，要立足现实、面向未来，科学预见并满足社会发展的长远要求，在促进科技发展的同时，为社会提供精神支持和道德指引。

大学的培养人才、发展科技、服务社会三项职能从根本上讲是统一的，它们共同构成了一个有机整体。首先，它们的目的一致，都是为社会发展服务；其次，它们的手段互补，培养人才固然以教学为主，但需要与教学研究和社会实践相结合，这个"三结合"也有助于发展科技和服务社会；最后，大学兼备三项职能，可以实现各种资源共享和效用最大化。需要指出的是，大学三项职能的统一在具体运作上并非没有冲突和矛盾，在落实到不同院校上时也有主次和轻重之分。教学研究主要涉及校内政策与管理问题，如果处理不当、导向有误，重眼前利益、轻长远发展，重数量指标、轻质量内涵，易受冲击的往往首先是教学，其次是基础研究和学术研究。社会实践则涉及校际之间职能的分工和层次的划分。高等学校是分层次的，不论是计划配置的产物，还是市场竞争的结果。现在，几乎每一个国家的高等学校类型结构皆呈金字塔形：处在塔基的是为数最多的高等专科学科和职业技术学院，主要培养在第一线从事生产、服务和管理及各类实用型、技能型人才；处在塔身的是相当数量的一般大学，主要承担本科教育任务，其中部分学校适当承担研究生教育和应用研究任务；处在塔尖的则是少数研究型大学，以本科教育为基础，主要承担研究生教育、纵向科研和重大横向科研任务。尽管高校在实际办学过程中职能错位现象时有发生，但在市场竞争环境下这种现象将会越来越少，各高校将在合理定位、各安其位、办出特色中取得生存和发展。

> ### 大学的国际交流与合作职能
>
> 　　从国家战略层面看,大学的国际交流与合作是国家外交战略在教育领域的延伸。通过与世界各国高校建立广泛联系,定向培养战略领域人才,输送国际关系专业和国际组织人才,我国能更好地在全球舞台上发挥影响力,为国家外交布局提供智力支持与人才储备。对于高校自身发展而言,国际交流合作是突破发展瓶颈的战略支点。高校可借此对标国际一流,诊断自身短板,进而通过联合实验室、国际科研合作、人才引育等途径,整合全球优质教育资源,加速提升办学水平。在人才培养方面,国际交流合作是培育具有全球视野、跨文化交流能力和国际竞争力人才的必要条件。通过学生交换项目、联合培养计划、国际学术交流活动等,学生得以拓宽视野、掌握国际规则、提升语言能力,更好地适应未来全球化工作环境。

二、大学的历史发展进程

(一) 古代的“大学”

　　中国古代高等教育有两千年的发展历史,虽无“大学”之形,但有“大学”之实。文献记载,“五帝”时代,“大学”一词已经用来指较高等级的学校。《大学》开宗明义道出了大学的理念:“大学之道,在明明德,在亲民,在止于至善。”西汉时,汉武帝从大儒董仲舒之请,创立太学,设置五经博士,为当时的最高学府,太学生数量在东汉达到极盛。宋代书院的出现意味着中国民间高等学校的诞生。应天书院、岳麓书院、白鹿洞书院、嵩阳书院,并称宋朝四大书院。

(二) 近代的大学

　　北洋大学堂(1895 年由天津中西学堂改办)是中国近代官办最早的大学,即今天的天津大学。京师大学堂(首任校长严复),1898 年在戊戌变法中应运而生,是光绪帝变法设立的清朝最高学府,是政府设立的第一所国立大学。1902 年新颁《钦定学堂章程》,时设京师、北洋、山西三所国立大学堂,并先后创立南京两江、武昌两湖、广州两广、北京京师四大优级师范学堂。全国官、私办学均兴起了高潮。

(三) 现代的大学

　　1928 年,国民政府北伐成功,国民党定都南京,国内形势趋向稳定。国民政府为纪念先总理孙中山,陆续在广州、武汉、南京、杭州四座城市建设国立中山大学、国立武汉大学、国立中央大学、国立浙江大学。1937 年,国立中央大学(现南京大学)、国立北京大学、国立清华

京师大学堂牌匾

北洋大学堂

大学、国立武汉大学、国立浙江大学等五所中国顶尖学府在全国进行统一招生考试,简称五大名校联考。此即民国五大名校名称的来历。

（四）当代的大学

1949 年,中国大学经历第二次重大转型。当时全国共有高等学校 205 所,在校生万人。1949 年,以华北大学为基础组建中国人民大学,旨在培养干部人才。1952 年进行了院校调整,借鉴苏联单科大学办学模式。清华大学等高校支援东北建立起了哈尔滨工业大学和哈尔滨工程大学等校。改革开放以后,经过数年的拨乱反正和思想观念调整,以 1985 年《中共中央关于教育体制改革的决定》颁发为标志,中国大学开始了百年来的第三次重要转型发展,参照世界各国大学发展经验,走上自主探索、建设中国特色社会主义高等教育模式的道路。1995 年开始了面向 21 世纪重点建设 100 所大学的"211 工程"。1999 年前后,开始了创建若干所具有世界先进水平的一流大学和一批一流学科的"985 工程",北京大学、清华大学、复旦大学、上海交通大学、西安交通大学、南京大学、浙江大学、中国科学技术大学、哈尔滨工业大学首批入选。2015 年 11 月，国务院印发了《统筹推进世界一流大学和一流学科建设总体方案》，对新时期高等教育重点建设做出新部署，将"211 工程""985 工程"及"优势学科创新平台"等重点建设项目，统一纳入世界一流大学和一流学科建设，简称"双一流"。

三、我国高等职业学校的发展趋势

（一）开创阶段（1978—1990）

高等职业学校于 20 世纪 80 年代初正式起步，这得益于 1978 年的改革开放。国家的工作重心转移到经济建设上，各行各业的兴建和发展对职业技术人才有很大的需求。然而当时我国的高等教育境况惨淡。职业教育占整个高等教育的比重很小，中等职业教育发展极不合理，20 世纪 50 年代以来高等职业教育处于空白状态，仅有的高等专科学校几乎都对本科课程进行了压缩，并未形成独特的人才培养模式。在这段时间，职业教育发展的焦点仍集中在中等职业教育阶段，而高等职业教育由于资金、师资、政策等原因在缓慢发展。一些经济发达城市从市场需求出发，依靠自身力量，兴办了一些高等职业学校以满足当地经济发展需要。1980 年国家教委批准成立了金陵职业大学等 7 所职业大学，到 1984 年，职业大学的数量达到 82 所。1985 年颁布的《中共中央关于教育体制改革的决定》提出了大力发展高等职业技术教育的方针，在此之后，一大批旨在培养具有应用型高技能人才的地方性职业大学相继涌现，到 20 世纪 80 年代末共开办了 126 所。1986 年召开的第一次全国职业技术教育工作会议再次明确提出要大力推进职业教育的发展，这也推动了高等职业教育逐渐步入良性的发展轨道上。

（二）初步发展阶段（1991—1998）

我国高等职业学校初步发展阶段始于 1991 年第二次全国职业技术教育工作会议的召开，会上重申了大力发展高等职业技术教育的工作方向。同时，第一所由政府试办的高等职业技术学校——邢台高等职业技术学校成立，即我们通常所指的五年制高职，该校毕业生同时具备大专学历和职业资格两种证书。该阶段发展高等职业技术教育的主要政策为"三改一补"，于 1994 年 6 月在第二次全国教育工作会议上提出。"三改"即对职业大学、部分高等专科学校和成人高校三类型学校进行办学模式改革。"一补"即选择部分中专改办补充进高职院校。截至 20 世纪 90 年代中期职业大学的数量也就一百多所，虽然这个数字相对于开始的空白有了明显进步，但显然对于中国经济的大发展来说是远远不够的。要想在短时期内迅速扩大高等职业学校的规模，就必须利用职业教育体系中的其他一切可以利用的教育资源，如职业教育体系内的中等职业学校和专科学校、与高等职业学校位于同一层次的普通专科学校和成人高等学校。1998 年，教育部又提出以多渠道、多规格、多模式的"三多"方式发展高等职业教育，力图使高等职业教育在办学中具有鲜明特色。同年，《中华人民共和国高等教育法》颁布，明确规定高等职业学校是高等教育密不可分的一部分。随后各地都开启了高等职业学校的探索之路，如地方学校独立办高职教育、县市职业学校通过合办或挂靠方式办高职学校和中专升格为高职学校等。

（三）快步发展阶段（1999—2019）

大发展阶段始于 1999 年召开的第三次全国教育工作会议,该会议提出将职业大学、成人高校和高等专科学校逐步调整为职业技术学院,与此同时,全国高等院校的大规模扩招推动高等职业教育步入了蓬勃发展的新时期。2000 年,为推动高职教育的进一步深入发展,中央决定逐步扩大地方和学校的权力,充分发挥其自主性和积极性。教育部把高等职业教育的招生计划、入学考试和文凭发放的权力下放给省级人民政府和学校。20 世纪以来,我国高等职业教育的舞台越来越大,职业大学数量由 20 世纪 80 年代初的 7 所发展到 20 世纪 80 年代末的 126 所,再到 2006 年底的 1 147 所。2006 年教育部和财政部联合启动了国家示范性高等职业院校建设计划,重点支持 100 所高水平示范院校建设。因为对于如此庞大的中国来说要一下子建好满足市场和社会需求的高职院校是不可能的,只有分层实现,一步一步地向目标迈进。教育部于 2006 年、2007 年和 2008 年先后评选出了首批 28 所、第二批 42 所、第三批 30 所的"国家示范性高等职业院校建设计划"立项建设院校,并分别于 2008 年、2009 年和 2010 年验收完毕。

（四）新时代发展阶段（2019—至今）

2019 年 1 月,国务院印发《国家职业教育改革实施方案》,提出将启动实施中国特色高水平高等职业学校和专业建设计划,由教育部和财政部共同研究制定并联合实施,"双高计划"正式启动。开始集中力量建设 50 所左右高水平高职学校和 150 个左右高水平专业群。重点布局在现代农业、先进制造业、现代服务业、战略性新兴产业等技术技能人才紧缺领域。首批"双高计划"建设名单共计 197 所,其中高水平学校建设高校 56 所(A 档 10 所、B 档 20 所、C 档 26 所),高水平专业群建设高校 141 所(A 档 26 所、B 档 59 所、C 档 56 所)。"双高计划"五年一个支持周期,五年后根据绩效进行考核,优胜劣汰。

第三节　适应环境　融入大学

一、适应大学新环境

从中学走来,每一个大学新生所面临的都是一个全新的环境。无论是学习环境还是学习方法,无论是个人目标还是社会期望,都发生了很大的变化。面对巨大的变化,许多新生容易出现适应困难的问题。

（1）要适应客观环境的变化。从中学到大学,学习和生活环境的变化是非常大的。中学时期,我们的主要任务是学习,学习有明确的目标和范围,还有老师和家长的督促,生活中的琐事可以由他人包办代替,很多人把我们当成一个孩子。到了大学以后,学习内容发生了变化,大学学习的终极目标并不明确。中学学习的目标很简单,就是考上大学。上了大学以后,目标是什么呢？例如,科学研究是一个没有起点也没有终点的过程,在这一过程中,我们所获得的那种发现和成功的幸福和愉快只是一瞬间的事情,大量的时间是在困惑和苦恼中度过的，不知道学到什么程度才算学好了。而且，学习方式也发生了变化，大学中也有老师督导，但更多的是靠大家自觉地去学。因为大学的学习主要靠自己约束自己、管理自己。

（2）建立新型的人际关系。大学里的人际交往，不能以个人的好恶为标准，不能以自己的标准来要求他人。例如，一个宿舍里住6个人，有的人习惯于早睡，有的人习惯于晚睡。这时就应该尽力达成一致意见，形成一种共同的约束，大家共同遵守，不能将自己的标准强加给他人，这是一个最起码的原则。同学间的交往重在相互协调、不断调适，不是简单地要求单方面服从。在不断的调适过程中，掌握主动。这样既解决了问题，又跟不同的人保持了和谐的人际关系。另外，要正确看待同学之间可能会出现的一些小摩擦或冲突。同学之间产生摩擦和冲突是必然的、不可避免的。因为来自不同地区学生的生活习惯和做事方式不一样，要想达到一致，不是一件简单的事情。关键是要正确看待这种摩擦和冲突，并努力通过交流和沟通来解决矛盾。

（3）正确认识和评价自我。进入大学之后，每个人都会面临一个重新评价自我的问题。大学生的相对平庸化现象就是指在上大学之前是出类拔萃非常优秀的，上了大学之后，发现自己变得很平庸，不像以前那么突出了。出现这种现象的原因是比较对象的改变。进入大学后，与别人比较的方面越来越广泛，不仅仅是学习成绩，还有体育、文艺修养等。进大学前，我们好像一直生活在夜里，看不清周围的事物，只能朝着不远处的一盏明灯前进，那盏灯就是上大学这个目标。进入大学后，从前的灯就消失了，周围的环境变得清晰了。下一步要做什么？我们会发现周围许多同学都有闪光点，自己在很多方面可能会不如别人，也会发现周围的很多同学都身怀绝技。因此很多同学上了大学后会产生自卑感，这就是大学生的相对平庸化的结果。每一个进入大学的同学都背负着来自家长、老师、朋友及自身的期望，这种期望越高，在相对平庸化的现实中反差越大，适应就越难。从某种程度上讲，我们之所以不适应相对平庸化的现实，就是因为我们是根据周围人的期望而不是根据自己的实际情况来认识自己。

解决这个问题的根本办法就是要真正了解自己，正确认识和评价自己。在上大学之前，很多人一直生活在支持、鼓励、赞许的氛围里，自己是被无条件接受的，因此很少想到自己有哪些方面做得不够。当我们掀开这层面纱，客观面对自己的时候，会发现事实上与其他同学相比，自己并无多少优势，甚至可能还存在许多差距。

当发现自己与别人的差距后，要对自己作客观的分析。例如，在学习、人际交往方面，学习和掌握知识是我们将来开创事业的必要基础，人际交往是重要的辅助手段，这是我们安身立命的根本。如果在这些方面与周围人有差距，一定要想办法弥补，但要允许自己有一个逐渐改变的过程。人来到这个世界上必须面对这样的现实，在一生中我们能做的事情非常有限，能做好的就更少了，所以不要期望自己在所有方面都比别人强。大学是全国优秀青年的聚集地，每个人都具备许多优点。一个人在某一方面赶不上别人没关系，即使是硕士、博士，甚至顶级专家，大多也只在特定领域有所专长，离开这个领域他们与普通人没什么差别。我们应该把有限的精力放到具体的问题上，而不是整天为自己的短处感到自卑。

二、融入大学生活

大学生刚入校后难免在环境、心理、习惯等方面有不适应或失落感。要适应大学新生活可从以下几个方面着手：

（一）管理好自己

经过高考的洗礼，大学新生成为了同龄人中的幸运儿，步入了向往已久的大学殿堂，沉浸在对大学生活和对美好未来的憧憬之中。

在生活上，大学生必须学会独立，树立正确的生活观念。大学生活是丰富多彩的，应该做到有效地学习、有序地生活、有益地娱乐、有心地交往和有度地消费。

在学习上，要学会安排自己的时间。大学中很多时间是留给自己掌握的，要把预习、做作业、锻炼身体、娱乐及休息时间安排好，要管得住自己。因此，对于大学新生来说，要走好以下五步。

（1）调整心态，从零开始。也许你曾是中学里的佼佼者，是同学的榜样，是家长的骄傲。你的大学新同学一样优秀，也曾经是佼佼者。在这个新的群体里，孰高孰低未见分晓。进入大学后失去了往日众星捧月的感觉，心里空荡荡的，这时千万别消沉。高中所学的只是基础，而大学会将你逐步培养成专业人才。刚入大学大家机会均等，站在同一起跑线上，至于最后的结果如何，全靠自己努力。

（2）做好自己的财务管理。上大学了，得学会自己当家。攥着父母的血汗钱，要做好预算，合理开支。千万不能铺张浪费和盲目攀比。

（3）同一宿舍里住着几个带着各地口音的兄弟（姐妹），要共同相处几年，相逢是缘，大家都有优点，可以互相学习；也都有缺点，更该彼此包容。

（4）大学的社团名目繁多，每到新生开学，校园里纳新启事到处贴，传单满天飞。这时千万要沉住气，不能盲从。找到自己感兴趣的社团，先看看它的性质、以前组织的活动，再找学长学姐聊聊，看该社团的口碑如何，最后还要看它的会费是否合理。如果上述方面都令你满意，那你就去报名吧！

（5）大学的学习几乎是堂堂换老师，节节换教室，上课同争议，下课各分散。自学是大学学习的主要特征。不仅上课所学的要靠你自觉去消化吸收，而且个人的知识体系也要靠自己去补充、完善。所以，除了专业学习，还应适当涉猎课外知识，丰富自己的学习生活。

（二）转变自我

大学新生要努力适应以下大学生活环境的转变：

1. 角色的转变

大学生与中学生担任的校内角色不同。在中学时，不少人是在校内或班内担任一定职务、受人尊敬的学习尖子；而在人才荟萃的大学校园里，大多数可能成为不担任任何职务的普通学生。大学新生须适应这种由出人头地到默默无闻、由高才生到一般学生的转变。此外，大学生与中学生所担当的社会角色也不同。中学生的心理和思想正在发展中，职业方向和社会角色不够确定；而大学生的职业方向基本确定，社会对大学生的期望和要求标准要比对中学生的高得多。因此，大学新生要适应从中学生到大学生的角色变化，处处用大学生的标准严格要求自己，既学做人又学做事。

2. 奋斗目标的转变

大学是人生成才、成就事业的一个新起点。"有志者事竟成""而学必先立志"。大学生应从高考胜利的满足和陶醉中清醒过来，根据学校教学的客观现实和自己的实际情况，制订出个人在学业、思想道德、心理发育等素质培养方面的奋斗目标和行动方略，以增强进取的内动力，为在大学阶段创造人生辉煌打下良好的基础。

3. 思维方式的转变

与中学相比，大学的生活节奏快，活动空间大，结交的人多，面对这些环境条件的变化，大学新生的思维方式要做到由"非成人化"向"成人化"转变。在思考处理所遇到的问题时，力求做到辩证全面而不要唯心片面，要远见务实而不要目光短浅；对人生重大问题的选择要深思熟虑，三思而后行，不要盲目冲动或感情用事；要加强道德和法治观念，做事要考虑后果。

4. 生活方式的转变

在中学时，生活琐事大多依靠父母亲友帮助处理。进入大学后，衣食住行等个人生活都不得不由自己安排处理，自主、自立、自律是大学生活的主旋律。大学生应适应这些生活方式的变化，自主而合理地处理好个人的学习和生活问题，注意培养独立生活的能力；要自觉遵守学校的规章制度和作息时间，养成良好的生活习惯；要积极参加学校、班级组织的文体和第二课堂活动。

5. 交往方式的转变

中学生大多在家乡就读，同学间充满乡音乡情。而大学生来自全国各地，其语言、个性、生活习惯有较大差异，这就要求交往方式要有所转变。要注意从以"自我"为中心向以"集体"为中心的转变，在班级里要多关心他人，在宿舍里要相互礼让。一是要做到相互了解，相互适应，要提倡主动交往；二是要相互尊重，相互关心，为人诚恳热情，待人宽律己严，大事讲原则，小事讲风格；三是与同学交往要坚持与人为善，要搞"五湖四海"、全方位交往，而不要有拉帮结派等庸俗作风。在交往中注意给人以良好的印象。例如，衣着整洁大方，言谈举止要文明礼貌，待人诚恳，不卑不亢，讲信用等。避免交往中的羞怯情绪，培养交谈中"说"与"听"的技能。应注意提高个人修养水平，养成良好的行为习惯，培养全方位的交际能力和处事艺术。

对于大学新生来说还要注意以下几点：

（1）认真学习。学生以学为主，这是千古不变的真理。既然学习，就必须付出一番努力。

（2）学会观察。这里所说的观察不仅是对科学现象有敏锐独到的观察力，而且还要对身边所有的人和事进行观察。尤其是在与人交往的过程中，如果善于观察，不仅能交到真正的朋友，而且更能学到许多宝贵的经验。

（3）勤于思考。观察之后，便要学会思考。刚进大学，所有的事看起来都如此新鲜。就拿学生社团来说，并非所有的社团都适合你，选择时必须多多思考、权衡利弊。

（4）不妄自尊大。刚进大学，心情自然不错，但不能因此而轻狂。大学是知识精英的会聚之地，你的老师可能是学界名流，你的学长可能已小有成就。相对而言，你还有很长的路要走。

（5）不锋芒毕露。大学新生既要体现个人价值，又不要锋芒毕露。大学新生毕竟涉世不深，年轻气盛又容易偏激，因此，最好先多看多听，说话做事要三思而后行。

（6）不钩心斗角。家和万事兴，大学生大都在学校住宿，学校即是"家"，一"家"人要团结友爱，和睦相处。

（7）不为情所困。大学里对谈恋爱基本上是既不提倡也不禁止，因为大学生毕竟是成年人。假如某天发现自己为情所困，那还是要理性看待，毕竟学习才是大学阶段最重要的事情。

（三）了解大学教育与中学教育的区别

大学教育的根本是基础知识的学习和人文精神的培养。迈入大学校园，面临的是一个全新的学习和生活环境。学习任务十分艰巨，既要学专业知识，也要学专业外的知识；既要学科学研究方法，也要学实验、技术操作；既要学做事，也要学做人。大学里所学知识是由基础课、专业基础课和专业课组成的，循序渐进，一环扣一环，前面的课程没有学好就会影响到后面课程的学习。另外，在校期间还要通过大学英语四、六级考试和计算机水平测试，学习任务并不轻。高等教育和中学教育有着显著的区别，主要表现为以下三点：

1. 学习任务不同

中学的学习任务是学习科学文化基础知识，为进一步的升学做准备。大学则是以培养各类高级专门人才为目标，既要学习专业知识，又要掌握专门的技能，与整个社会需要紧密地结合在一起，具有很强的实践性和针对性。

2. 学习内容不同

大学的学习是一种专业性很强的活动，但这些课程都紧紧围绕一个中心，就是培养专门人才。此外，大学还会根据培养专门人才的要求，开设大量的选修课，专题讲座和实验实习及社会调查等许多反映现代科学技术发展的新知识和新内容的课程。

3. 学习方式和学习方法不同

大学学习充分体现出学生学习的主动性、积极性和自觉性，大学生应不断探索和总结适合自己的学习方法。大学生一定要改变往日应试教育的学习方式，积极参加课外实践和各种兴趣小组，这对于今后的发展十分重要。

（四）规划好未来

进入大学并不是大学生的最终目的，大学只不过是个人步入职业生涯前的充电站而已，每个人最终要走出校园去实现自己的梦想。如今大学职业生涯规划已引起越来越多的大一新生的关注。

微电影：
追梦少年

规划职业生涯包括规划近期、中期、长期的职业目标，培养实现目标所需的能力，以及根据个性、兴趣、人格特点、专业能力和社会需求调整自己的计划和目标的能力。具体来说可以分为以下几步：

（1）全面地审视自己，正确地评价自我，了解自己的兴趣、能力、价值观、理想、优势和劣势。在大学期间挖掘出真正令自己感兴趣的领域，从而确定自己的职业方向。

（2）为自己的规划目标设计几种方案，研究每个方案所需要的能力和条件。当然任何一个方案都应根据自己的专业特点而设计,因此,如何基于自己的专业进行择业,正是每个大一新生应该认真思考的问题。了解专业特点以及各专业主要面向的职业领域,是规划目标设计的前提。在明确自己想干、能干的专业领域的同时,依据社会需求确定最佳方案。

(3)了解各个职业目标的具体要求,制订具体执行计划,并根据社会需求调整方案和计划,以适应职业发展的需要。

(4)参加与自己的职业目标相关的实习,提高自己的实践能力,对职业规划有直观的了解。这里要特别指出的是,无论你的职业规划如何,有些能力和职业资格是必备的,这也是大学中存在考证热的原因所在。

 人物案例

黄德智

黄德智,男,1979年生,广东鹤山人,2001年于番禺理工学院(现广州番禺职业技术学院)毕业,进入广州机床厂有限公司,现担任数控中心主管。他勤奋好学,爱岗敬业,通过不断的努力,由一名普通的车床操作工成为中坚技术骨干、精密加工的领军人物。他先后设计和制造了60余种自制工装及特殊刀具,完成小改小革项目200多项,参与技术改造项目30多个,单是对工装的改进一项就节约了将近80万元的资金,通过实现精密车床自动化加工,工厂效率提高了15%,设备利用率提高了10%,节约资金10多万元。他成功完成了宝洁公司高精尖的零件加工任务,得到了德国、波兰、匈牙利等用户的认可;他坚持自学,在取得本科学历的同时还自学了英语、德语,完成了五万多字的精密设备说明书翻译。在短短的5年时间里,由中级工破格晋升为公司有史以来最年轻的高级技师,近年来分别荣获了"全国五一劳动奖章""全国机械工业劳动模范""知识型职工优秀个人""青年岗位能手"等多项荣誉称号,多次被市总工会推荐到有关会议上作经验介绍。在2010年,他又获评为"第十一届广州十佳青年"和"全国劳动模范",与来自全国各地的2 984名全国劳动模范和先进工作者一起,在人民大会堂受到党中央、国务院的隆重表彰。

谈到母校的培养与自身成功的经验,黄德智不无感慨地说:"'用'为'学'作物质的积累,'学'使'用'更好地提升。学习决不能闭门造车,只有通过'用'才能升华'学'的兴趣和层次。"他一再表示,自己是幸运的人,能在踏入社会之前,就读于一个适合自己的学校、适合自己的专业,平实的一句"学以致用",深远地影响了他的人生。

专题二　适应环境　确立目标

对于大学生而言,初入校园,面对全新的生活环境,需要积极调整心态,主动适应。从独立生活到融入集体,每一步都是成长。同时,要结合自身专业与兴趣,尽早确立清晰的学习目标,以此为指引,在知识的海洋中奋勇前行,不负青春韶华。

学习目标

了解大学新生入学教育的形式、意义与内容，熟悉学校生活和学校机构设置，掌握自主学习方法，处理好与教师、同学的关系，积极应对考试。

 名人名言

古今之成大事业、大学问者，必经过三种之境界："昨夜西风凋碧树。独上高楼，望尽天涯路。"此第一境也。"衣带渐宽终不悔，为伊消得人憔悴。"此第二境也。"众里寻他千百度，蓦然回首，那人却在灯火阑珊处。"此第三境也。

——王国维

第一节　自主学习　转变观念

一、大学新生入学教育

学校欢迎每一位新生的到来！这里有你们的老师、师兄、师姐带领你们走进大学的第一堂课，在这里有梦想，有青春，有汗水与付出，也有收获的喜悦。

在这里，我们有丰富的入学教育课程，有磨炼个人意志的军事训练，有引导大家融入大学生活的主题教育，有新鲜的大学班会活动，也有展现自我舞台的迎新晚会。

在这里，有新的校园、新的老师、新的同学，一切都是崭新的。我们希望通过努力，让同学们感受到学校的热情与温暖。

（一）痛并快乐着——新生军训

大学新生军训是教育部规定的每名大学新生都要参与的活动，是大学新生入学的第一门课程。军训应该是同学们一生中最为难忘的经历之一。在新进大学的第一门课程中，有一批来自天南地北的同龄人有缘走到一起，一起参加军训是一个非常难得的机会，让我们从完全不认识到相识相知。

军训纪录片：
蜕变

有同学不禁会问："老师，军训辛苦吗？"答案是肯定的。大学的军训是一门精神意志磨炼课，不仅是对身体的高强度锻炼，也是对精神的一种历练。我们常说良好的开始是成功的一半。军训作为大学课程的重要组成部分，辛苦的付出、良好的表现不但可以给教官、老师、同学留下一个好的印象，而且是展示个人魅力的绝佳机会，让大学生活有一个好的开始。在军训过程中，你不但能逐渐融入集体生活，还能锻炼个人意志品质，让你的品质和意志力得到更好的提升。这种锻炼能让你学会如何处理学习生活工作中的难题，为今后步入社会奠定良好的基础。

（二）大学生活的规划——新生主题教育

为了让新生更快地融入大学生活，积极了解大学的文化特点与相关制度，学生处围绕新生涉及的生活、学习、做人、做事、理想信念等方面，设计了大学生安全教育、校纪校规管理、专业教育等模块的教育工作，让新生对大学生活有全面的认识与理解。

在军训期间进行，负责学生工作的老师们、师兄师姐们会认真细致地引导新生，让大家认识校园，认识大学生活，并将大学生活的点滴经验传递给学弟学妹，与大家畅谈、交流。相信在老师和同学们的指导下，大学三年的生活将更加精彩与顺利。

（三）大学的集体生活——主题班会

演讲：
以梦为马，
不负青春

大学的集体生活中一个非常重要的形式就是主题班会。每位新生在开学之后的第一个学期都会参与主题班会活动。

主题班会一般是围绕一个特色鲜明的主题来开展的。主题的内容一般有班干部选举、新老生见面会、导师见面会等。主题的形式，有导师致辞、班干发言、主题活动、各类游戏、表演节目等。

在主题班会过程中，可以将一些经典的照片做成数码影像（DV）以短片形式加以展示，或者是结合幻灯片（PPT）提前准备演讲内容，采取同学们喜闻乐见的多种方式。但是，要注意上课时间举办的班会应以不影响他人上课为前提，否则是有可能会被通报批评的。

二、学习方式的转变

（一）大学学习的主要特点

1. 独立性和自主性

大学改变了中小学那种"老师讲多少，学生学多少"的学习方式，采取老师课堂讲授和学生自学相结合的方法。大学老师的课堂授课是提纲挈领式的，经常只是讲授课程体系中的难点、疑点、重点或者是老师最有心得的部分，其余都要学生自己去学习、理解和掌握，老师也不会布置大量复习题和练习题，大部分的时间是留给学生自由支配的。因此，大学的学习不能像中学那样完全依赖老师的计划与安排，学生也不能只单纯地接受课堂上的教学内容，而是应当在老师的正确启发、引导下，充分发挥自己的主观能动性，独立安排课外学习时间、学习计划，自主掌握学习内容，自主选择学习方式与方法，不断挖掘自己的学习潜力，实现从被动学习向主动学习的转变。

2. 专业性和选择性

大学学习的目的是掌握专业知识和专业技能。从报考大学的那一刻起，专业方向的选择就摆在学生的面前，被录取上大学时专业的方向基本上就已经确定了。但是，随着科技、经济和社会的发展，社会对各种专业的要求也在变化、发展，对专业人才的要求越来越高。大学生要想适应社会的需求，在激烈的竞争中立于不败之地，只学习专业知识是不够的，还必须培养多方面的能力。因此，大学在进行专业学习的同时，还要兼顾到适应科技的发展特点及社会对人才素质要求的变化，尽可能扩大教育的综合性，以提高学生毕业后对社会工作的适应性。一般来说,专业对口只是相对的。因此,在学习中,要在学好专业知识的基础上,根据自己的兴趣、爱好、能力,以及社会要求,选修其他课程或自学其他辅助专业,扩充自己的知识面,成为"厚基础、宽口径、高素质"的人才。

3. 广泛性和创造性

获取知识和培养能力是大学生的两项基本任务。在大学学习过程中,课堂教学依然是获得知识的主要途径。但是,大学生获得知识的途径和渠道更加广泛。学生可以按照自己的学习兴趣去探求、获得课外的知识,使"死"学变为"活"学,提高自身的自觉性、自主性和创造性。例如,学生可以通过跨校、院、系选修相关的学科课程,以及参加各种学术报告、知识讲座、专题讲座、查阅图书资料、开展社会调查、进行参观考察、动手实验、利用互联网等途径获取知识。在 21 世纪,以高技术为核心的知识经济占据主导地位,国家的综合国力和国家竞争力越来越取决于人才的知识创新能力和科学技术的应用程度。大学生作为未来社会建设发展的主力军,培养自己的创新意识,提高自己的科技创新能力,是当代大学生成长成才和社会发展的迫切需求。因此,大学生在系统学习知识、不断掌握专业技能的过程中,应注意培养自己的思维能力,根据学科发展的新观念、新理论、新成就,以及当前学科研究的重点、难点、热点和焦点问题进行探索、思考,提出自己的见解,培养自己的创新意识;也可以通过参加社会调查、参与教师的科研课题、撰写相关论文等途径来培养自己的创新能力,从而避免出现"高分低能"的情况。

(二) 大学学习常用的几种方法

大学生要善于学习。只有应用正确的学习方法,才能更好地发挥智慧和才能,才能事半功倍。因此,有人说,大学学习,与其说是学知识,倒不如说是学方法。由此可见,掌握科学的学习方法对大学生来说是很重要的。

一般来说,掌握科学的学习方法,首先要把握住预习、听课与记笔记、复习与总结、做作业与考试等几个主要环节。只有这些环节把握好了,才能为学习打下良好的基础,在大学的学习过程中有以下几种常见的学习方法:

1. 反复式学习法

学习成效与记忆能力密切相关。学习中,人的遗忘具有先快后慢的规律,如果及时复习,就可达到牢固记忆的目的。事实上,在学习过程中,记忆能力再强的人也难以做到对所学的教学内容过目不忘。因此,反复式学习法就是要求大学生在每节课后,在印象还没有消退之前,对所学的内容及材料及时整理,并在不同的时间内多次采取"学习—复习—再复习"的方法,以达到增强记忆、巩固学习效果的目的。

2. 四环式学习法

四环式学习法是指通过由面到点,由表面到实质的综合概括,把握学习内容之间的联系,在短时间内掌握全部材料内容的一种方法。它主要包括四个环节:第一环节是分析综合。对所学的内容进行认真的分析、综合,把握其要点、重点和难点。第二环节是编写提纲。要求在理解所学内容的基础上,细致地进行筛选、归类、组织,然后根据所学的材料性质,用自己的语言提纲挈领地编写提纲,列出每一问题的要点。第三环节是迁移消化。根据理解和所列提纲,认真寻找材料间的内在联系,进行背诵、记忆、分析、推理。第四环节是浓缩巩固。用最简

短的语言,抓住材料的实质和核心内容,把提纲压缩为简纲,以此强化记忆,加深印象。

3. 框架式学习法

框架式学习法是指把有关的知识通过有条理地分析,归纳成一个个"框架"以便理解和记忆。也就是说,在学习某一学科或阅读某一本书时,根据学科或书本的知识和内容,及其内部之间的联系,建立一个知识"框架"。这样不但便于我们理解和记忆内容,也便于我们每学到一点新的知识就能自觉地把它充实到这个"框架"中去,不断增加新的"信息",并经常在头脑中呈现"框架"的内容,整理"信息",从而取得更好的学习效果。

4. 设问式学习法

设问式学习法是指在学习过程中,对遇到的各种问题,要养成问个"为什么"的习惯。在问"为什么"的同时,要发挥自己的主观能动性,主动查找资料,寻求解决问题的新方案,从而不断培养自己的创造思维能力。常见的设问式学习法有五种,即比较法、反问法、逻辑法、变化法、极端法。

5. 螺旋式学习法

螺旋式学习法是指用一系列的循环知识单元来代替平铺直叙的知识积累和阐述,每一循环都比前一个循环更高一层、更进一步。这种学习方法以自己所感兴趣或想研究的内容为目标。起点可以是某个基本概念、某个公式、某个实验现象,围绕这个起点,掌握与其有密切关联的基本知识,并了解那些有间接联系的有关知识。经过一个阶段的学习,使基本概念得到掌握,公式得到理解,实验现象得到分析,疑难问题得到解释,设想得到丰富和完善,同时了解与所学内容有关的知识领域。在这一循环的学习中,又会遇到新的概念、新的问题,再以此为新的起点,进一步循环,进一步学习,进一步提高。

6. 实践式学习法

理论来源于实践,理论又必须回到实践中去接受检验。大学生所学的理论,是前人或他人在实践中升华提炼的东西,这种理论要在实践中才能检验它的正确性。因此,大学生要树立在实践中学习的理念,通过参加课程设计、实习、实验、调查、毕业设计等实践活动,将课堂教学运用于实践,在实践中培养自己的动手能力、操作能力,提高运用知识解决问题的能力、创新能力等。

以上介绍的几种学习方法,都是他人经验的总结。借鉴他人经验,可以少走弯路,提高学习效率。但是,由于个人习惯、思维方式、个人性格气质、意志品德等具体情况不同,学习方法因人而异。因此,要结合自身的特点来选择具体的学习方法,对别人的经验要创造性地加以吸收。

（三）大学生自学能力的培养

知识经济时代的一个重要特征就是知识的更新比以往任何时候都要来得迅速,新的知识不断地产生,旧的知识不断地被替换。不断提高自己的学习能力,建构适应社会发展的知识和能力,是现代大学生面临的重要课题。只有努力自学,才能具备良好的适应性。正如《学会生存》一书的作者埃德加·富尔在给联合国教科文组织的报告中所说:"唯有全面的终身教育才能使你避免因知识落伍而失去晋升机会或遭到被淘汰的厄运,有利于新工作的变动,弥补你知识上的不足,使你获得事业上的成功。"我国著名的科学家钱伟长教授也曾经说过："一个人在大学四年里,能不能养成自学的习惯,学会自学的本领,不但在很大的程度上决定着他能否学会大学的课程,把知识真正学好学活,而且影响到大学毕业以后,能否不断地吸取新的知识,进行创造性的工作,为国家作出更大贡献。"由此可见,培养和提高自学能力,不仅是大学生必须完成的一项重要任务,而且也是进行终身学习的基本条件。因此,学会自学,靠自学去理解老师传授的知识,靠自学去获取新知识,是青年大学生必须掌握的技能,也是适应社会、寻求发展的必然选择。每个大学生都必须明确学习目的、制订出科学的学习计划,不断增加学习自觉性,加强自学能力的培养和自学习惯的养成。

1. 充分利用课外时间

大学期间,除了上课、睡觉和集体活动时间,其余时间的机动性很大,能否科学安排时间直接影响着最终的学业情况。吴晗在《学习集》中说:"掌握所有空闲的时间加以妥善利用,一天即使学习一个小时,一年就积累 365 小时,积零为整,时间就被征服了。"因此,想成就事业,必须珍惜时间。

首先,要安排每天的作息时间。要根据自己身体和用脑习惯,安排好每个时间段的学习生活,在脑子最好用时干什么,脑子疲惫时安排干什么,做到既能高效率地学习,又能充分休息,搞一些其他的活动。一旦安排好时间表,就要严格执行,不要拖拉和随意改变,逐渐养成今日事今日做的习惯。

其次,要十分珍惜零星时间。大学生活越丰富多彩,时间切割得就越细,零星时间越多。华罗庚曾说:"时间是由分秒积成的,善于利用零星时间的人,才会作出更大的成绩。"英国数学家科尔在 1903 年因攻克一道 200 年无人攻破的数学难题而轰动世界,而他是用了近三年的星期天来完成的。

最后,要高效使用课前、课后时间。课前 5 分钟,对预习、自学中的问题要重新梳理,可以有针对性地在课堂上听老师讲授,或主动提出问题请老师解答,大大提高听课效率;课后 5 分钟,对课堂所学的东西及时复习巩固,对不懂的问题可以立即向老师或同学请教,巩固学习效果。

2. 充分利用图书馆

李政道博士说:"我是学物理的,不过我不专看物理书,还喜欢看杂七杂八的书。我认为,在年轻的时候杂七杂八的书多看一些,头脑就能比较灵活。"由此可见,我们既要有精深的专业知识体系,又要有广博的非专业知识。因此,大学生平时要十分注意资料的收集和知识的积累。

在收集、积累过程中要注意以下原则:

(1)整体性。即专博相济,一专多通,广采百家为我所用。

(2)层次性。即合理知识结构的建立,必须划分基础层次、中间层次和最高层次,从低到高逐步建立。

(3)比例性。根据培养目标、成才方向的不同,确定各种知识在数量和质量之间的合理配比。

(4)动态性。即所追求的知识结构必须不断进行自我调节,适应科技发展知识更新,研究探索新的课题和领域,满足职业和工作变动等因素的需要。

资料的收集与知识积累的方法有多种多样,对大学生来说常见的有以下几种方法:

第一,大脑记忆。对那些重要的且常见的信息,如外语单词、科学公式、定理等必须靠大脑来熟记。

第二,做读书笔记。坚持做读书笔记,不但可以加强记忆,加深理解巩固学习成果,而且对于今后写毕业论文和开展科学研究,都有很大裨益。

第三,做资料卡片。在阅读课外书、期刊、报纸中发现的一些重要资料可以用资料卡片摘录下来或剪辑下来。

面对收集来的大批资料和信息,大学生还必须进行分析和综合,写下自己思考的心得和体会,这样才能增长知识并有所发现。

3. 积极参加讲座

讲座是大学生获取知识的一个重要途径。北京大学原校长许智宏认为,讲座给大学生们"提供了一个辩论的讲坛"和"前人与后人交流的场所"。"在思想的激烈碰撞中,迸发的火花或许就成为照亮他们一生学术生涯的明灯"。也有人曾戏言,在大学里课可以不上,但讲座不可以不听。学术讲座可以使大学生聆听大师级人物讲解某一方面的学术前沿问题。因为高校学术讲座是关注学科前沿、透视社会热点的重要窗口。高质量的学术讲座增强了高校的知识"辐射"功能。在媒介高度发达的今天,大学学术讲座容易成为社会瞩目的焦点。例如,中央电视台的《百家讲坛》、湖南卫视与湖南大学在岳麓书院定期举办的名人讲座,都吸引了众多大学生的目光。

三、大学的考试

考试作为测量学生学习成绩和检查教师教学效果的重要手段,是大学教学活动中不可缺少的一个重要环节。如果说中学阶段的考试主要是为了实现升学理想,大学时期的考试则大多为检验实际能力。

如何才能顺利地通过考试,并取得好成绩呢?这主要取决于学生平时对课程内容的熟悉、掌握和应用的程度,而非取决于考试前的"临时抱佛脚"或考试时的临场发挥。

(一) 大学考试的特点

大学考试与中学考试有很大不同。首先,因为专业和课程,以及任课老师的不同,考试的题型都会有很大的差别。其次,考试的方式也多种多样,有的是闭卷,有的是开卷,还有的会进行口试或用一篇论文代替考试。最后,考试的过程也千差万别,有些考试有两个小时的答卷时间,其实用 40 分钟就可以做完;也有些考试让人从头到尾奋笔疾书、一直不停,还担心时间不够。

虽然大学的考试各有千秋,但是万变不离其宗,每次考试内容都离不开课堂讲授的重点、一些前沿理论知识或热点问题,以及个人对课堂知识的理解与运用等方面。所以,只要平时记录下上课的重点和难点,善于串联各个知识点,又对课程内容有自己的思考和理解,考试是可以考好的。

通常,大学的考试安排会在考试前的一个月左右在各学院公布,上面列有考试的时间和地点,到时候带上有关证件准时去参加就可以。作为新入校的学生,如果对自己将要面临的考试放心不下,不妨找到本专业的师兄、师姐,从他们那里可以了解到最详细也最实际的考试情况介绍。

（二）大学考试的形式与成绩评定

大学考核分考试与考查两种。有些课程的考核,可能会要求你写一篇论文或调查报告,但大多数课程还是采用考试形式,分开卷和闭卷两种。大学成绩的评定,分百分制和等级制("优""良""中""及格""不及格")两种。一般采用正态分布,两头少中间多。大学考核注重平时成绩与考试成绩的有机结合,平时成绩一般占 30％～40％。大学有免修制度,但要求较高,一般考试分数在 80 分或 85 分以上者,才能有资格申请免修某门课程。

（三）大学生考级考证

近年来,随着社会竞争的加剧,大学生就业也逐渐成为热点问题,每一名大学生在求职的过程中,都必须接受用人单位的考核或者评估。因此,努力利用自己在大学期间的宝贵时间,多学点知识,对自己在将来的就业中增强竞争力是非常必要的。从这个角度讲,取得考取证书来证明自己的能力,当然是件好事。

目前,大学生参加的资格考试是比较多的。如语言类的有全国大学英语四级、六级考试,专业英语四级、八级考试,英语 A、B 级考试,托福考试(TOEFL),美国研究生院及商学院入学考试(GRE),商务英语考试(BEC),日语能力考试,以及普通话水平测试等;计算机类的有国家计算机等级考试和省计算机等级考试,微软认证等;职业资格认证考试类的有公关员、报关员、跟单员、单证员、外销员、企业人力资源管理人员、项目管理师、营销师(推销员)、秘书、物业管理人员、电子商务师(四级、三级)、心理咨询师(三级)、会计师、职业指导人员、企业信息管理师、会展策划师、商务策划师等。以上既有全国性的,也有地方性的考试。有些院校设立了国家职业技能鉴定站,可以组织全国性的职业资格考试及地方性的职业资格考试。

面对各种让人眼花缭乱的考级考证,大学生应保持冷静的头脑,分清主次、抓住重点,要知道哪些证书对今后的就业和发展有较大作用,集中精力准备考试,切勿蜻蜓点水,什么都报但是什么都过不了,既浪费财力,又浪费精力。

（四）如何复习备考

1. 抓好平时的学习,不要"临时抱佛脚"

有些同学平时不用功,到考试时才"临时抱佛脚"。"临时抱佛脚"的复习方式是不可取的。这种复习方式,对于应付一些客观选择题可起到一定作用,但对于要发挥想象力、创造力的考题就没有丝毫效果。因此,要充分重视平时的学习,课堂上认真听老师讲课、坚持做笔记,课后注重及时消化、吸收、巩固课堂上的知识,并及时复习。按时完成老师布置的各种作业。每学完一章,除了要做好必要的练习,还要进行自我总结,写读书心得,进行自我测试等。

2. 制订考试复习计划,科学合理安排时间

在大学,每个学期的期末都要考几门课程,而且一般要集中在期末的一两个星期内进行。因此,要根据学校考试安排和自己的情况制订好复习计划,把每天的复习划分为几个阶段,分别复习不同的课程,各门课程的复习要交叉进行,若是考完一门课程后再复习下一门,时间往往来不及。

3. 系统复习与突出重点、难点相结合

在复习过程中，首先是进行系统复习，将一本书各章节的内容进行归纳总结，全面系统地掌握这门课的基本框架、基本概念和基本原理。其次是掌握重点、难点。在进行系统复习后，要能区分哪些内容自己比较熟悉、已经掌握，哪些不熟悉，哪些是本书的重点、难点，对重点、难点、不熟悉的内容及时请教老师和同学。在重点复习阶段，可将学到的知识条理化、系统化，用简明的语言和图表概括出来，并且把学习过程中做错过的练习再多做几遍。

4. 养精蓄锐，保持良好的心理状态

要相信考试只不过是寻常的测验，要轻轻松松，有压力但不感到恐惧。同时，要劳逸结合，在考前如果过分紧张地复习，熬夜大量做题，就会造成脑力和体力的极度消耗，精神高度紧张，加剧对考试的恐惧，削弱对考试的信心。因此，考试前一定要养精蓄锐，临考前两天不要过度疲劳，每天保证抽出一定时间参加体育活动，保证睡眠，同时要加强营养，使自己精力充沛、精神振奋地投入考试。

此外，认真学习考试规则，考试应带的东西务必带齐，以免影响考试。要做好扎实的复习，万一考试不及格还有补考或重修的机会，千万不能作弊。

四、学习资源的利用

（一）图书馆

图书馆是大学里非常重要的教学科研服务机构，许多国家已经把图书资料视为现代大学的三大支柱（师资、教学设备、图书资料）之一。对于大学生来说，图书馆是我们的良师益友，是提供高效的信息、文献和情报的重要资源。一般来说，大学图书馆能为学生提供图书外借、期刊阅览、参考咨询、文献检索、科技查新、复制和视听等多方位的服务。随着科技的发展进步，部分大学的图书馆还能为读者提供专业培训、电子服务、图书预约、馆际互借等一些特殊服务。

（二）专业教师与导师

专业教师是大学最宝贵的资源之一。但是，因为大学教学方式与初高中不同，许多教师仅仅在上课期间出现，下课后很可能要赶赴另外一个教室继续上课或去做自己的研究。专业教师除了有教学任务的要求之外，还有一些对课程建设、科研任务、专业建设等方面的要求。所以，不少学生会觉得很少有机会跟专业教师接触。大学学习要保持主动性，要多跟老师保持密切的联系，认真请教，不懂就问，充分利用一切时间紧密跟随老师的脚步去学习、探索、求知。

（三）专业学习型社团

如果想加深对于专业知识的理解与把握，通过一系列的学习能更好地学好专业知识，并利用一些平台进行专业知识的展示，锻炼自身专业技能水平，给你一个建议：加入一个或者两个专业学习型社团。在专业学习型社团里，你能找到跟你兴趣相近、趣味相投的朋友，利用在社团交流与活动的机会，来探索专业知识，交流学习心得体会，从而更好地学好、用好专业知识。

(四) 各类讲座

每学期学校都会不定期举办各类讲座。各学院均有开设与专业相关的讲座,例如,"建筑殿堂""文学学堂"等均有一定的影响。讲座邀请的人员都是各个领域的专业技术人员以及知名学者专家,是我们在未来学习之路上的"北斗星",多接触专业领域的优秀人才,有利于我们自身更快成才。

第二节　熟悉校园　快速适应

一、学校机构设置与介绍

进入大学,同学们会发现这是一个跟中学完全不同的世界,不但校园面积比中学大得多,里面的人员组成也更复杂。校园里面的学生不再只有一种,而且学生也不是按年级和班级划分的,而是按专业和学位来分的。老师也不是按科目分的,他们是按助教、讲师、副教授、教授来分的。校园里面的老师也不只干教书这一件事,他们还要搞自己的研究,做自己的项目,发表学术论文,到全国各地去开学术会议或做讲座。学校里除了老师与学生之间的教学活动外,还有很多其他各种身份的人在进行着与教学相关或不相关的事情。例如,学校学术期刊中心的工作人员天天都在忙着整理老师们要发表的学术论文,而这些工作不主要是为学生,更多的是为了全校的科研人员和学校科研水平的提高。

同学们可以看到,教学已不是大学的唯一职能,大学还是一个研究中心,甚至可以说是一个特殊性质的"企业"。集多重角色于一身的大学,必须有一个完备合理的机构设置来整合各种资源,确保各项工作的有序进行。

(一) 管理机构

大学的机构设置主要分为以下几块:党委职能部门、行政职能部门、教学机构、科研单位、辅助单位和群众社团。我们以某职业技术学院为例,向大家介绍高校的机构设置和相关职责。

1. 机构设置

(1) 党委职能部门:具体包括党委办公室、纪委办公室/监察审计处、党委组织部、党委宣传部等。

(2) 行政职能部门:具体包括学校办公室、人事处、教务处、学生处、科技处、保卫处、后勤管理处、计划财务处、校工会、校团委、资产管理处等。

(3) 教辅机构:国际交流合作中心/港澳台事务中心、教育技术与信息中心、继续教育学院、评估与督导办公室、图书馆等。

2. 相关职责

学校的机构设置很复杂,新生会看到很多新名词,可能会在想"这些机构是干什么的",肯定地说,你未来三年一定会和某些部门打交道,下面来为大家简要介绍。

（1）党委部门：主要负责政治工作，带领全校紧跟党的步伐前进。工作内容包括：学习、宣传和执行党的路线、方针、政策，坚持社会主义办学方向，依靠全校师生员工推进学校的改革和发展；讨论决定学校改革和发展，以及教学、科研和行政管理等工作中的重大问题；领导学校的思想政治工作和德育工作；按照干部管理权限，负责干部的选拔、教育、培养、考核和监督；领导学校的工会、共青团、学生会等群众组织和教职工代表大会等。

（2）行政部门：主要负责全校的日常行政工作。由于高校是一个非常庞大的机构，所以行政部门的分支很多也很复杂。为了保证学校各项工作的稳定进行，各部门各司其职。例如，大家做实验要用的贵重仪器或机房内的计算机上都会贴上标签，上面会记录着它的编号，这个标签就是资产管理处给它的"名分"，资产管理处就是负责管理校园里的贵重物品的部门。

（3）学生处：主要负责全校学生的管理工作。具体工作包括：学生思想政治教育工作和心理健康教育、咨询工作；学生日常管理工作；家庭经济困难学生的助学贷款工作和勤工助学工作；学生违纪及学生申诉处理的工作；学生安全教育和安全事故处理工作；会同有关部门处理学生群体事件；学生奖学金评定工作；学生档案管理；学校辅导员队伍的建设、管理及对辅导员的培养、考核工作。

（4）教务处：主要负责学校的教学工作。主要职能包括：专业人才培养方案及教学计划的制订和执行工作；专业建设及课程建设；教学质量的监控工作；学生的学籍、考试及成绩的管理工作；组织开展学生教学实践活动；审核并授予毕业证；负责全校教室的使用安排。

（5）后勤处：主要是为学校的教学、科研和全体师生的生活提供服务的职能机构，是一个学校能够顺利运行的物质保障。具体负责全校房地产、校园卫生、绿化、美化管理，负责全体师生膳食、住宿、维修和卫生健康管理等。

（6）保卫处：主要是学校安全保卫工作的职能部门。主要负责学校保卫工作的计划和措施的制订和实施，推进学校治安的综合治理，做好信息的控制和传递，负责全校师生户籍管理，进出学校的人员、车辆管理，对校园文明秩序的监督，纠正不文明举止，接受校园各种治安问题的报案并立案侦查，协助公安机关严厉打击各种违法犯罪活动。

同学们要办理相关手续时可以先通过网络查询，弄清要找的部门后再行动，就不会出现"白跑一趟"的情况了。

（二）服务机构

1. 就业指导中心

就业指导中心是隶属于学生处的组织机构，为大学生提供就业指导和服务工作。主要负责新生就业方向指导、毕业生职业教育、就业政策指导、择业咨询、就业信息服务和就业技能培训等工作，服务学生成才、就业，指导学生适应社会，走向成功。

2. 心理咨询中心

随着当前高校学生心理问题的实际需要，学生处下设了心理咨询中心。心理咨询中心是由受过专门训练的专业咨询人员组成的，为大学生提供心理咨询的服务机构。咨询人员运用心理学知识和技术，通过心理调查的方式，掌握学生心理情况，通过团体辅导或个别谈心等方式,帮助大学生尽快地适应大学学习、生活和工作,帮助大学生排解在学习、生活、人际交往、个人情感等方面产生的困惑和遇到的障碍,使心理问题得到及时解决。同时,心理咨询中心还为大学生开设心理健康方面的公共选修课和系列讲座,普及心理健康方面的知识,利用各种心理测量表与软件为学生提供心理测量服务,建立大学生心理健康档案,为辅导员学习心理咨询提供辅导,协助辅导员做好班级个别学生的心理工作。

同时,许多院校还成立了"心理发展协会",同学们可以加入这个协会,了解更多心理方面的知识,培养健康的心理,从而使自己的三年大学生活更加精彩。

3. 资助办公室

为了让更多家庭困难的学生能够顺利地完成学业,学校设有资助办公室。资助办公室是学校学生处的一个隶属机构,主要负责贫困学生国家助学贷款、政府助学金的申请、审批、发放,负责学生学杂费的减、免、缓工作,负责学校勤工俭学岗位的安排,勤工俭学的学生工资发放,协调各学院之间的资助工作。通过多种渠道和方式,搜集学生家庭信息,建立贫困生档案,加强学生的诚信教育和自立、自强教育,加强同校外的联系,为贫困学生创造勤工俭学的机会,培养大学生自强自立的精神。

此外,各学校还设有网络中心、校医院等。网络中心主要负责学校语音室、录音录像室等电化教学设备的管理,以及校园网络、校园电视台等建设工作。校医院主要负责全校师生的健康状况的监测,掌握全校师生健康状况,负责全校师生疾病的就诊和治疗、常见传染病的宣传和防治、学校膳食的监督,消除影响全校师生身体健康的隐患。

二、宿舍管理办法

示例:国家某示范性高职院校学生宿舍管理办法(试行)

为了优化育人环境,保障全体同学正常的学习、生活秩序,按照上级主管部门和学校的有关规定,现制订学生宿舍管理办法如下:

一、入住学生必须缴纳住宿费,按指定的宿舍、寝室、床位住宿,不准私自调换。因特殊原因需调整寝室者,由所在学院和学生社区管理中心(学生公寓管理中心)协商考虑。要求学生在校内住宿,因特殊原因需在外租房住宿的,应办理相关手续。

二、入住学生每人配备寝室钥匙一把,须妥善保管使用。禁止私配、转借和私下交换钥匙。如钥匙丢失或者损坏,应到学生公寓管理中心重新配备。

学生因退学、休学、毕业等不再住宿,应在离开宿舍前主动到值班室注销住宿和退还钥匙,经检查寝室公物无损坏后方可办理相关手续。

三、每间学生寝室设水表、电表各一只,每个学生限额使用水电(限额由学校另行规定),超额使用的水电由学生承担费用。

四、非本宿舍学生进入,必须主动出示学生证并征得值班员同意。学生亲属来访须出示有效证件或由学生确认并在值班室登记。未经学生社区管理中心(学生公寓管理中心)办公室同意,学生宿舍不准留宿客人。

五、严格遵守学校作息时间制度。午休时间和夜间熄灯后禁止从事娱乐活动和影响他人休息的其他活动。使用计算机的学生还应遵守计算机使用的有关规定。

宿舍大门22:00关闭,6:30开启,法定节假日晚上推迟半小时熄灯和关门。关门后学生禁止外出。

六、自觉爱护公共财产。全体同学对寝室公共财产负有管理责任和监督责任。室内布置不得损坏安装设备和墙面。宿舍配备的水龙袋、灭火器、电源保护装置等安全设施不准随意乱动和毁坏。设施发生损坏,要及时主动向值班室报修;如属人为损坏,应主动说明原因并照价赔偿损失;故意损坏公物者,除加倍赔偿损失外,还要视情节轻重给予纪律处分。

七、学生的计算机、手机、现金、存折、磁卡及其他贵重物品必须妥善保管,以防被盗和丢失。宿舍禁止从事经商和其他推销活动。

八、自觉保持宿舍清洁卫生。宿舍实行袋装垃圾。寝室长负责排出清洁卫生值日表并加强检查,值日生负责维护当日室内清洁,并负责将室内生活垃圾装袋(垃圾袋自备),按指定时间、指定地点放置,由管理人员统一清除到垃圾站。

学生社区管理中心(学生公寓管理中心)定期和不定期对寝室清洁卫生情况进行检查评比,其结果予以公布,并作为学校评选先进的重要依据。

九、增强社会公德意识,提倡文明住宿。凡有下列行为之一者,视其情节和后果,分别给予批评、赔偿损失,直至学校纪律处分。

1. 向走廊、水槽、拖把池、大便器倾倒各种垃圾杂物。

2. 向阳台外扔东西。

3. 在阳台外墙上摆放、悬挂物品。

4. 在室内、外墙上或其他物体上乱涂、乱写、乱画、乱张贴。

5. 在宿舍内故意污染墙面。

6. 在宿舍内饲养宠物。

7. 在宿舍内停放自行车和摩托车。

8. 随地吐痰和丢弃垃圾。

9. 其他有损文明生活的行为。

十、禁止使用明火,禁止违章用电。有下列行为之一者没收物品;造成后果者,学校给予纪律处分并赔偿损失;后果严重者由学生管理部门根据相关规定处理。

1. 燃烧废弃物。

2. 使用蜡烛、煤(汽)油炉、酒精炉(灯)、液化气炉等。

3. 使用电炉、煮水器、电饭煲等大功率电器。

4. 违反安全规定私拉乱接电源。

5. 其他可能危害公私财产和人身安全的用火用电行为。

十一、学生宿舍区域禁止下列行为:

1. 各种赌博行为。

2. 酗酒滋事。

3. 存放和使用易燃、易爆危险品和有毒、有害物品。

4. 观看和传播反动、淫秽音像、读物。

5.偷盗公私财物、敲诈、勒索、骗取财物。

6.打架斗殴、损害他人人格、危害他人人身安全。

7.传播伪科学及封建迷信思想。

8.学校禁止的其他行为。

违反上述规定之一者,学校给予纪律处分直至开除学籍,情节严重者交由公安部门依法处理。

十二、学生在住宿期间违反管理规定的行为,除按相关条款进行处理外,并由学生公寓管理中心据实记载,定期向学生所在学院及学生管理部门书面通报,作为考核学生的依据。

十三、本办法的解释权归后勤处。自发布之日起执行。

×××××××学院

第三节　四项关系　积极应对

一、老师与学生的关系

中国自古就有重视建立和培养良好师生关系的传统。春秋时期,孔丘同他的弟子的关系,是古代师生关系的楷模。他关心学生,循循善诱,诲人不倦;学生对他尊重景仰,亲密无间。战国时期,荀况用"青,取之于蓝,而青于蓝;冰,水为之,而寒于水",比喻学生可以后来居上,超过老师。唐代韩愈说"师者,所以传道、授业、解惑也",又说"弟子不必不如师,师不必贤于弟子""无贵无贱,无长无少,道之所存,师之所存也"。

目前,学校提倡一种新型的师生关系。其主要表现在:①民主平等。确认师生在政治上、人格上和在真理面前是平等的,形成同志式的民主关系。教师是教育者,有教育和管理学生的职责,学生要虚心接受教育;同时,教师也要向学生学习,学生可以对教师提出意见和要求。②尊师爱生。要求学生尊敬老师、谦恭有礼,虚心聆听教师的教诲,服从教师的正确指导。教师要热爱学生,关心他们德、智、体、美、劳的全面成长,把他们看作祖国的未来和希望,以认真负责、诲人不倦的精神引导学生前进。③教师的主导作用与学生的积极性相结合。教师"闻道在先""术业有专攻",应当掌握教育方向、教学内容和进程,负责传授系统的科学知识、技能,发展学生的智力,帮助学生形成科学的世界观和良好的道德品质。学生既是教育的客体,又是进行自我教育的主体,而不是被动学习知识的机器;要相信学生,尊重他们的合理愿望,注意了解学生的年龄特点和个性特征;要按照教学工作的规律,启发学生学习的自觉性,充分发挥他们的积极性和创造性。实现师生关系的和谐,不仅是发挥教师主导作用和学生主体作用的需要,也为教学过程中教与学之间信息的传递与反馈提供了有利条件。新型的师生关系没有固定的模式,但其重要意义却显而易见。要处理好师生关系应注意以下几点。

（一）以爱为本，多一点尊重和信任

尊重你的老师就如同你希望受到尊重一样。爱心是和谐师生关系的基础。教师的爱来源于对学生深刻的认识和了解。知之深，才能爱之切。学生年龄虽小，但也有着同成年人一样的情感世界：懂得快乐与痛苦、羞愧与恐惧，有自尊心和荣誉感。教师对学生应多一点耐心，少一点急躁；多一些宽容，少一些指责。尊重和信任是沟通师生情感的桥梁。可以说，尊重是爱的别名。尊重学生，就是尊重学生的人格，允许学生在思想、感情和行为中表现出一定的独立性，给他们提供更大的独立的活动空间。教师应平等对待学生，尊重他们的意愿和情绪，乐于倾听他们的意见和要求。当然，教师的爱绝不是让学生放任自流，一味迁就，而是爱中有严，严而有度。严父型也好，慈母型也好，良师也好，益友也好，都必须以爱为前提。教师的爱是一种责任，因为爱，才会有师生情感的共鸣；才会有教和学的同步；才会有师生角色的互换；才会有师生教学的互补。

（二）发扬民主，讲求一点"参与效应"

多沟通多理解，鼓励为主，营造良好的交流氛围。老师与学生之间情感是纽带，需要双方共同努力去维护。教育家罗杰斯认为，教师的态度可以决定教学的成败。教师要善于为学生创设一种宽松、安全、愉悦的学习氛围，给学生成功、快乐、友爱的享受。教师要充分发扬教学民主，使学生能自由参与、自由表达、充分意识到自己的存在和价值。人人都有一种参与意识，都希望自己拥有一定的发言权和自主权，如果适时让学生们体会"我长大了"的成人感，重视并满足他们的参与意识，他们就会以积极合作的态度在课堂教学中发挥其主体的作用。由此可见，教学民主是建立和谐师生关系的关键所在。

（三）注重个性，多一点欣赏眼光

一名成功的教师总是带着欣赏的眼光和积极的心态投身于教学活动的。教师真诚的期待不仅能激发学生积极向上的热情，而且深刻地影响着学生智力和个性的发展。如果教师对学生没有真诚的欣赏，任何学生都可能失去自信心。所以，适度的表扬和鼓励能让学生感受到成功的喜悦，在被欣赏的愉悦体验中奋发、崛起。不容怀疑，每一个学生都有闪光点可以挖掘，关键是怎样挖掘，何时挖掘。对学生而言，被人欣赏特别是被老师欣赏无疑是一种幸福。而教师欣赏学生也是一种境界和美德，能获得如同沙里淘金、发现绿洲的快乐。

二、同宿舍同学的关系

建立良好的大学宿舍关系作为大学生新生入学后面临的一个重要任务，具有非同寻常的意义。如何面对集体生活？如何处理人际关系？如何理解天南地北的文化与生活习惯的差异？同宿舍同学的关系是直接影响未来三年大学生活的关键因素之一。

俗话说："有缘千里来相会。"在茫茫人海中能进入同一所大学，并在同一个宿舍共同生活是非常难得的缘分。大学生除了上课、吃饭、参加活动，大部分时间都是在大学宿舍中度过的。

（一）宿舍——我们的"新家"

离开了家，告别有父母在身边照顾的幸福生活，你要开始过一种全然不同的集体生活。你将在这个宿舍生活三年，良好的宿舍关系是良好学习、工作的基础，如果宿舍关系不融洽，生活得不开心，就难以好好学习和工作了。

1. 心态很重要

要明确自我中心主义是集体生活的大忌，必须坚决摒弃。大多数新生在家有爷爷奶奶宠着，爸爸妈妈爱着，家人都视你为掌上明珠，事事都以你为中心。但你要想到，你是你家里的宝，宿舍其他同学又何尝不是，所以你不能要求别人事事迁就你，要学会尊重、宽容、忍让、关心他人，这是你成长必经的一课。

2. 与舍友相处的过程

大学宿舍交往通常会经历以下三个时期：

（1）初识期：几个人刚到一起，彼此的陌生感会让人行为谨慎，自觉收敛起坏习惯，意在给舍友留下好的第一印象。急于被新集体认同和接纳的渴望令大家都表现得十分友善，帮忙打饭打水、买东西，有求必应。初入校园，社交网络还未打开，宿舍关系是唯一的社交关系，舍友是自己最重要的伙伴，会有相互依靠的心理需要，这段时间是舍友的初识期，也是相处的"蜜月期"。

新宿舍融合是所有新生都会面对的问题，原本都是素不相识的陌生人，突然就要一起生活了，心理上、行为上一时难以适应是可以理解的，所以要想办法加快融入大家，其实诀窍很简单，就四个字——"集体行动"。一起去吃饭，一起参观校园……如果是女生，可以全宿舍一起去逛街；男生的话，来场篮球赛会是个不错的主意，还可以叫上旁边宿舍的同学一起活动，想尽一切办法跟大家熟起来。

（2）相熟期：俗话说："日久见人心。"随着时间的推移，宿舍成员交往的深入，最初的陌生感渐渐消失，不良习惯慢慢"原形毕露"。比如，A总喜欢顺手拿别人的东西来用，却不事先征得别人同意；B每天都玩得很晚才回来，本来大家都睡了又被他吵醒……很多问题都会浮出水面，矛盾重重，一不小心就会爆发"世界大战"。经过前一段的相处，每个人都在自己心中给舍友打出了分数，不少宿舍开始出现分化，形成两人或三人的小团体，小团体内会互诉心事，而对于小团体之外的宿舍成员态度就明显冷淡了。先前的乐于助人也会被平等观念所取代，不再是有求必应，"我没有时间""不顺便，还有其他事情要忙"……相熟了就没有必要再辛苦扮好人，讲的是"我对你好，你也要对我好"甚至是"你要对我好，我才能对你好"，此时你会看到宿舍最真实的一面。另外，随着班级、社团、学院里各项学习、工作的开展，大家的社交活动不再仅限于一室之内，会结识很多宿舍以外的同学、朋友，开始有各自的社交圈子，宿舍集体行动变得越来越少。相熟期是一个真正"坦诚相见"的过程，部分宿舍会出现关系紧张的情况。

（3）平稳期：宿舍内的冷战，或最后不了了之，或升级爆发，个别极端的例子会选择另觅宿舍，无论如何，一切最终都会归于平寂。而此时当年的新生已经变成师弟师妹口中的"师兄师姐"，经过生活的洗礼，每个人都在成长和成熟，慢慢地悟出相处之道，不再那么事事较真。况且那么长时间的相处可以说彼此都是知根知底，也习惯并接受了彼此的存在。宿舍此时就进入到平稳期，真正懂得尊重和忍让，气氛有点像回到最初相识之时。另外，随着离

别越来越近,同学们会变得珍惜身边的人和事,宿舍关系即为其中之一。宿舍聚餐、卧谈会等集体活动又重新出现,只是大家谈话的内容会更感性,会加入例如回忆、祝福之类的内容。

大家不难看出,宿舍关系是一个先热后冷,最后再回温的变化过程。新生不要觉得不耐烦甚至恐惧,要知道很快就要走入社会,那时才会遇到真正复杂的人际关系,如果你连宿舍关系都处理不好,将来要怎么办呢?

利用大学好好学习与人相处之道,从最基本的宿舍生活开始。用心"经营"你的宿舍,让它成为你大学里温暖的家!

(二) 大学的人际交往:一种全新的班级概念

班级迎新聚会上,环顾你的四周,你会发现同班同学来自全国各个地方,大学的班级简直就是一个"小社会"。

大学的班级不是大家熟悉的那种中小学班级的概念。没有固定的教室,上课会上完一门课换一个教室;班内同学来自全国各地,不再像中学时大家都是同乡或近邻;班主任不会跟前跟后,如果他(她)没有担任你所修读课程的老师,那你很难看到他(她)的踪影,可能只是开学班会时见一次,期末班级总结时见一次。

简而言之,在大学,班级变成一个相对松散的集体。正因为大学班级这样的特点,所以我们在班级交往方面给大家提出如下建议。

1. 重视新生见面会

在班级新生见面会上,同学们的自我介绍要用心听,记住每位同学的样子和名字,这是一种礼貌和尊重,有可能是你与某些同学在大学期间相识的唯一机会。

2. 积极参加活动

积极参加班级活动,如班级旅行、野外郊游、节日聚餐、联谊晚会……大一的班级活动尤其丰富,意在让大家尽快熟悉,形成一个团结紧密的班集体。因为平时上课位置不固定,大家多是与宿舍同学坐一起,除去个别积极分子外,大部分同学的交流机会不多。所以举办班级活动就是进行班级大融合的最佳途径,因为是以"玩"为主题,气氛欢快,同学们都比较放得开,都是年轻人很快就能玩到一起。

"好的开始是成功的一半。"这句话用在大学班级建设上恰如其分。如果没有在大一开始时就形成团结的班集体,同学们就没有归属感。由于大学是一个开放的环境,随着学生的自主独立意识逐渐增强,班级越往后走会越松散。所以,每一位新生都应该有集体意识,以实际行动促进班集体的团结。

3. 各司其职

如果你有幸成为班委的一员,一定要联合其他班干部共同做好班级的建设工作。班主任和辅导员事务繁多,一般只能履行指导、建议的职责,真正班级的组织、管理、维护等各项工作其实是落在班委身上的,班委就是班级的核心,是全班同学的领导者和服务者。大学里一个班级的团结,常常是班委起着决定作用。

4. 找准自己的位置

非班委的同学要积极配合班委的工作,做学院、老师和同学之间的传话筒,管理班级日常学习生活中的各项杂事,组织开展班级活动……除了这些常见事务,有的班委在期末会整理考试复习课件放到班级群上共享,方便大家复习使用;有的为班内困难的同学举行募捐活动,这些都是经常发生在校园里的事。一句话,班委的工作远非想象中那么轻松,他们默默为同学们做了很多事。

5. 尽心尽力

当需要你为班级出力的时候,一定要挺身而出,例如,校运会和班级文艺演出等活动,千万不要因为怕苦怕累,甚至是不想"抛头露面"而拒绝;作为班级的一员,对班级要有一种责任感。当你为班级荣誉而战的时候,会收获掌声与欢呼声,而你也会为自己的行为感到自豪。

6. 调整心态

有个别同学因为不适应大学这种新的班级模式,或者是过度留恋中学班级和同学,难以融入新的班集体,这样对于自身的发展其实是有消极影响的。因为大学同一个班级的同学学的是同一个专业,大家成为同行的可能性非常大,而且毕业后许多同学都会留在本市发展,在大学时建立起良好的关系的话,将来工作也能够互帮互助。无论着眼于现在,还是放眼看未来,良好的班级关系都是必需的。

一个成功的大学班级体必然是团结的,班级的凝聚力会让每个身在其中的同学找到归属感。如何更好地处理人际关系需要认真思考。

首先要注意一点,大学同学之间没有什么利害关系,更多的是由于一些日常的琐事没有及时沟通而引发的一些矛盾或误解,日积月累成了定时炸弹。大学生应该认清,你的同学未来可能成为你人生中最重要的人际网当中的一环,你身边的同学跟你一样拥有无法估量的未来,而且绝大多数人未来都将从事跟所学专业相关的工作,重视这张最初的人际网,对于未来人生发展有着举足轻重的作用。

其次是多说"谢谢"与"对不起"。在日常的宿舍生活中,要尊重并理解他人,在保证自身自由的前提是应确保他人的利益不受侵害,不能像在家中一样,希望所有人都和父母一样原谅你不断犯错。因为身边的同学跟你一样,也希望受到尊重与认同,也需要别人的理解与原谅。对于帮助你的人,及时说一声"谢谢",对于曾经有误会的同学,敞开胸怀说一声"对不起"。

三、工作与学习的关系

进入大学之后,不少同学将会进入党组织、团委、学生会、学社联及社团、志愿者队伍等多种团体中担任学生干部或干事,这是一个难得的锻炼机会。学生通过组织开展各类团学活动,可以提升个人自身能力及人际关系的处理能力。但是,面对日渐繁重的学习任务,如何处理好学习与工作之间的关系,将是所有的同学都会面临的一个问题。

(一)如何更高效地学习

1. 抓住每天最佳的学习时间段

大脑活动的效率在一天中的不同时间段是不同的,学习时间的最佳选择应该是一天中大脑最清醒的时候。

清晨起床后,大脑经过一夜的休息,消除了前一天的疲劳,脑神经处于活跃状态,没有新的记忆干扰,此刻认知、记忆印象都会很清晰,学习一些难记忆而必须记忆的东西较为适宜,如语言、定律、事件等的记忆和储存。

上午八点至十点是第二个学习高效期,体内肾上腺等激素分泌旺盛,精力充沛,大脑具有严谨而周密的思考能力、认知能力和处理能力,此刻是攻克难题的大好时机。

另一个学习高效期是下午六点至八点,不少人利用这段时间来回顾、复习全天学过的东西,加深印象,分门别类,归纳整理。这是整理笔记的黄金时间。

入睡前一小时也适合学习与记忆,利用这段时间来加深印象,特别对一些难以记忆的知识加以复习,则不易遗忘。

2. 劳逸结合

休息几分钟可让你恢复精力,休息是为了更好地学习。

3. 控制时间长度

大学生一次学习的时长最好在 60 分钟~90 分钟之间,时间过长或过短,效率都不高。

4. 交叉学习效果好

大脑长久接受同一类信息刺激,就容易产生疲劳,降低学习效率。因此,应及时转换学习内容,注意各门学科交替学习,特别是文理交替学习。学习之余,可做一些文体活动提高学习效率。

5. 尽可能每天在固定的时间段内进行学习

形成规律地学习,会使心理和生理上产生适应性,从而提高学习效率。

(二) 丢掉做事拖拉的毛病

有些同学习惯拖延,这样无异于浪费时间,而且常常会完成不了任务,同时搞得自己精神紧张,一定要改掉这个坏习惯。可以在每次开始一项新工作之前,准备好所有需要用的资料和工具,真正动手时就不需要东搜西找;自己主动把期限提前,跟把手表的时间调早十分钟是同一个道理;隔断所有可能的干扰,如选择在安静的图书馆学习会比宿舍强得多。

"时间就是金钱,时间就是生命。"唯有利用好时间,才能度过一个有意义、有收获的大学时光。

处理好工作与学习的关系可以采取以下步骤:

(1)学生要将学习永远摆在第一位,我们不鼓励学生干部全身心投入工作而忽略了自身的学习,这是对于学生身份的怠慢,也是一种对自身不负责任的态度。学生干部意味着比一般同学要付出更多的努力,除了日常上课听讲、认真完成作业,还要利用好零散时间——周末放假时、夜晚娱乐时、中午休息时等,把握一切机会与时间进行学习。把专业基础掌握好才能更好地腾出手应对工作的压力。

(2)工作是学生都要直面的一个问题,对于自身的能力锻炼是非常好的机会。工作意味着压力,压力意味着动力,将工作压力转化为自身前进的动力,能让你更敏锐,更快速高效地完成工作。工作的处理要讲究时间与方法,避免出现一个人为独立完成一个难题、追求工作的质量以致时间延误。在规定的时间内,能够独立完成的任务竭力完成,如果不能完成时要及时沟通并寻求帮助,避免因为时间关系耽误了工作的顺利开展。

四、事业与社会

大学一毕业将面临安身立命的迫切任务，这是当前高职院校毕业生共同面对的一个难题。如何在大学期间做好职业生涯规划是大学的必修课。

作为一名大学生，目前的紧迫任务是通过专业技能的学习找到一份适合自己的工作，并能通过自身的劳动换取相应报酬在社会上立足，成为社会人。但就业并非到毕业时才考虑的事情，大学三年的时光非常宝贵，在大学一年级的时候就会有大学生职业生涯规划与就业指导课，指导大家通过对自身的认识，寻找未来的就业方向。可以说，当你踏出校门的一瞬间，过往三年的努力就会展现在眼前。一分耕耘一分收获，一分付出一分喜悦，相信成功的可能性是与自己的努力付出成正比的。大学期间要进行对未来人生的规划，明确未来事业的方向，并通过学习专业知识、学习优秀榜样、听取各方建议等方式努力尝试，为自身未来的事业发展储备知识。面对全新的学习生活环境和陌生的人群，大一新生是真正意义上的"新鲜人"，大多数新生都会产生一种孤独无助的感觉。你将会面对种种入学适应问题，如生活适应问题、学习适应问题、人际关系建立问题等。

（一）生活适应问题

报纸杂志上不止一次刊登某些大学生因为生活无法自理而不得不退学的新闻，而各个大学周边悄然出现的陪读父母群体似乎验证了这样一种尴尬——站在象牙塔顶端的大学生的实际生活能力竟是如此欠缺。生活的问题似乎总是琐碎得让人心烦——打水的时候总是被开水溅到、食堂拥挤、饭菜不合口味、衣服总是难以洗净、床铺狭小得难以入睡……

1. 产生原因

这种生活方面的不适应其实是过分依赖家长的结果。在家中，就连最简单的洗衣打水都不是需要考虑的事情，即使自己忘了去做，父母也会体贴地帮忙解决，不需要自己费一点心力。在这种安逸的环境中，部分同学渐渐养成了依赖的心理，没有养成独立生活的能力。

但是，进入大学一切都不一样了，事无巨细都得自己费心打理，那些看起来简单的日常小事，自己真正做起来就又是另一回事了。值得庆幸的是，对于大多数同学来说，这都仅仅是小麻烦，只要自身稍加改变，其实避免这方面问题还是很容易的。

2. 解决办法

首先，思想上要独立。不要再妄想父母或他人的帮助，清楚明白地告诉自己要学会独立，自己的事自己干。不要嫌学校的条件不好，不要嫌琐事太麻烦，应对这些都是一个人生存在世难以避免的，这些事你是为自己做的，没什么可抱怨的。

其次，充分熟悉校园环境。接受了这个环境就在适应的路上迈出了一大步，例如，每一家饭堂都去试试找出符合口味的一家，每家超市都去转转比出哪家更物美价廉……人的恐惧感经常是因为陌生而导致的，环境其实也像人与人的相处一样，熟悉了就好了。

最后，不要忘了身边的同学。别人也正在经历跟你相同的问题，看看别人是怎么做的，有样学样，别人能做好的，你肯定也能做好！

（二）学习适应问题

1. 产生原因

正如军人以服从命令为天职，学习是大学生的天职。可是大学生的角色定位及学习环境与高中时期有很大的不同，这不免使一些同学出现了不适应。

大学对学生要求严格，若有几门课程不及格就会面临拿不到学位甚至退学的危险，学生手册上挂课、补考、留级、退学的章节就像是孙悟空头顶上的金箍一样，敲打着某些同学敏感的神经，给学生造成了一定的心理压力。这样的危机意识是很必要的，但是执拗于此就不免产生困扰。其实，绝大多数学生都能顺利完成学业，如果感到过度恐慌，不妨找自己学院的老师谈谈心。

也有的学生满不在乎、缺乏学习动力；听课时注意力分散，不能积极思考，时常走神，无精打采；课后不愿复习，不愿做作业。

2. 解决办法

中学时代的学习目的极其单纯——考上大学。大多数学生受应试教育的影响，整个中学阶段特别是高中阶段的学习都是以考上一所理想大学为目标，对这些同学而言，既然已经达到目标，就不知道为何要学习，缺乏学习的原动力，没有学习的必要了。从某种程度上说，应试教育其实是曲解了学习的意义，但你不能让它扭曲了你的人生。你现在已经完全掌握了学习的主动权，可以决定自己学什么，怎么学，为毕业后找到一份人人称羡的工作、为出人头地、为光耀门楣……有太多的理由催促你赶快开始好好学习，千万不要怀疑学习的有益性，努力学习吧！

由于学生、家长对专业不了解，学生迫于家长压力选择热门专业，或是服从调剂，对自己的专业不感兴趣。遇到这种情况，首先要摒弃成见，不要带着抵触心理去看待自己的专业，虽然它不是你心甘情愿的选择，但不一定就是错误的选择。应该在充分了解自己专业的前提下来判断它是不是真的适合自己。其次，如果自己对本专业真的无法产生兴趣，最好还是选择转专业。但是在转专业时要谨慎，要事先详细了解自己想转的专业，最好询问一些相关的老师和学长，看自己是否适合学习所转专业，是不是基础不牢导致课程跟不上。最后，要与自己的辅导员老师好好沟通，搞清楚转专业必要的条件和程序。当然，如果打定主意要转专业，就应该和父母好好商量，不要先斩后奏，应当充分尊重他们的意见。

大学更注重学生的自学能力，这就要求大学生从高中阶段的以他人监督和管理为主过渡到以自我监督和管理为主。学习上遭遇挫折或失败，对于顺利升入大学一向认为自己是优等生的学生而言，会产生非常强烈的挫败感。这些学生也许并不缺乏制订学习计划的能力，但保证计划有效实施的能力欠佳。要想弥补自己这方面的不足、培养自学的能力，最好还是制订一个行之有效的学习计划。部分同学因为急于成功，很多计划排得过于密集，完成它变成了不可能的任务，最后的结果不是计划不了了之，就是实施起来疲惫不堪，所以要在定计划时就考虑到它的可行性。当然有了好的计划还需要有毅力去切实执行。有研究指出，习惯的养成周期是一个月，也就是说，最初的一个月是最难以坚持的。要想顺利度过这个时期，不妨结伴学习，为自己找到另一双监督的眼睛。

(三）人际关系建立问题

很多大学生带着良好的人际关系期望与同学来往,但最终都失去了耐心和宽容。很多学生都在历数交往中别人的缺点与不是,一再抱怨,"大学生太自私了""太难相处了"……几乎大家都在感慨大学的人际关系复杂。

但是,一味地抱怨别人和慨叹世态并不能帮你找到建立人际关系的正确途径,要把时间花在如何解决问题上,不要花在抱怨上面。要想建立良好的人际关系,就应在与人交往的过程中,保持诚实、宽容和谅解。有时候别人的指责的确是不公平的,但是对方这么做往往是无心的,耿耿于怀只能加剧双方的误解。反过来,对待别人的错误和生涩,你也不要冷嘲热讽,学会爱周围的人,主动关爱他人。一定不要瞧不起别人,每个人都有自己的长处。要尽可能融入集体,积极向外拓展自己的交际面。

在大学这个多元的社交场域,建立良好人际关系的核心在于真诚与主动。尝试以开放的心态走出舒适圈,无论是课堂小组讨论、社团活动,还是宿舍日常交流,都是结识他人的契机。倾听时专注投入,眼神交流与适时回应能让对方感受到尊重;表达观点时坦诚清晰,避免过度保留或刻意迎合,真实的想法更容易引发共鸣。当与他人产生分歧,换位思考尤为重要,站在对方立场理解诉求,用平和理性的方式沟通解决,而非一味争辩对错。此外,主动分享生活中的点滴,无论是一本好书、一次有趣的经历,还是学习心得,都能拉近彼此距离,让友谊在互动中生根发芽。当用心对待每一段关系,用善意和包容浇灌,自然能在大学校园收获温暖真挚的情谊。

爱情是美好的,它给世界添加光彩。大学生处在朝气蓬勃的黄金时间,在大学期间拥有一段美好的爱情是每个人的希望。但是,我们鼓励大家用负责任的态度对待你的身边人。在与异性交往过程中要注意把握分寸、注意场合、文明交往、理性互助,避免因为交往问题影响到个人的学习与生活,乃至出现过激行为。双方可以努力寻找一个共同的奋斗目标,并为之努力学习、共同进步,避免出现因情感问题导致的各类不理智行为。

[案例] 多年来,她拒绝过升职转岗的盛邀,抵挡过高薪厚禄的诱惑。坚持手写,记录了30多本教学笔记,成为学子心灵家园的守护者和人生的引路人,她就是广州番禺职业技术学院的曹群教师,她是番禺职院学生心中最亲的"曹妈妈"。在曹老师的心中,思政老师所做的事情很重要,思政课要让学生感受到国家认同、政党认同、民族认同,更要让学生找到内在的精神力量。曹老师说,要实现这样的教学目标,老师就需要走进学生的心里,知道他们的所思所想。学生在哪里,思想政治教育就应该在哪里。学生只有"信其师",才能"思其道"。从1988年大学毕业到现在,她不断尝试每一个能走进学生心中的办法。除了在课堂上言传身教,她也会利用课后、周末的时间,和学生交流,帮助学生进行社团构建。

 **人物案例**

全国劳模徐志标

在广州地铁四号线的团队中,小伙子徐志标获得了很多同龄人难以企及的荣誉——全国劳模。而就在几年前,徐志标还是一名普通的高职院校学生。

徐志标毕业后,进入广州地铁,工作越来越顺遂,成为地铁公司少有的仅用4年时间就从7级技工晋升为4级技工的员工。然而,这样的转变绝非一朝一夕,而是源于徐志标的努力。在同事们心中,如果用一个词来形容徐志标,"拼命三郎"绝不为过。在最初进入地铁公司时,单单为了研究一个"隔离开关",他就花了整整3年时间。徐志标说,隔离开关的线路十分复杂,当时新员工并不需要掌握。但他经过长时间的观察,老师傅们之所以能够很熟练维修,一眼就看出故障所在,秘密都在这个被称为"隔离开关"的大盒子中。于是,他开始慢慢研究这个"大盒子"。一开始就是看,看熟了就开始拆,拆了再安装。当时,不少新同事刚开始上班,还没有习惯日夜颠倒的生活,一有空就抓紧时间休息。但徐志标却开足马力,每天都在研究。他的同事说,徐志标阅读了大量专业书籍,一本《接触网850问》,被他翻阅得几乎快烂掉。

"我现在觉得真不好意思,刚工作时总是打扰老师傅,每天都会围着他们问。"回忆成长之路,徐志标"惭愧"地说。还记得刚刚入职时,平时工余时间他就抱着书看。一个周六晚上,都快半夜12点了,徐志标发现有个问题没搞明白,就立刻打电话给他的师傅康千,对方此时已经是呵欠连连。"我们专业关联性强,如果不及时提问,接下来很多问题都搞不懂。"就是这种劲,才让他的技术提升非常快。

这位逆袭的小伙子徐志标说,无论是什么行业,从什么学校毕业,最重要的是自己在这个行业努力付出。"就算起点不如别人,但努力总会有回报。"

专题三　校园文化　丰富生活

　　校园文化是指以学生为主体,以校园为主要空间,以育人为主要导向,以精神文化、环境文化、行为文化和制度文化建设为主要内容的一种群体文化。校园文化在教育中发挥着重要的作用,是自发的、自觉的,也是常新的,能够唤起青年一代高尚的、独立的人格追求和道德追求。

学习目标

本专题将以国家某示范性高校为例,使学生了解党员发展流程,坚定理想信念,争取早日入党;熟悉团学组织架构,掌握大学生素质拓展计划要点,积极参加团学活动,了解校园业务的办理方法;熟知安全生活指引,掌握解决校园生活难题的技能。

 名人名言

人,只要有一种信念,有所追求,什么艰苦都能忍受,什么环境也都能适应。

——丁玲

见闻之知不如心之所喻,心之所喻不如身之所亲行。

——王夫之

第一节　靠拢组织　了解社团

一、一起走进党组织

（一）大学生应该积极加入中国共产党

在美丽的金秋时节,伴随着又一个新学年的到来,各大院校迎来了新一级的学生们。在为同学们成为新一代大学生感到高兴之余,学校更希望大家能够更快地成长进步,成为建设祖国的栋梁之材。青年学生是党的未来,是党组织培养发展的主要对象,而广大党员和教师是你们健康成长的指导者和引路人。

1. 党的事业的发展需要青年

中国共产党从诞生之日起,就同广大青年紧密联系,党的事业离不开青年,青年的成长更离不开党。当前,国际上的竞争主要是经济和科技实力的竞争,归根到底是人才的竞争。党要领导人民在激烈的国际竞争中赢得胜利,党内必须有一大批优秀人才;党要领导人民全面建设小康社会,首先是党的干部要革命化、年轻化、知识化、专业化。党的事业的巩固和发展,不仅要有正确的路线和方针政策,更要培养造就一代又一代党的事业的接班人。

2. 青年知识分子的前途在于党的正确领导

青年知识分子的前途在于国家强大,而国家强大又在于执政党的正确领导。近代中国一百多年来的历史证明:没有共产党就没有新中国;有了共产党,中国的面貌就焕然一新。这是中国人民在长期的奋斗历程中得出的最基本、最重要的结论。今天,同样只有坚持中国共产党的领导,才有国家的稳定和发展,也才有科学文化的繁荣和知识分子施展才华的舞台。

3. 青年的成长离不开党的培养

中国共产党是用马克思主义理论武装起来的党,是革命的大熔炉,是青年知识分子健康

成长的大学校。马克思主义的世界观、人生观、价值观是青年知识分子成长的指路明灯，马克思主义的立场、观点、方法是我们分析问题、解决问题的认识工具。入党有利于更好地接受党组织的教育。学校各级党组织同团组织保持密切联系，把共青团事业作为党的事业的重要组成部分，坚持以党建带团建，在不断为党组织输送新鲜血液的同时，带动和促进团的建设。

4. 争取入党有利于学生全面发展

有的同学可能会认为，上大学是来读书的，不是来入党的，担心入党影响学习。事实上，读书与入党并不矛盾，争取入党也是学习成才的重要组成部分。

入党要求大学生深入学习党的理论知识，这促使他们主动了解马克思主义基本原理、中国特色社会主义理论体系，在学习过程中，政治素养得以提升，思考问题的角度变得更加宏观和全面，培养出大局意识和家国情怀。为了达到党员标准，大学生会更加注重自身道德品质的塑造，以党员的高标准严格要求自己，在日常生活中践行社会主义核心价值观，诚实守信、团结同学、乐于奉献，进而提升个人的道德修养和人格魅力。

党组织还为大学生提供了丰富的实践平台和锻炼机会，无论是参与志愿服务、社会实践，还是组织党内学习活动，都能有效锻炼大学生的组织协调能力、沟通表达能力和团队协作能力。在解决实际问题的过程中，他们的抗压能力和应变能力也会不断增强。并且，入党后，大学生会置身于一个积极向上、追求进步的群体中，在相互学习和监督中，形成良好的学习和生活氛围，激发自身的学习动力和进取精神，推动他们在专业学习、社会实践等各个方面不断突破自我，实现全面发展。因此，入党对于大学生而言，是一条实现全面发展的重要路径，对其个人成长和未来发展具有深远意义。

（二）创造条件争取早日入党

通过党的理论学习和实践来了解党、认识党，按照党员标准，努力创造入党条件，把党的理论和纲领内化为自觉的行动，用自己的言行体现党的先进性。

那么，作为青年学生，怎么样争先做党的接班人，结合学生的特点创造入党条件呢？

一是要花功夫学习党的理论知识和党章，真正认识党、了解党，明确努力方向，把入党目的建立在较为扎实的理论基础上，树立正确的入党动机，在思想及行动上与党保持一致。

二是关心集体，关心党和国家大事，宣传党的方针政策，发挥健康向上的思想舆论导向作用，严格遵守校规校纪，努力把各级组织的要求落实到学习生活中去。

三是刻苦钻研学业，勤奋读书，不断提高学习成绩，为营造良好的班风、学风、校风发挥骨干作用，配合各位任课教师组织好教学中各个环节工作，自觉成为学习的模范。

四是密切联系群众，关心同学的学习、思想和生活困难，发挥党联系群众的桥梁纽带作用，把党的先进性体现在关心、带动群众中。

五是服从党的需要，自觉把个人成才发展同祖国和人民的需要结合起来，积极投身于社会实践活动，到艰苦的地方去锻炼成才，到祖国最需要的地方去服务，把自己的聪明才智贡献给人民，在服务祖国中促进发展，实现自身的价值。

(三) 党员发展工作流程

1. 本人提出入党申请

党组织接到申请入党人递交的入党申请书后,党支部书记应及时了解和收集申请人的相关信息,并将申请人相关信息经审核后录入学校党务管理信息系统中,党支部书记本人或指派党员与申请人进行交流,帮助申请人明确努力方向。

2. 学习党章

在班级或学院、专业等单位设立党章学习小组,以入党申请人为对象,组织进行党的基本知识、理论和时事政治学习,加强理想信念教育、爱国主义教育和中国特色社会主义理论体系教育,开展符合新时期青年学生特点的富有时代教育意义的活动,加强入党启蒙教育。

3. 入党积极分子的确定

入党积极分子,是指入党申请人经党组织讨论研究,被列为培养、教育和考察的对象。支部定期确定一批入党积极分子,一般须经所在团支部推荐、统一公示后报至党委办公室。

4. 指定培养联系人

申请入党人被列为入党积极分子后,党支部应给每位入党积极分子落实培养联系人,负责对其进行经常性的帮助教育。入党积极分子的培养联系人,应当由经过一定时间党内生活的锻炼,能够用党员标准严格要求自己,先锋模范作用发挥得比较好的正式党员担任。入党积极分子的培养联系人既可由本支部党员担任,也可由学院学生辅导员或教师党员担任。

5. 党校培训

通过系统的党的理论培训及相关知识学习,经考核合格,颁发党校"结业证书"。

6. 确定发展对象

入党积极分子经过一年以上培养教育,听取培养联系人和党内外群众意见后,经支部大会讨论确定为发展对象。随后须进行政治审查,支部应及时向学校党委组织部报告,并附送入党积极分子的政审材料、党内外群众意见材料、考察材料等。

(1) 预备党员的接收。

① 确定入党介绍人(由两名正式党员担任)。入党介绍人一般应由培养联系人担任,也可由本支部的其他正式党员担任。入党介绍人可以由发展对象在与自己联系较多和对自己了解的正式党员中约请。如本人找不到适当的介绍人也可以由党支部指定。

② 经上级党委原则同意后,领取并填写"入党志愿书"。发展对象填写"入党志愿书"时,要实事求是,不得有任何隐瞒和伪造。

③ 召开支委会,集体讨论及表决是否接收发展对象为中共预备党员,并报党委审批。

④ 上级党组织指派专人与发展对象谈话,并将意见写入"入党志愿书"指定栏目。

⑤ 党支部完善"入党志愿书"及其他材料,并报学校党委审批通过后书面通知党支部。

(2) 预备党员的教育考察、转正。

① 预备党员在预备期即将届满时,主动向党组织提交"转正申请书",党支部下发"预备党员考察表",并指导其填写。

② 党支部对拟转正的预备党员名单和相关信息进行公示,征求群众意见。公示后,党支部应从学校党委组织部领回党员材料,召开支部大会,对预备党员能否按时转正作出决议。完善相关材料后,将所有组织档案上报学校党委审批。

③ 学校党委审批通过后,书面通知党支部,并做好材料归档工作。

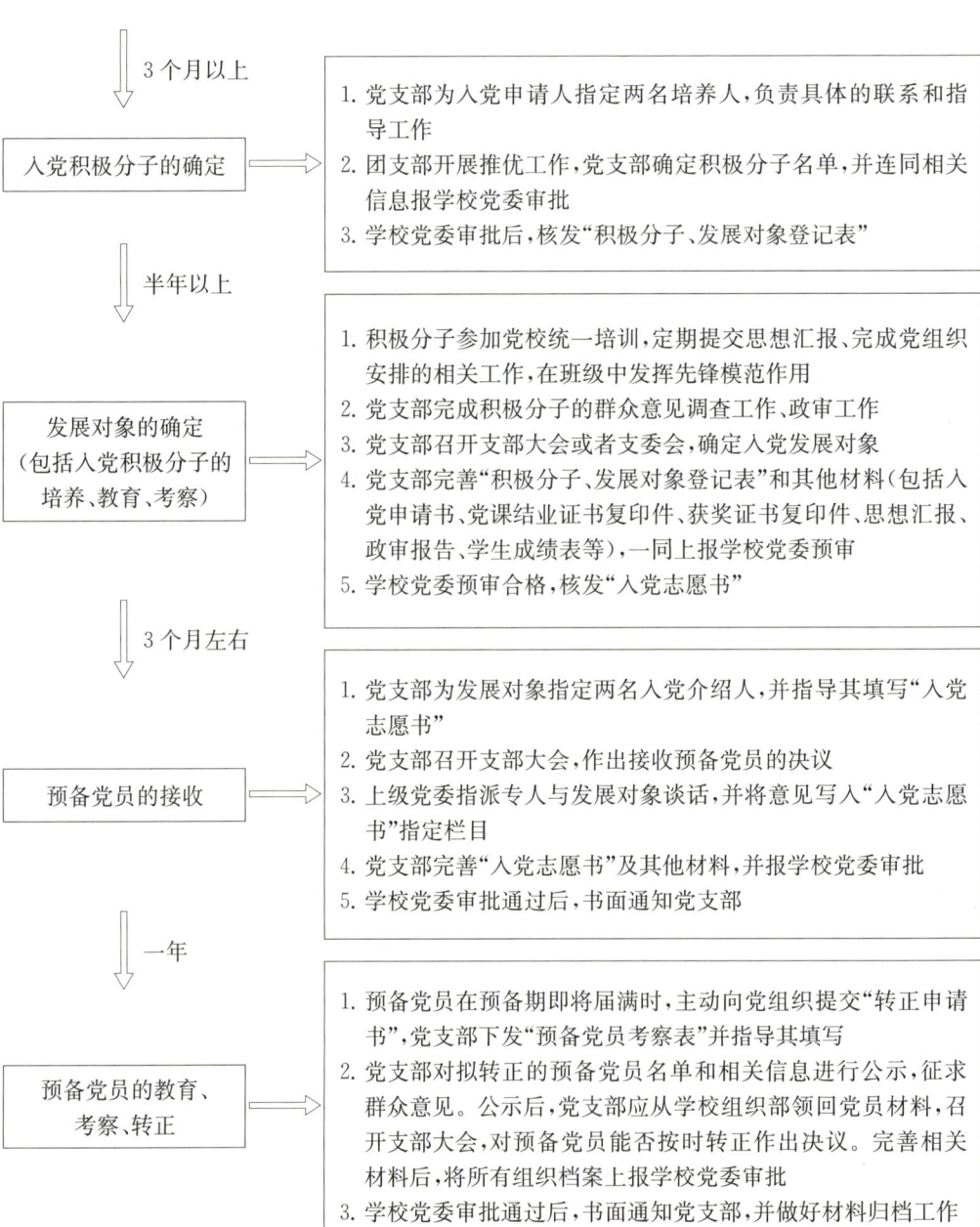

学生党员发展工作简要流程图

二、团学机构知多少

(一) 校团委

校团委在校党委和上级团委的领导下开展工作,主要职责有:制订学校团学工作计划并组织实施;围绕校党委及上级团委在各个时期的中心工作,做好思想政治教育工作,服务团员青年成长成才等。

(二) 校学生会

学生会是在学校团委领导和指导下的全校性的学生组织之一,是全体学生利益的代表者,也是学校老师和学生联系的桥梁和纽带。学生会主要负责全校性的各类学生活动的开展,代表学生参与社会事务,参与学校教育与管理服务,维护校规、校纪,协助学校各部门创造良好的教学秩序、优雅的学习环境、浓厚的学习氛围。以构建校园文化为平台,以丰富多彩的活动为载体,活跃学生课余生活,提高学生综合素质。同时,学生会还指导各学院学生干部开展学生工作。一般来说,学校学生会都设有如下机构:办公室、学习部、生活部、宣传部、文娱部、体育部、科技部、素拓部等。"学生会",浅浅三字,却饱含着读书年代那份纯朴的感情,以及对梦想的追求,服务同学,锻炼自我,这是学生会对大家永远的承诺!

我们的宗旨:全心全意为广大同学服务。

我们的追求:奉献、实干、进取、创新。

我们的理念:自我管理,自我服务,自我教育。

我们的梦想:多一分耕耘,就会多一分成功的喜悦;多一分拼搏,就会多一段辉煌的人生。"力行求是开新宇,海纳江河建功勋"——学生会将与你并肩同行,活出精彩新生活,谱写壮丽新篇章!

微电影:
致梦想

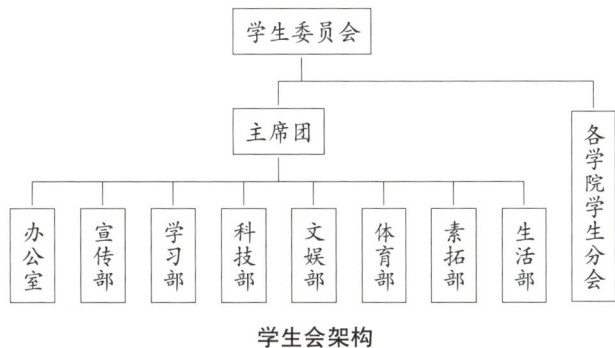
学生会架构

(三) 校学生社团联合会

学校学生社团联合会是指在学校团委的领导和指导下,结合学校实际需要,充分发挥学生专长或兴趣爱好,依照学校的规章制度成立的一个全校性的学生组织。学生社团联合会旨在协调学校各协会之间的合作,指导各协会开展益智、益趣、益体的大众化文体活动,为活跃学校文化生活,拓展大学生知识面,调动学生参与积极性,健全大学生个性发展创造良好条件。大学学生社团联合会(简称"学社联")一般为学校的一级学生组织。学社联受校党委领导、校团委指导,是领导、联系、监督和考核本校各学生社团的重要枢纽,是服务本校各学生社团的重要组织。

学校的学生社团由学生自发组织。各社团在每学年第一学期初招收新会员,同学们可根据专业需求或兴趣爱好选择加入。同时,也欢迎同学们通过正常程序申请组建新的社团,活跃校园文化。

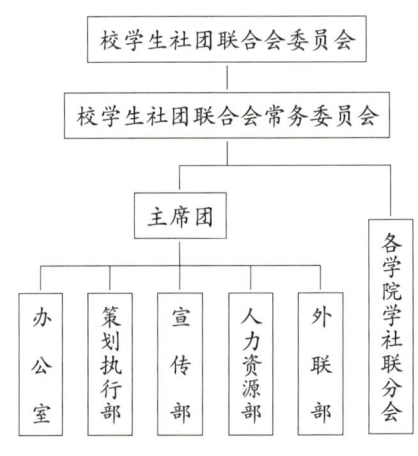

校学生社团联合会架构

学校社团:

专业学习型:

如会计协会、金融协会、ERP研究社、美容协会、KAB创业俱乐部、创业者协会、电子商务协会、营销协会、物流协会、连锁经营协会、数控协会、玩具协会、车迷协会、模具协会、电子协会、建筑协会、房地产协会、秦月唐风国学社、清溪文学社、旅游协会、礼仪协会、英语口语协会、日语推广协会、国际商务协会、国际贸易协会、国际会展协会、计算机协会、软件协会、元素漫画协会、玉湖书画社、工艺协会、艺术设计协会、蜂潮手工创意协会、摄影协会、珠宝协会等。

理论研究型:

如政治青年协会、新风学习会、党员之家、建曦红旗协会、思行协会、红色旅游研究协会、党颂社等。

兴趣爱好型:

如心理发展协会、足球协会、羽毛球协会、网球协会、交谊舞协会、助学协会、模特协会、街舞协会、游泳协会、瑜伽协会、职业发展协会、军事爱好者协会、数学建模协会、演讲与口才协会、跆拳道协会、吉他协会、定向运动协会、轮滑协会、魔术社、乒乓球协会、银色舞台中文话剧社、人力资源协会、青山湖读书协会等。

公益服务型:

如手语协会、有情泉义工团、绿叶志愿服务社、社会工作协会等。

（四）志愿者行动中心

微课：志愿者活动

志愿者行动中心是指在学校团委的指导下，由志愿为学校、社会和他人提供服务和帮助的学生自愿参加组成的学生团体。志愿者行动中心坚持"服务学校、服务社会、立足校内、面向社会"的宗旨，以奉行"奉献、友爱、互助、进步"为准则，为学校公益、社区服务、扶贫济困、帮孤助残、支教扫盲、保护环境等公益事业提供志愿服务。该中心组织和领导全校青年志愿者深入校内外，发挥自身的优势和特长，广泛开展各种公益服务活动，培养青年大学生的公民意识、奉献精神和服务能力，提高大学生的综合素质，倡导团结友爱，积极进取服务社会的新风尚，为推动学校精神文明建设而努力。

志愿者行动中心受校党委领导、校团委指导，在"奉献、友爱、互助、进步"的青年志愿者精神指引下，中心秉承"志愿参与、团结协作、奉献进取、文明服务"的宗旨，对志愿者开展业务知识和技能培训，组织、协调和指导志愿者（团体）开展各项志愿服务活动，推进志愿服务向常态化、制度化、规范化和社会化方向发展。

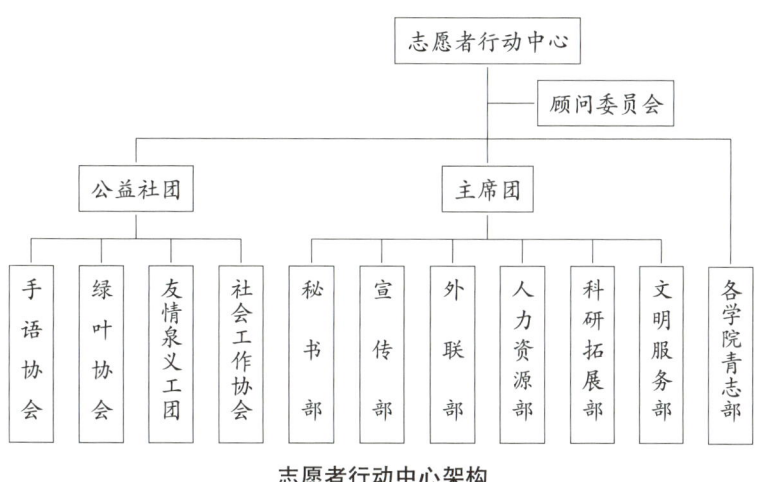

志愿者行动中心架构

（五）班级委员会

成员：班长、学习委员、生活委员、体育委员、文娱委员等。

（六）团支部

成员：团支部书记、组织委员、宣传委员、素拓小组成员等。

第二节　团学活动　百花齐放

大学生素质拓展计划是学校实施的一项系统教育工程。它以培养大学生思想政治素质为核心，以培养创新能力和实践能力为重点，以普遍提高科学素质和人文素质为目的，按照现代人力资源开发的思想和理念，为大学生的综合素质培养进行科学的规划、个性化的培养和综合性的开发。大学生素质拓展计划的基本内容是以开发大学生人力资源为着力点,进一步整合深化教学主渠道,通过开展各种活动和工作项目提高学生综合素质。目前,学校将大学生素质拓展计划分为思想素质教育、职业素质教育和身心素质教育三类,从思想政治与道德修养、社会实践与志愿服务、科技学术与创新创业、文体艺术与身心发展、社团活动与社会工作、技能培训等六个方面引导和帮助广大学生完善智能结构,全面成才成长。

学校实施"大学生素质拓展计划"的指导思想有三点:一是坚持"以学生为本";二是全面推进素质教育;三是促进学生未来就业和长远发展。

大学生素质拓展实行素质拓展学分制和素质拓展奖学金两个体系,进一步促进学校大学生素质拓展计划健康、全面、快速地发展。以下为高等职业院校普遍开展的团学活动。

一、品牌活动

团学活动,即共青团与学生会组织的各类活动,是高校促进学生全面发展、增强集体凝聚力、提升学生综合素质的重要途径。这些活动不仅涵盖了学术、文化、体育、艺术等多个领域,还注重培养学生的领导力、团队协作能力、社会责任感等关键能力。学校品牌团学活动是高校共青团或学生组织为提升学生综合素质、营造校园文化氛围而打造的一系列具有特色和影响力的活动。各高校应重视打造具有本校特色的品牌团学活动。这里以天津职业技术师范大学为例,展现团学活动的魅力与风貌。

视频:
"我为祖国
升国旗主题
教育"活动

为传承和弘扬五四精神,引领广大青年学生坚定理想信念,担当时代使命,2025年,在第106个五四青年节来临之际,天职师大校院各级团学组织青年学子以"传承五四薪火 争当强国先锋"为主题,联动开展了一系列内涵丰富、形式新颖的主题活动,激励广大青年赓续红色血脉,勇担时代使命。校团委组织师生代表赴天津觉悟社纪念馆开展主题团日活动,通过"沉浸式教育+仪式感熏陶+创新性表达"三维模式,打造行走的思政金课。在"寻迹觉悟火种"实践环节,师生透过周恩来、邓颖超等革命先驱的珍贵史料,感悟"革心""革新"精神。集中入团仪式上,来自各学院的新老团员代表面向团旗庄严宣誓,誓言与团歌激荡青春赤诚。马克思主义学院教师刘彩以觉悟社为课堂,带领青年沉浸式回顾觉醒年代,学生以情景朗诵《我们正青春》对话历史。该校团委书记表示,希望大家传承红色基因,坚定理想信念,践行初心使命,担当青年责任,勇于创新突破,发挥先锋作用。

与此同时,校团委还组织青年学生代表远赴新疆和田参与"青春和田行·首届京津皖新大学生文化交流周",在跨地域实践中书写青春答卷。他们走进教育基地感悟民族团结,在塔克拉玛干沙漠边缘与来自北京、安徽和新疆当地的200余名青年共铺防沙草方格,以"青年治沙带"践行生态文明;联欢晚会上与四地青年共展风采,化身"和田文旅推介官"赋能边疆发展。通过"一堂思政课、一次治沙实践、一台五四晚会、一场文旅推介",学子们深刻领悟边疆成就,厚植家国情怀。

此外,各级团学组织还通过举办知识竞赛、红色景点打卡、"捕捉春意,定格美好"摄影等活动,进一步丰富了活动形式和内容,扩大了活动的覆盖面和影响力。

二、其他活动

(一)科技文化艺术节

科技文化艺术节旨在展示学校素质教育成果和大学生的良好精神风貌。活动内容分科技、文化、艺术三大类,鼓励学生创作各类具有特色的节目、作品,并在此基础上发现和培养一批在科技与艺术上有作为、有潜力的人才。活动通过营造文明健康的校园文化氛围,创造良好的育人环境,促进同学成长成才,培养同学积极向上的学术、科技、艺术和娱乐活动的良好情操。

(二)"一三一"学雷锋系列活动

学习和发扬雷锋精神是当代大学生思想政治教育的重要内容之一。乘"学雷锋"活动之风,校团委以"大学生素质拓展计划"为统揽,在全校开展"一三一"学雷锋系列活动。"一三一"学雷锋系列活动是指一项特色服务活动、"诚信教育""感恩教育"和"挫折教育"三大主题的教育工程和一项清洁服务行动。

(三)迎新晚会

迎新晚会旨在提高新生们的主人翁意识和表示学校对新生们的热烈欢迎。以"团结向上,青春健康,气氛活泼,弘扬中国传统文化"为宗旨,充分展示学校大学生的艺术风采和蓬勃向上的精神面貌,同时极大地丰富了新生们的课余文化生活。

迎新晚会

体育节

(四)体育节

体育节由校学生会主办,旨在推进素质教育,丰富同学的课余生活。体育运动不仅是个人活动,而且是团体活动,代表着学校学生共同奋斗的集体主义精神。学校体育节可以成为弘扬民族精神、建设健康向上的校园文化,成为营造良好的育人环境的重要途径。体育节的举办会为同学们的生活增添生机与活力。

辩论赛

（五）辩论赛

辩论赛本着"学以致用、弘扬学风、展现自我、显示个性"的宗旨，达到丰富同学们的课余生活，锻炼口才和思辨能力的目的。大赛采取自愿报名参加的原则，分初赛、决赛、总决赛三个环节。为体现公平、公正与公开原则，一般采用随意抽签的方法，比赛则采用优胜劣汰的机制。辩论赛的开展，不仅锻炼了同学们的知识运用能力，而且全面促进了学校班风与学风的建设。

（六）文明修身活动月

文明修身活动月由校团委、校学生会主办，为提高学校学生文明意识和学习意识，树立学校大学生的文明形象，提高学校学生的思想道德修养水平，营造一种积极向上、文明有序、奋发成才的校园文化氛围，通过签名、评比、演讲、主题班会等活动形式，抨击校园不文明行为，倡导文明道德新风尚，使广大同学树立从我做起、做新时代文明大学生的观念。

文明修身活动月

学生社团文化活动月

（七）学生社团文化活动月

为丰富学校广大同学的课余生活，充分展示学校学生社团风貌，进一步促进社团的发展，在校团委的指导下，校学生社团联合会举行为期一个月的学生社团特色活动。社团文化活动月通过组织多姿多彩的社团文化活动来活跃校园的学术气氛，激发各个社团自身的积极性和创新性，吸引更多同学加入社团这个大家庭中。学生能更深入地了解学校的第二课堂文化,愉快地融入大学丰富的校园文化生活。

(八) 各学院专业技能竞赛

为落实"以就业为导向"的大学生素质拓展计划,加强学生的专业知识,提高专业素质、操作技巧及动手能力水平,促进学生向一专多能发展,学校每年都会举行各学院专业技能竞赛。例如,管理学院的"工商模拟市场"竞赛、信息工程学院的"计算机技能大赛"、人文社科学院的"服务技能大赛"、艺术设计学院的"设计大赛"等。

第三节　生活资讯　精彩纷呈

一、校园卡及有关银行业务的办理

在校园内的消费以校园卡打卡为主,现金支付为辅,食堂用餐、缴交水电费、医务室缴付诊金及药费、到机房上网、在图书馆借书或缴交延期还书滞纳金等都必须用校园卡打卡缴费,在商铺购物则可以使用校园卡缴费和现金支付相结合。另外,在宿舍使用淋浴热水、宿舍楼门禁系统等方面也需使用校园卡。校园卡的发放、充值、退卡、挂失、换卡、补卡等手续均在校园卡办理处办理。

(一) 校园卡使用须知

1. 开户、充值注意事项

办卡者须持有效证件(学生证)到校园卡办理处办理校园卡。

2. 挂失、解挂

(1) 持卡者请记住卡号,一旦发现丢失校园卡,应立即持有效证件(学生证或身份证)登记挂失,不能委托他人办理。

(2) 若找回校园卡应持本人身份证或学生证办理解挂。校园卡丢失或坏卡后应持身份证和学生证重办新卡。

3. 退卡

(1) 退卡者须持有效证件办理退卡手续。

(2) 坏卡的余额可直接转至新卡,或将余额退还。

4. 失卡招领

(1) 校园卡办理处如收到上交的失卡,会及时将卡主姓名写在校园卡办理处门前的公告栏上,失主可凭身份证或学生证领取失卡。

(2) 如有拾到他人丢失的校园卡不交还或未经允许使用他人卡者,一经发现将严肃处理。

5. 其他

(1) 请同学在使用校园卡时注意防水、防火、防污、防失、防盗、防折,并保持卡面整洁。

(2) 不能使用的校园卡需重新补办新卡。

（3）如有疑问，请到校园卡办理处咨询。

（二）有关银行业务的办理

学校一般设有 ATM 自动柜员机服务点，可通过使用储蓄卡在柜员机上办理账户查询、转账、取款、存款等服务。

同学们入学报到后，学校会统一为同学开通银行账户，并将存折、储蓄卡发到同学手中，请同学详细查阅有关的使用和业务办理方面的说明，妥善保管好自己的存折和储蓄卡，缴学费、发放奖学金和发放勤工助学工资等都是通过该账号进行的。

二、校园生活排忧解难

当你进入大学这个大家庭里面，被校园美景吸引的同时，也会遇到了不少问题。现在把一些常见的问题罗列出来，希望对你们有帮助。

问:如果银行卡失磁了,怎么办?

答:不要把手机与银行卡放在一起，这样很容易导致银行卡失磁。如果银行卡失磁，可到财务处咨询或者直接去开卡的银行网点办理。

问:怎样申请开通学生宿舍计算机网络?

答:学校教育技术与信息中心负责校园网的管理及维护工作，宿舍每个桌位均装有网络端口，同学们可根据中心的安排，申请开通中国校园宽带。

学生宿舍实景示例

问:怎样进行学生宿舍报修?

答:学校对学生宿舍的维修采取"报修、急修、巡查维修和集中维修"相结合的维修方式，平时以报修为主，假期以集中维修为主。报修模式有以下两种:

传统报修模式:学生凭证件到所住宿舍楼值班室填写《报修单》和领取《维修回执》，并将证件暂交值班室，待维修完成后凭《维修回执》签署验收意见时再取回证件。

网络报修模式:首先登录学校主页并按照网站提示，填写网络报修信息。

问:生病如何就诊?

答:一般院校都设有医务室，实行 24 小时值班制，8:30 至 23:00 是正常值班时间，23:00 至次日 8:30 是急诊时间。医务室因受设备、人员、场地等条件限制，仅对一般常见病、多发病进行诊治。来医务室就诊的同学，如症状未缓解或出现新的症状应及时来医务室复诊，以便校医采取进一步诊治方案。限于条件当医务室不能诊治时，则由校医建议去有条件的医院就诊。较急、重患者可拨打 120 电话或由校医联系辅导员老师派校车送医院诊治。

问:晚上到哪里自习?

答:学校主要的自习室有:图书馆、自修室、教学楼。

问:"辅导员"是什么性质的老师?

答:辅导员是负责我们思想、学习、生活的老师,性质和高中时的班主任差不多,只是他们管的范围比班主任大,帮同学们解决生活、学习、社会上的困难,引领同学们在正确的路上度过美好、有意义的大学生活。

问:遇到什么问题时可以去找辅导员?

答:无论是生活、学习上,还是社会上遇到困难,都可去找辅导员。其实,即使没什么事也可以找他们聊聊天,因为他们都挺随和的。

问:导师的主要职责是什么?

答:一个导师一般只带一个班,除了认真做好我们的思想政治工作,主要指导我们专业方面的基本情况、发展动态、社会需求等,为社会培养更多一专多能的学生。

问:如何了解更多关于专业方面的知识?

答:可上学校的校园网进行查询,或向导师、专业老师咨询,还可以请教对应专业的师兄师姐,他们一定会很乐意解答的。

问:如果我不喜欢我所学的专业怎么办?

答:大学生对所学的专业不感兴趣,是一种普遍存在的现象。绝大部分新生入校时并没有十分明确的目标,在各个专业间摇摆。老师给的建议是:选你所爱,爱你所选。新生首先要静下心来了解、熟悉自己所学的专业,这个过程一般要一两个月,经过理性认识之后,发现确实不是兴趣所在可以适当调整。现实中竞争激烈的就业环境,提醒每一个刚走进"象牙塔"的新生:必须认真做好大学学习生活规划和未来的职业规划。

问:如何加入感兴趣的学生组织(团委/学生会/学社联/社团)?

答:学校各级团委、学生会、学社联各部门招收干事在第一学期初进行,一般分为多次面试。大家在面试的时候一定要注意自己的服装、仪态等,最好给面试官留下好的印象,因为这些面试比较严格。在学期初新生军训完毕,校学生社团联合会就会向全校同学开展学生社团活动,并由各社团独自招募新社员。在活动开展的时候,新生可以索取相关报名表格,填写,递交,面试。加入社团是要收取规定的会费的。一般情况下,社团在招收会员是免试的,在招收干事才需要面试。各位师弟师妹在选择社团时,要根据自己的时间,结合自己的兴趣和爱好进行选择,建议你不要选太多,选择一至两个社团是比较合适的。

问:课外有哪些活动可参加?

答:学校在平时会举行各种丰富多彩的活动,特别推荐各位同学参加"挑战杯""辩论赛""工商模拟市场""模拟招聘会"、暑期"三下乡"社会实践活动等。各协会和班级也会不定期举办各种形式的讲座或比赛,同学们可以根据自己的兴趣和爱好参加。

问:学校内可开展哪些野外活动?

答:有兴趣的话可爬爬山,教学区后山的滴水岩、烧烤场是不错的地方,既可以陶冶情操,又可以在运动之余增进同学之间的感情,何乐而不为呢!不过,为了大家的安全,一定要结伴去。如果去烧烤要注意防火安全。

问:我不是班干部,我可以组织同学们搞活动吗?

答:可以,只要你有能力,而且有把握将这个活动做好的话,你就可以大胆去做!大学注重的是能力的培养,放手去干吧!

问：何为勤工助学？岗位有哪些？怎样申请？

答：学校设立了勤工助学基金，困难学生通过校内工作，可解决生活费用问题。岗位有：校园清洁人员、图书馆图书整理人员及各学院提供的一些岗位等。新生确有经济困难的可提出申请。申请程序：先由本人申请，出示特困证明，经所在学院同意，再由学校勤工助学管理部门推荐雇用。家庭困难学生还可申请国家励志奖学金、助学金、理想助学金、旅港会所助学金解决其他学习费用。对特殊困难的学生，学校还给予适当的困难补助。详情可开学时向辅导员或班主任咨询。

问：我可以申请国家助学贷款吗？

答：可以。通过申请国家助学贷款可解决学费问题，不过学校要根据学生提供的家庭经济状况的必要资料（包括本人申请、家庭经济情况调查表、困难证明等），进行审核后确定名单。

问：什么是暑期"三下乡"社会实践活动？

答：暑期"三下乡"社会实践活动是指每年暑假进行的暑期文化、科技、卫生下乡活动，它是一种社会实践。通过这个活动可把书本知识与实践运用联系起来，真正做到学以致用。有兴趣的话可以去体验一下，这是我们步入社会前的一个很好的"热身运动"。

问：计算机一级考试是怎么一回事？

答：计算机一级考试是学校为确保学生能熟练使用计算机，要求学生毕业之前一定要通过的考试，考试时间及方式请参照教务处公布的通知。

问：怎样报考英语四、六级考试？

答：英语四、六级考试每学期都有一次，考试前要上学校教务处的网站报名，同学们应留意通知。

问：职业上岗证是怎么一回事？（如电工证、导游证、会计证等）

答：上岗证是我们高职生以后找工作的主要证件之一，每个专业都有专业相关的职业资格证书，师弟师妹可以根据自己专业的需要，通过咨询相关专业的老师或师兄师姐，了解更多关于考上岗证的情况。

问：什么情况下可申请免修？

答：学生已经修过的大专以上课程（如自学考试的课程），或已取得相应的证书时，可提交相关权威部门的考试成绩证明或有关材料，经教务处审核、批准可申请免修，并取得相应学分。但马克思主义政治理论课、思想品德课、公共体育课和实践性课程不能免修，详细信息可向所在学院办公室或教务处咨询。

问：重修有哪些规定？

答：必修课考试不及格的要重修；专业或任意选修课考试不及格的，可申请重修，也可改修其他课程，详细信息可向所在学院办公室或教务处咨询。重修既浪费时间，也会影响你下学年的学习进度。大学生要努力学习，避免通不过考试。

问：可以参加其他学院组织的讲座吗？

答：只要不是凭票进场的讲座，感兴趣的同学都可以去参加！

问：我可以找兼职吗？

答：可以。做兼职不但可以锻炼自己，而且可给家庭减轻负担。我们可以利用课余时间找一些如家教、派传单、促销、翻译之类的工作，但一定要注意不能旷课去做兼职。

问:"大学生素质拓展证书"有什么用途?

答:此证书可和毕业证书共同作为用人单位评价大学生综合素质的参考标准,对我们毕业后找工作很有用。

问:计算机坏了,去哪里修?

答:可以找师兄师姐,他们很友好,也很乐意为师弟师妹服务。另外,学校的计算机协会也会不定期地举行义务维修活动,帮助同学修理计算机。

问:专升本的途径有哪些?

答:可参加自学考试(分为大考和小考)、本科插班、成人高考、网络大学、函授大学、电视大学。只要有恒心,没有什么是办不成的,相信自己可以!

问:入学后可否转专业? 如何转?

答:可以。如要求转专业,要等新生报到后方可向教务处提出申请,教务处要视相关专业的报到率来决定能否转专业。

问:如何入党? 如果入校时已经是积极分子,程序是否有不同?

答:必须先递交入党申请书,经过班里的评选,参加学校的业余党校积极分子培训班,并定期提交思想汇报,通过考试后,表现优异者经过学院的推荐成为发展对象,再通过学院学生党支部决议成为预备党员,一年的考察期后,无重大过错且表现优秀者通过党支部决议,方可转为正式党员。

如果入校时已经是积极分子者,可以把个人的党关系转至学校,经过学校党组织的确认后,可以成为学校积极分子,其他入党程序同上。

 **人物案例**

全国技术能手杨永修

杨永修是享受国务院政府特殊津贴、集"全国技术能手""全国五一劳动奖章""全国青年岗位能手""全国机械行业工匠""中国好青年"等众多桂冠40余项荣誉于一身的大国工匠,很少有人知道,他只有大专学历。杨永修高考后就读于长春汽车工业高等专科学校机械工程学院。

多年前,杨永修高考后选择了长春汽车工业高等专科学校,成为一名数控专业学生。上学后,他逐渐爱上了数控专业,在校期间保持着班级第一名的成绩。毕业后,他如愿成为原一汽技术中心的一名工人。2010年入职一汽研发总院试制所后,杨永修争分夺秒地研究新系统语言、新操作技术和新编程软件。白天,他边看师傅操作边抄代码,下班回家继续练习,在实践中摸索经验。5年多的时间,他废寝忘食地向前辈请教难题,很多人对他知无不言。他还购买了很多课件,自学最新理论。杨永修说:"我曾到一个复印社连续打印了1 000多张的电子材料,花笨功夫照着试验,快乐且充实。"功夫不负有心人。很快,杨永修脱颖而出,成为技术能手。

发动机的缸体和缸盖决定着发动机的性能,一个发动机缸体上有100多个孔,为保证缸体和缸盖紧密结合,必须保证缸孔的精度在 0.015 毫米以内,相当于头发丝的四分之一左右,此前用数控铣床进行精细化加工的核心参数一直是国外的机密。为突破这一核心技术,杨永修和团队每天埋头对着图纸琢磨,在一堆代码中反复修改尝试,最终总结出了精密参数,在数控铣加工上实现了完全自主。在一次次跟新产品、新技术"死磕"的过程中,杨永修精益求精的工匠精神让徒弟们深受启发。

近年来,杨永修参与并完成了发动机、变速箱等 30 多项国家级重点项目的加工任务,攻克了 130 多项技术难题,成为拥有 18 项国家专利的"发明大王",为企业节约和创造价值超过 1 200 万元。前不久,一汽以杨永修为带头人建立了劳模创新工作室,从项目攻关、技术创新、人才培养等方面,杨永修带领工作室成员开展快速试制、集成制造等多项试制技术研究。"作为一名青年,我要做好自己的本职工作,练好技术,用青年人的力量扛起时代的大旗。"杨永修说。

专题四　珍惜青春　健康成长

　　十年寒窗苦读,同学们怀着激动的心情跨入了大学的校门。在这里,同学们将吸收前人的智慧精髓,接受人文道德的洗礼。同学们是幸福的,也是幸运的。因为同学们是大学生,有毅力畅游知识的海洋,有韧性攀登科学的顶峰,更有能力穿梭于多彩的世界。同样,同学们也是对新环境最陌生的一群人,来到这个陌生的校园,如何快速适应生理到心理的变化,这是社会和家长都关注的。在校园中,有可能遇到危及健康和财产安全的问题,因此,学会积极、健康地生活,掌握安全知识和生活技能,是每个大学生的必修课。

学习目标

　　了解自我调节、主动交往和有效沟通的技巧，熟悉体育锻炼的原则、最佳时间和对促进身体健康的益处，掌握健康常识、预防疾病的建议和安全常识，规避风险，确保身心健康。

名人名言

只有身体好才能学习好、工作好，才能均衡地发展。

——周恩来

第一节　自我调节　有效沟通

　　交往能力是现代人必须具备的一种能力。大学生不论是在学校学习，还是毕业后进入社会，都不可能不和人交往。在大学校园里，同学之间生活上的相互照顾，学习上的相互帮助，活动中的相互支持，感情上的相互交流，师生间的教学相长，都需要有一个良好的思想、行为、情感的沟通。处于青春期的大学新生，感情世界十分丰富而敏感，渴望与人交流，获得友谊、尊重和理解，希望能找到一个同甘共苦、无话不说的知己，因此对人际交流有着强烈与迫切的需求。新生们开始与各种不认识的人接触、沟通、交流，渴望获得像初中或高中时的纯洁友情。但理想与现实是有冲突的，因为相对于中学的人际关系，大学人际关系显得更为复杂。

　　首先，由于大学生来自四面八方，有着不同的城乡背景、不同的方言、不同的性格、不同的生活习惯，因此，同学之间的磨合是个新的问题。

　　其次，在大学学习不再是唯一目标。进入大学以后，每人的目标和志向会发生很大的变化，要找到一个在某一方面有共同追求的朋友，需要较长时间的努力。

　　最后，个体的某些性格特征也会阻碍人际交往，如自卑、懦弱、鲁莽和孤僻等也会造成人际交往困难。加之现在的大学生大多是独生子女，多数习惯以自我为中心，待人接物缺少换位思考，容易造成交往障碍。

　　进入大学以后，同学们面对的是新的环境、新的伙伴，生活上要自己料理，要和新的老师、同学交往，思想、性格、习惯和地区之间的差异会使大家感到生疏，常常想念父母亲友。另外，新生更需要他人的帮助和友谊，希望多参加集体活动，以了解、接触同学，凭借第一印象选择气质性格与自己相投的人做朋友。但由于新同学缺少生活阅历和交友经验，不大注意理解别人，常因一点小事甚至一两句话而闹矛盾，产生隔膜，加之他们又不善于采取行动和解，而互相怨恨，因而陷入无端的苦闷之中，产生了一种莫名其妙的失落感和孤独感。

　　在当今社会中，培养富有成效的交际能力和交流手段是大学生最迫切的需要之一。人们相互之间交际与交流的方式方法，既可能带来成功和幸福，又可能引起痛苦和折磨。社会心理学家研究指出，人际交往中 70% 的问题皆因沟通不畅所致。

　　沟通是指人与人之间传达思想观点、表达态度、交流情感、交换情报信息的过程。沟通无处不在，无时不有。伴随着经济的日益发展，人际关系的日益复杂，在人与人之间的交谈中，有效的沟通起着至关重要的作用。人与人之间交谈，需要有效的沟通，人与人之间发生矛盾需要化解，更需要有效地沟通。因此，没有什么比有效沟通更重要的了。

一、调整心态，主动交往

面对来自各地，性格、兴趣、习惯迥异的同学，建立良好的人际关系是十分必要的。大学新生必须学会与不同的人进行沟通，主动与他人交往，相互理解、尊重与接纳，营造一种宽松、和谐、愉快的合作氛围。这对于同学们保持良好的心态和情绪，顺利度过新生适应期，是非常必要的。

寻找共同点，这是一种最基本的沟通技巧，特别是在和陌生人的第一次交往中非常有效。同学们可以有意识地去寻找和对方共同的话题、共同的兴趣爱好及共同的看法等，从而使对方认同自己，产生一种最初的共性。例如，都喜欢听音乐，都喜欢足球等。在最初的交流中，即使是一点点的相同之处也会带来惊喜和共鸣。

二、自我调节，有效沟通

有效沟通，是指通过听说读写等思维的载体，利用演讲、会见、对话、讨论、信件等方式准确、恰当地表达信息，以促使对方接受。

达成有效的沟通必须具备两个必要条件：①信息发送者清晰地表达信息的内涵，以便信息接收者能够确切地理解；②信息发送者重视信息接收者的反应，并根据其反应及时修正信息的传递，避免产生不必要的误解。

（一）学会倾听

最有价值的人，不一定是最能说的人。善于倾听，才是成熟的人最基本的素质。倾听，并不是毫无意义地附和，一个优秀的倾听者可以获取大量信息，可以赢得对方的喜欢，甚至还可以提高自己的谈吐水平。通过倾听，我们可以了解他人并被他人理解，能够更好地增进人际关系，同时提高工作效率。

倾听指包括理解与反馈在内的所有听的过程。良好的倾听需要具备良好的注意力、理解力和记忆力。最有效也是最重要的沟通原则与技巧，是成为一位好听众。良好地进行交流沟通是一个双向的过程，它依赖于你能抓住听者的注意力和正确地解释你所掌握的信息。如果我们能专注地倾听别人说话，自然可以使对方在心理上得到极大满足，这时你才能集中精力去解决问题或发挥影响力。

人们在倾诉时态度不同，表现形式各异，有的主动，有的被动，这就要求我们应主动并善于倾听才行。沉默寡言型的人一般性格内向，不善交际与言辞。但并不代表对方不愿意和你说话。这时，你需要把谈话节奏放慢，多寻找话题。一旦谈到对方擅长或感兴趣的事，对方马上会"解冻"，滔滔不绝地向你倾诉起来。

倾听不仅是听到对方的话语，更是理解话语背后的情感、需求和意图，是建立良好人际

关系、提升沟通效率的关键。那么,究竟该如何培养倾听能力呢?

1. 端正倾听心态

培养倾听能力,首要任务是端正心态。放下自我中心的思维方式,是开启高效倾听的第一步。在日常交流中,许多人习惯急于表达自己的观点,在对方尚未讲完时,就在脑海中构思回应的话语,这种行为严重影响倾听效果。我们应意识到,每个人都有表达的欲望和独特的观点,倾听是对他人的尊重。当我们真正放下"急于表现自己"的念头,才能全身心投入对方的讲述中。

保持开放包容的态度同样重要。在倾听过程中,不轻易对对方的观点进行评判,避免因观点不同而产生抵触情绪。无论对方的想法与自己有多大差异,都应给予充分的理解和尊重,以开放的心态接纳不同的声音,这样才能听到更全面、多元的信息。

2. 掌握倾听技巧

专注的肢体语言是有效倾听的外在表现。在与他人交流时,保持眼神接触,让对方感受到你的关注;身体微微前倾,展现出对谈话内容的兴趣;适时点头,给予对方回应,这些肢体动作都能让对方感受到你在认真倾听。同时,减少外界干扰,关闭手机、电视等可能分散注意力的设备,创造一个安静、专注的倾听环境。

积极反馈是促进有效沟通的重要方式。在倾听过程中,适时用简短的语言回应对方,如"是的""我明白""然后呢"等,鼓励对方继续说下去。还可以在对方讲述结束后,用自己的语言复述关键内容,向对方确认自己的理解是否准确。例如,对方分享工作中的困难,你可以说:"你是说目前项目进度受阻,主要是因为资源不足,对吗?"通过这样的反馈,不仅能加深自己对内容的理解,也能让对方感受到你在认真倾听并积极思考。

此外,捕捉非语言信息也是倾听的重要技巧。人们的表情、语气、手势等非语言信号往往能传递出比话语更丰富的情感和信息。一个皱眉可能暗示着不满,语气的变化可能反映出情绪的波动。仔细观察这些非语言信息,能够帮助我们更准确地理解对方的真实想法和感受。

3. 进行倾听实践

日常生活中的每一次对话都是培养倾听能力的机会。在与家人、朋友、同事交流时,有意识地运用所学的倾听技巧。例如,当家人分享一天的经历时,放下手中的事情,专注倾听,给予充分的回应和理解;在工作会议中,认真倾听同事的发言,不仅关注内容,还留意大家的态度和情绪,通过不断实践,让倾听成为一种习惯。

参加倾听相关的培训课程或工作坊,也是提升倾听能力的有效途径。在专业的指导下,系统学习倾听理论和技巧,并通过模拟练习、案例分析等方式进行实践,及时获得反馈和建议,从而更有针对性地改进自己的倾听能力。同时,阅读相关书籍和文章,也能为培养倾听能力提供理论支持和实践指导。

4. 持续反思与改进

培养倾听能力是一个长期的过程,需要我们不断反思和改进。每次交流结束后,回顾自己在倾听过程中的表现,思考哪些方面做得好,哪些地方还有不足。例如,是否做到了全程专注,是否准确理解了对方的意图,是否给予了恰当的反馈。通过反思,发现问题并制订改进计划。

培养倾听能力并非一蹴而就,它需要我们从心态上进行转变,掌握有效的倾听技巧,在日常生活中不断实践,并持续反思和改进。当我们真正具备良好的倾听能力时,不仅能提升沟通质量,还能建立更和谐、稳固的人际关系,在工作和生活中收获更多的理解与支持。

(二) 培养同理心

大学生正处于人格塑造和社会角色转变的关键时期,培养同理心是十分重要的。大学生活是一个小型社会,来自不同地域、文化背景的同学汇聚于此,学习与生活中的摩擦不可避免。若缺乏同理心,面对同学因家庭贫困而产生的自卑、因学业压力而显露的焦虑,可能会投以不解甚至嘲笑的目光,导致人际关系紧张。而拥有同理心,就能站在他人角度体会这些情绪背后的不易,给予理解与帮助,从而建立起温暖的同窗情谊。人际交往中,无论发生什么问题,只要能坚持设身处地、将心比心地替别人着想,尽量了解并重视他人的想法,就不难找到解决问题的方法。

在未来的职场与社会生活中,同理心更是不可或缺。无论是团队合作项目,还是服务客户的工作场景,能感知他人的需求、情绪,才能更精准地沟通协作,提升工作效率。若大学生在校时就注重培养同理心,学会换位思考,理解他人的立场与处境,不仅能让自己在校园生活中收获真挚的友谊,也能为未来的职业发展和融入社会打下坚实基础,成长为一个温暖且有力量的人。

人们常说"人同此心,心同此理",强调的也是同理心。无论在日常工作还是生活中,凡是有同理心的人,都是善于体察他人意愿、乐于理解和帮助他人的人。这样的人很容易受到大家的欢迎,也会得到大家的信任。

(三) 真诚赞美

[案例] 有一位女大学生因为宿舍人际关系紧张而苦恼。在宿舍里,同学们互不往来,各自忙着自己的事情,似乎相互都有戒心,很难知心交谈,宿舍气氛沉闷,她希望改变这种状况,但又不知从何说起。老师告诉她,从现在开始,试着夸奖他人,真心赞赏他人的长处,如"你今天气色很好""你的眼睛真亮",等等。不久以后,她告诉老师,宿舍的气氛完全变了样,大家开始相互帮助,彼此关心,在一起时有说有笑,下课后都愿意回宿舍了,好像宿舍有一种无形的吸引力。

在人际交往的浩瀚星河中,赞美如同璀璨星辰,照亮彼此的心灵,为关系注入温暖与力量。学会赞美,不仅是一项沟通技巧,更是一种能够传递善意、滋养他人与自我的能力。

赞美是对他人价值的认可与尊重。每个人都渴望被看见、被肯定,真诚的赞美能让对方感受到自己的付出、努力和闪光点得到重视。当我们赞美同事完成项目时展现出的专业能力,是对其工作成果的认可;当我们夸赞朋友新尝试的绘画作品,是对其创造力的尊重。这种认可与尊重,能极大增强对方的自信心,激发他们追求更好的动力。在校园里,老师一句对学生独特想法的赞美,或许就能点燃学生探索知识的热情,让他们在学习的道路上更有信心地前行。

然而,赞美并非随意堆砌华丽辞藻,而是需要掌握方法,做到真诚且具体。空洞的"你真棒""太厉害了"虽也是赞美,但缺乏针对性,难以让对方真切感受到你的诚意。相比之下,"你在这次活动策划中,对细节的把控太出色了,尤其是活动流程的时间安排,让整个活动流畅又高效"这样具体的赞美,能让对方清晰知道自己哪里值得被称赞,也更能体现你对其关注与用心。同时,赞美要契合场景和对方性格,对于内敛的人,含蓄的赞美更易被接受;而开朗的人,热情洋溢的夸赞或许能让他们更开心。

学会赞美,还能为自己营造良好的人际关系。当我们善于发现他人的优点并真诚表达赞美时,会让对方产生愉悦感,从而对我们产生好感,拉近彼此距离。这种积极的互动会形成良性循环,让人与人之间的关系更加融洽和谐。在职场中,懂得赞美同事的人,往往更容易获得团队成员的支持与协作;在家庭里,家人间相互赞美,能让家庭氛围更加温馨幸福。而且,在寻找他人优点并赞美的过程中,我们自身也会逐渐养成积极乐观的心态,更善于发现生活中的美好,收获内心的满足与快乐。

赞美虽看似简单,却蕴含着巨大的能量。它能温暖人心、助力成长、改善关系。我们都应学会赞美,用真诚且具体的夸赞,点亮他人的生活,也让自己在充满善意与美好的人际环境中,收获真挚的情谊与温暖。

(四) 学会拒绝

[案例] "每次室友去商场购物,都要拉上我一起,我要是不去她就不高兴。可是有时候我真的有事情要做,或者我根本不想去,因为怕她生气,我就勉强陪她去,但是我自己真的很郁闷啊。唉,真不知道怎么办。"

这是一位大学新生的困扰。其实,良好的人际沟通并不意味着一味地迎合对方,人际交往中适当的拒绝也很重要。因为每个人的能力都是有限的,各人也都有各自的喜好,如果盲目地顺从对方,就会使这种交往变成一种负担,给自己造成不必要的压力。有不少大学生在和朋友的交往中,怕朋友说自己小气、不讲义气等,对朋友要求的事不敢拒绝,结果自己做起来又非常吃力,或者根本难以做到,造成心理紧张。所以,适当的拒绝是必要的。

1. 敢于拒绝

很多时候,我们因为害怕伤害别人,就一直在伤害自己。其实,成功的人都是那些敢说真话的人,关键是你怎么去说。要做一个真实的自己,才会更坦荡无悔。

在我们做不到的时候,我们要学会勇敢地说"不",这时的拒绝不会使你失去朋友,反而会让朋友觉得你很诚实、可靠。但请记住:必须拒绝的时候,一定要尊重对方,说话要适当、得体,让对方容易接受。

2. 善于拒绝

我们要敢于拒绝,也要善于拒绝,既要能够拒绝别人,又不能让对方太尴尬和难堪。一旦确定要拒绝对方,心意就要坚决,但拒绝的方法则不要过于僵硬。我们之所以拒绝对方,总有一些不得已的原因,而对方并不一定知道。因此,我们不妨直接清楚地说出我们的难处,求得对方的理解。但有时也会没有时间解释或不方便解释,面对这种情况,可以用一些委婉的、巧妙的语言化解。拒绝不等于无情无义,也不是一意孤行,而是一种人格与个性的完美结合。

（五）处理人际冲突

人与人在相处过程中不可避免地会发生这样或那样的矛盾和冲突，这可能是人们在人际沟通过程中最令人头疼的问题了。正确处理人际冲突，自然成为人际沟通中非常重要的一部分内容。

个体对待人际冲突大致有五种不同的处理方式，即：回避、对抗、妥协、迎合及合作。在处理人际冲突过程中采取何种方式，主要取决于冲突中个体本身的需求或目标。

（1）回避。有些人在实现既定目标的过程中，遇到即将出现的冲突时，往往采取回避的方式。因为冲突使他们感到不舒服。尽管回避者确实想实现自己的目标，然而他们并不能以一种积极的方式来对待冲突。

（2）对抗。有些人在面对冲突时采用针锋相对的处理方式。他们往往看重自己的目标或需求，并不考虑冲突中其他人的目标或需求。

（3）妥协。妥协者倾向于将人们对任务的不同观点加以平衡，同时采用对谈判有利的方式来解决冲突。

（4）迎合。许多希望被他人认可，渴望避免冲突的人宁愿采取迎合方式来解决冲突。

（5）合作。以合作的姿态来处理冲突是一种十分理想的冲突处理方式。

由于人与人之间的差异，冲突是难以避免的。许多人在人际冲突的压力下痛苦不堪，他们只知道要坚持再坚持，却忽略了适当妥协的重要性。其实，只要不损害基本的原则，在冲突中，彼此之间不妨妥协一下，"退一步海阔天空"。这并不是说要大家躲在妥协的保护伞下不再坚持自己的主张，学会判断什么时候该退，什么时候该进才是最关键的。

另外，克服对人际冲突的恐惧也是应对冲突的重要前提。既然人人都会遇到冲突，既然冲突难以避免，与其害怕，还不如勇敢地去面对。何况人际冲突也并非都是消极的，在给人们带来烦恼、痛苦、矛盾的同时，冲突对于发现问题和解决问题是有一定的积极作用的。

（六）学会忘却

生活中，我们总是习惯将过往的点点滴滴都小心翼翼地收藏在记忆的宝盒里，却忘了有些东西会像生锈的锁，锁住心灵的自由。学会忘却，并非对经历的背叛，而是一种智慧。那些曾经让我们痛苦不堪的挫折，那些如影随形的遗憾，还有那些刺痛内心的伤害，若一直紧抓不放，就像背着沉重的石头前行，每一步都无比艰难。就像苏轼一生仕途坎坷，多次被贬，却能忘却官场失意带来的痛苦，在贬谪之地尽情领略山水之美，创作出无数流传千古的诗词佳作。他忘却了命运的不公，却收获了豁达的心境与不朽的文学成就。

同时，忘却也是为了更好地接纳新的美好。人的心灵空间有限，若被过去的阴霾填满，便难以容纳新的阳光与希望。当我们学会忘却那些不愉快的经历，放下内心的执念，就像打开了一扇窗，让清新的风、温暖的光涌入。

忘却更是一种自我保护。心理学上有所谓"创伤后成长"之说，指人经历创伤后，通过调整认知，重新建构意义，反而获得新的生命力量。其中的关键，便是对记忆的重新安置——不是简单的忘却，而是将其转化为不再伤人的存在。学会忘却，是给自己的心灵松绑。不必揪着过去的错误自责，也不必为逝去的美好而遗憾。放下过去，轻装上阵，我们才能在人生的道路上走得更远、更从容，在忘却中遇见崭新的自己，拥抱充满希望的明天。

第二节　锻炼身体　增强体质

大学生所处的青年期，是一个人社会化最重要的时期，是初次社会化趋于完成的时期，健康的生活方式是决定一个人未来能够获得健康成长的关键。在这个关键时期，大学生养成健康、文明、科学的生活方式，是预防疾病的重要手段，也是使大学生能够更好地服务于社会的基本前提。亚里士多德强调，体育是青少年成长的基石，体育应优先于智育。

确实，体育锻炼不仅能增强体质，抵御许多疾病的侵袭，还能增强心理素质，锻炼毅力，有益于身心健康。大学生生理和心理趋向成熟，会感受到"我长大了"。伴随着生活水平的提高，文化素质的提升，"爱美之心，人皆有之"的心理呼之欲出，我们应该科学、合理、积极地进行体育锻炼，塑造出一个更强壮、更健康、更美好的自己！

生命在于运动！亲爱的同学们，让我们也行动起来吧！

一、体育锻炼对促进身体健康的益处

大学阶段是人生最惬意的时光之一，在大学里我们收获知识、斩获爱情、感受友谊、体验成长。但是这种无人约束的生活可能让我们变得懒惰，在这种懒惰的生活中，我们日益消耗着我们年轻的身体。当然，我们完全可以选择一个充满活力的大学生活，我们可以坚持体育锻炼，获得源源不断的活力。

（一）体育锻炼对身体健康的促进作用

俗话说："身体锻炼好，八十不算老；身体锻炼差，四十长白发。"积极参与体育锻炼可以改善我们的生理功能，表现在：经常进行体育锻炼可使头脑更灵活，反应更快；可改善神经系统对内脏器官的调节能力；可改善体内物质代谢过程，减少体内脂肪在血管壁的沉积，预防心血管疾病发生；可促进呼吸次数增加、呼吸加深、肺通气量加大，预防肺气肿、呼吸道疾病发生；可使肌肉发达，骨骼强壮。总而言之，只有坚持体育锻炼，形成良好的生活方式，才能抵抗疾病的侵袭，才能更加健康、幸福地生活！

（二）体育锻炼对心理健康的促进作用

体育锻炼不但在大学生的生理上对疾病有预防和治疗作用，而且对心理学疾病也有预防和治疗的作用。研究表明，经常参加一定强度的体育锻炼对我们的心理状态有一定的改善作用。它可以调节大学生的心态，稳定情绪，使之从中得到乐趣，振奋精神，陶冶情操，产生良好的情绪状态；可协调大学生之间的人际关系，促进大学生之间心理上的互相包容；可使大学生克服孤僻、羞怯、逞强、肤浅等性格缺陷，学会协调人际关系，提高大学生的心理适应能力，扩大大学生的社会交往；可使运动者的注意力、记忆力、反应、思维、想象等能力得到提高，还可以促进人大脑的开发和利用，增强神经系统的功能；体育锻炼能减缓应激反应，提

高脑力劳动的工作效率。同时,体育锻炼可在一定程度上消除脑力劳动引起的疲劳。所以,经常参加体育锻炼不仅能够促进大学生的身体健康,还能促进心理健康,提高大学生的自信心和对生活的满意度,进而改善大学生的生活质量。

 **知识链接**

体育锻炼对疾病的预防作用

体育锻炼确实可以预防一些疾病,而"预防"这个词很科学,换句话说,体育锻炼可以预防疾病,但是不能治疗疾病,尤其是一些原发性疾病,或者遗传性疾病。俗话说:"冬练三九,夏练三伏""内练精气神,外练筋骨皮。"有规律的体育锻炼,对身体健康可以起到以下促进作用:

(1) 有利于骨骼关节点调整,预防关节炎等疾病。

(2) 可扩张血管,改善心肌供血,增加心脏泵血功能,预防心血管系统疾病。

(3) 可使肺活量增加,呼吸深度增加,预防呼吸系统疾病。

(4) 促进消化系统功能增强,预防消化系统疾病。

(5) 改善神经系统的调节功能,预防中枢神经系统疾病。

(6) 对亚健康的预防与治疗功效显著。

(7) 有助于预防癌症。

二、体育锻炼的注意事项

要想有效地增强体质,提高健康水平,达到最佳效果,就必须按照科学的原理,遵循一定的原则,讲究锻炼的方法。

锻炼前的准备工作至关重要。首先要对自身健康状况有清晰认知,通过体检等方式排查潜在疾病隐患,尤其对于患有心脑血管疾病、呼吸系统疾病等慢性疾病的人群,更应在医生指导下制订运动计划,明确适合自己的运动类型和强度。运动装备的选择也不容小觑,合适的运动鞋服能有效保护身体、提升运动表现。比如跑步时,需选择具有良好减震和支撑功能的跑鞋,以减轻对膝盖和脚踝的冲击;进行球类运动时,护腕、护膝等防护装备可降低受伤风险。此外,锻炼前的饮食和补水也需科学安排,不宜空腹锻炼,避免因血糖过低引发头晕等不适,但也不能在饭后立即运动,以免影响消化功能,一般建议饭后1~2小时再开始锻炼;运动前适量饮水,保持身体水分充足,但不宜大量饮水,防止运动中出现肠胃不适。

锻炼过程中,把握正确的方法和节奏是关键。运动强度应根据个人体质循序渐进地增加,切忌急于求成。如果一开始就进行高强度运动,身体难以适应,不仅容易产生疲劳感,还可能导致肌肉拉伤、关节损伤等运动伤害。可以采用逐步递增运动量和运动时间的方式,让身体逐渐适应锻炼强度。同时,规范的动作和正确的技术要领也不可或缺,无论是跑步、健身还是球类运动,错误的动作不仅会影响锻炼效果,还会增加受伤几率。例如,跑步时姿势不正确，可能会加重膝关节负担，长期下来引发膝关节疾病；力量训练时动作不规范，容易造成肌肉拉伤或腰椎损伤。所以，学习并掌握正确的运动技术，必要时请教专业教练进行指导十分重要。此外，运动时间的选择也需结合个人生活规律和身体状态。早晨空气清新，但人体机能尚未完全苏醒，适合进行如散步、瑜伽等低强度运动；午后人体体能和反应能力处于高峰，可开展一些中高强度的运动；晚上进行适量运动有助于放松身心，但不宜过于剧烈，以免影响睡眠。

锻炼后的恢复同样是体育锻炼中不可忽视的环节。运动结束后，不能立刻停止活动，需要进行适当的冷身运动和拉伸。冷身运动可以使身体从激烈的运动状态平稳过渡到安静状态，避免因突然停止运动导致血液淤积在下肢，引发头晕、恶心等不适症状；拉伸则有助于放松肌肉，减轻肌肉酸痛，增加柔韧性，预防运动损伤。营养补充在锻炼后也至关重要，运动消耗了大量能量和营养物质，此时及时补充碳水化合物、蛋白质等营养成分，能够帮助身体恢复能量、修复受损肌肉。例如，运动后可以适量食用鸡蛋、牛奶、全麦面包等食物。充足的睡眠对于身体恢复也极为关键，睡眠过程中身体会进行自我修复和调整，促进新陈代谢，增强免疫力。因此，保持规律的作息时间，保证充足的睡眠，对维持良好的运动状态和身体健康有着重要意义。

在不同季节和特殊场景下，体育锻炼也有相应的注意要点。夏季气温高，运动时容易出汗，导致身体水分和电解质流失，因此要及时补充水分和电解质，避免中暑和脱水；尽量选择清晨或傍晚等较为凉爽的时间段进行锻炼，运动时穿着透气吸汗的衣物。冬季天气寒冷，人体关节和肌肉相对僵硬，运动前的热身时间要适当延长，充分活动关节和肌肉，防止受伤；同时要做好保暖措施，避免因寒冷引发感冒、冻伤等疾病。对于身体较为虚弱或有特殊体质的人群，如肥胖者、瘦弱体质者、慢性病患者等，更要根据自身情况制订个性化的运动方案。肥胖者适合选择对关节压力较小的运动，如游泳、骑自行车等；瘦弱体质者可侧重于力量训练，增加肌肉量；慢性病患者则需严格遵循医嘱，选择适合自己病情的运动项目和强度，运动过程中密切关注身体反应，一旦出现不适，立即停止运动并就医。

体育锻炼是一项系统工程，从锻炼前的准备、锻炼中的方法节奏把握，到锻炼后的恢复，以及特殊场景下的应对，每一个环节都相互关联、相互影响。只有充分重视并遵循这些注意事项，才能在体育锻炼中实现强身健体、愉悦身心的目标，让运动真正成为提升生活质量的助力。

三、加强大学生体育教育的重要意义

在教育改革不断深化、国家对人才培养要求日益提高的当下，大学生体育教育的重要性愈发凸显。中共中央办公厅、国务院办公厅印发的《关于全面加强和改进新时代学校体育工作的意见》明确指出，学校体育是实现立德树人根本任务、提升学生综合素质的基础性工程，是加快推进教育现代化、建设教育强国和体育强国的重要工作。大学生作为国家未来建设的主力军，加强其体育教育具有多维度的重要意义，关乎个人成长、教育发展以及国家未来。

（一）促进大学生的全面发展

1. 提升身体素质，奠定发展基础

良好的身体素质是大学生学习、生活和未来工作的基石。在学习压力较大的大学阶段，

体育教育能有效帮助学生改善体质。从数据来看,自 2014 年教育部颁布实施《国家学生体质健康标准》以来,我国学生体质健康达标优良率总体呈上升趋势,但大学生年龄段体质健康达标优良率提升幅度较小。加强体育教育,可引导大学生养成良好的运动习惯,提高耐力、力量、速度等体能素质,预防肥胖、近视等健康问题。例如,通过定期的长跑训练,能增强学生的心肺功能;参与篮球、排球等球类运动,可提升身体的协调性和灵活性,让大学生拥有强健体魄,更好地应对学业和生活中的挑战。

2. 塑造健全人格,培养意志品质

体育教育是塑造大学生健全人格和锤炼意志的关键途径。在体育竞赛和锻炼中,学生要面对竞争、挫折与困难。如参加一场激烈的足球比赛,球队可能遭遇失利,此时学生需学会接受失败,从挫折中汲取经验,培养坚韧不拔的精神。而长期坚持一项体育项目,如每天早起进行晨跑锻炼,能锻炼学生的自律能力和毅力。体育活动还注重团队协作,像拔河比赛、接力赛等,学生在其中能体会到团队合作的力量,培养集体荣誉感和责任感,学会沟通与协作,从而塑造积极向上、勇于担当的健全人格。

3. 促进心理健康,缓解压力焦虑

大学阶段,学生面临学业、就业、社交等多方面压力,容易产生焦虑、抑郁等心理问题。体育教育对大学生心理健康具有积极调节作用。运动能促进大脑分泌多巴胺、内啡肽等神经递质,这些物质可改善情绪,让人产生愉悦感,帮助学生缓解压力和负面情绪。例如,当学生在学习上遇到难题感到焦虑时,通过一场酣畅淋漓的羽毛球运动,能暂时忘却烦恼,放松身心。同时,参与体育社团活动或集体运动项目,能扩大学生社交圈子,增进人际交流,为其提供情感支持,提升心理韧性,有效预防和缓解心理问题。

(二)助力教育强国与体育强国建设

1. 推动教育现代化,完善人才培养体系

教育现代化要求培养德智体美劳全面发展的高素质人才,体育教育是其中不可或缺的一环。加强大学生体育教育,有助于完善高校人才培养体系,使其与教育事业改革发展要求相适应。高校通过丰富体育课程设置,除传统体育项目外,引入攀岩、射箭等新兴项目,满足学生多样化需求;创新教学方法,运用线上线下混合教学模式,提升体育教学质量。这不仅能提高学生对体育的兴趣和参与度,还能让体育教育更好地融入整体教育体系,培养学生全面素质,推动教育现代化进程。

2. 储备体育人才,提升竞技体育水平

高校是培养体育人才的重要阵地,加强体育教育能为体育强国建设储备专业人才。一方面,高校通过高水平运动队建设,选拔和培养具有体育天赋的学生,为国家竞技体育输送新鲜血液。许多高校的篮球、田径等高水平运动队,在国内外赛事中取得优异成绩,提升了学校和国家的体育影响力。另一方面,高校体育教育培养出的具备体育专业知识和技能的学生,毕业后可投身体育教育、科研、管理等领域,为体育事业发展提供全方位支持,促进我国体育事业整体水平提升,助力体育强国建设目标的实现。

（三）弘扬社会主义核心价值观

1. 培养爱国主义精神

体育赛事往往与国家荣誉紧密相连,在高校体育教育中,通过讲述中国体育健儿在国际赛场上为祖国争光的事迹,如中国女排在奥运会上顽强拼搏、勇夺冠军,激发学生的爱国热情和民族自豪感。组织学生观看重大体育赛事,举办以爱国主义为主题的体育活动,能让学生深刻体会到个人与国家的紧密联系,将对体育的热爱转化为对祖国的热爱,培养其为国家繁荣富强而努力奋斗的使命感,使爱国主义精神深深扎根于学生心中。

2. 增强集体主义观念

众多体育项目都强调团队协作,如足球、篮球、排球等集体项目。在高校体育教学和训练中,学生通过参与这些项目,能切实感受到团队力量大于个人。为了团队胜利,每个成员都要相互配合、相互支持,牺牲个人部分利益以成就团队目标。在一场篮球赛中,后卫要精准传球给中锋,前锋要积极跑位创造得分机会,大家为了共同的胜利目标而努力。这种团队协作的过程能让学生深刻理解集体主义的内涵,增强集体主义观念,培养其融入集体、服务集体的意识和能力。

3. 培育奋发向上的精神风貌

体育教育鼓励学生挑战自我、超越极限,追求更高、更快、更强的目标。在体育训练和竞赛中,学生不断突破自己的体能和技能瓶颈,如一名长跑运动员不断挑战自己的最佳成绩,通过日复一日的艰苦训练,提升速度和耐力。这种过程培养了学生奋发向上、积极进取的精神风貌。无论是在体育领域还是未来的学习、工作中,学生都能秉持这种精神,勇于面对困难,不断追求进步,为实现个人价值和社会价值而努力拼搏。

由此可见,加强大学生体育教育意义重大。它不仅能促进大学生的全面发展,让他们拥有健康体魄、健全人格和良好心理状态;还对教育强国与体育强国建设起到有力推动作用,完善人才培养体系,储备体育人才;同时,在弘扬社会主义核心价值观方面成效显著,培养学生的爱国主义、集体主义精神和奋发向上的精神风貌。高校应高度重视体育教育,全面落实相关政策,为大学生提供优质体育教育资源,让体育教育在大学生成长成才过程中发挥最大效能,为国家培养出更多全面发展的高素质人才。

第三节　安全防范　规避风险

安全,是人的生命健康之保证,是发展事业之前提。大学生成长、成才基于安全。大学生在大学期间一旦失去了生命,从小学、中学乃至大学期间长达二十多年的艰辛付出将付之东流,不但个人的生命价值得不到体现,家庭、学校、社会都将付出沉重的代价。共同维护大学生在校期间的安全,是大学生顺利完成学业、走向社会、报效祖国的先决条件。

随着时代的发展,大学生的学习方式、生活方式、社会交往方式、社会实践方式、考研就业方式等在不断发生变化,大学生与社会的融合程度加深,受到校外各种因素的影响,涉及大学生的各种安全事故和案件、事件时有发生。其中相当一部分是因为大学生的自我防范意识不强，或缺乏必要的安全常识。因此，要充分教育、引导大学生，个人的安全不单单取决于环境的安全，同时也取决于个人的安全意识和技能。个人的安全不仅是个人生活的重要方面，也是对家庭、学校和社会的一种责任；掌握安全知识不仅能使个人识别身边的危险，掌握避险和逃生的技能，而且能在他人危难时给予帮助。保证安全不仅仅是一种能力，更是良好素质的集中体现。

一、消防安全篇

（一）案例分析

[案例] 学生宿舍某室发生火情，经查，该火情起因是学生使用"热得快"后，没有将"热得快"的插头拔下。由于没有防范意识，不会使用灭火器，致使火势迅速蔓延，幸好抢救及时，没有造成人员伤亡和重大经济损失。

【评析】 为防止危险性遗忘的发生，要从平时养成好的习惯做起，让随手关电等行为形成条件反射，便不容易出现遗忘。舍友之间应经常互相提醒，出门时应叮嘱注意用电安全。切记全宿舍都养成用后随手关电的好习惯。

[案例] 学生宿舍某室发生细微火情，经查，该火灾起因为点燃的蚊香引燃了蚊帐。由于发现比较及时，救火比较到位，没有造成人员伤亡和财产损失。

【评析】 点燃蚊香后，一定要把蚊香固定在与蚊香配套使用的铁架上，最好把蚊香放置在瓷盘或金属的器皿内，切忌用纸张、书籍、纸箱等垫放，千万不要放在木桌上。点燃蚊香后应使之尽量远离窗帘、蚊帐、床单、衣物等可燃物，以防止点燃可燃物。切记：无论在什么地方点燃蚊香，人员一旦离开，一定要将蚊香熄灭。

（二）案例拓展

每个人在日常生活都有一个安全习惯模式，一般不会出现危险性遗忘。但是，如果周围的环境发生了变化，原来的安全习惯模式就可能被破坏，出现危险性遗忘。据心理学家介绍，危险性遗忘往往在以下情况下发生。

1. 匆忙之际

万分着急，匆忙之际，将注意力集中在所谓的急事上而容易出现遗忘。

2. 热闹喜庆之中

过生日、喜庆、过节等热闹氛围场合，需要应酬的人多、事多、场面混乱，出现注意力分散而容易遗忘。

3. 谈话聊天之间

"煲电话粥"，或有人来访闲聊时，容易出现因一时兴奋而忘记电热设备还开着。甚至有的人临时决定外出聚餐却忘记还开着电磁炉，这非常危险。

4. 突然停电之后

遇到突然停电后，正在用"热得快"、电吹风等电器却忘记拔插销而将其放在一边，然后

就出门或睡觉了,来电后便很危险。

5. 紧急情况之下

越是紧急的情况,越是要镇静,以免遗忘了更重要的事情。

(三) 防火知识

火灾是威胁人类安全的重要灾害之一,而校园生活内发生的火灾都是可以预防的。为能有效应对火灾,我们应掌握一些防火知识,以备不测。

1. 引起火灾的火源

火源可以分成直接和间接火源两大类。直接火源有明火、灯火、电火花、雷电火等。例如燃烧的火柴、打火机火焰、点燃的香烟,烧红的电热丝等;间接火源有加热起火,本身自燃起火等。以上火源,同学们随时都有可能在学习、生活、试验中接触到,只要了解和掌握它们的使用规律,严肃对待,便可有效预防火灾的发生。

2. 预防火灾发生的措施

(1) 安全用电,严禁违章用电,不得私拉电线和禁止使用大功率电器。如有火灾隐患出现,应立即向学校报告。

(2) 避免使用蜡烛等明火照明用具。

(3) 在教室、宿舍,以及公共场所不得吸烟,不得乱丢烟头、火种。

(4) 宿舍内禁止存放易燃易爆物品。

(5) 不在宿舍擅自使用煤炉、液化炉、酒精炉等灶具。

(6) 在宿舍禁止使用电饭锅、"热得快"等大功率电器。

(7) 不得在楼道堆放杂物,不焚烧垃圾。

(8) 遇火灾险情,先关闭房内电源,并拨打校内报警电话,可视火情拨"119"报警。

3. 拨打火警电话

拨打全国统一规范使用的火警电话号码"119",拨打电话要注意以下事项。

(1) 沉着镇静。此电话号码可直接在任何电话上拨打。

(2) 在听到对方报"消防队"时,要讲清火灾发生的地点,并尽可能讲清着火势和周围环境。

(3) 要注意对方的提问,并把自己的电话号码告诉对方,以便联系。

(4) 打完电话后,可立即派人在门口和消防车必经之处等候,引导消防车迅速到达火场。

4. 灭火的基本方法

(1) 窒息法:阻止空气流入燃烧区,用不能燃烧的物质覆盖火焰,使燃烧物得不到足够的氧气而熄灭。

(2) 抑制法:这种方法是用灭火器喷射火焰,让其中的灭火剂参与到燃烧反应中去,使燃烧链反应中断,达到灭火的目的。

(3) 隔离法:将着火的地方或物体与其周围的可燃物隔离开,燃烧就会因为缺少可燃物而停止。例如,关闭电源,关闭可燃气、液体管道阀门;拆除与燃烧物毗邻的易燃建筑物等。

(4) 冷却法:将灭火剂直接喷射到燃烧物上,以降低燃烧物的温度。当燃烧物的温度降低到该物的燃点以下时，燃烧就停止了。此方法不宜用于电器失火。

可根据现场的实际情况，选择其中的一种或多种方法并用，以达到快速灭火的目的。

5. 火灾逃生自救

（1）火灾袭来时要迅速逃生，不要贪恋财物。

（2）平时就要了解掌握火灾逃生的基本方法，熟悉几条逃生路线。

（3）受到火势威胁时，要当机立断披上浸湿的衣物、被褥等向安全出口方向冲出去。

（4）穿过浓烟逃生时，要尽量使身体贴近地面，并用湿毛巾捂住口鼻。

（5）身上着火，千万不要奔跑，可就地打滚或用厚重衣物压灭火苗。

（6）遇火灾不可乘坐电梯，要利用安全出口逃生。

（7）室外着火，门已发烫时，千万不要开门，以防大火窜入室内。要用浸湿的被褥、衣物等堵塞门窗，并泼水降温。

（8）无情大火封锁了所有逃生线路线后，不要惊慌，应选择要立即退回室内，用电话求救、挥舞衣物等方式向外界发送求救信号，等待救援。

（9）可利用疏散楼梯、阳台、排水管等逃生，或把床单、被套撕成条状系成绳，紧拴在窗框、铁栏杆等固定物上，顺绳滑下，或下到未着火的楼层脱离险境，而不应选择盲目跳楼。

二、防盗窃安全篇

（一）案例分析

[案例]　学生宿舍发生一起盗窃案，丢失手机一部。其后，该宿舍又连续发生两宗小财物盗窃，经查，作案者系该班隔壁宿舍的一名学生。庆幸的是找回了丢失的物品，避免了经济损失。

【评析】　学校宿舍的门不是防盗门，如果仅仅是关上而不反锁，很容易被打开。能开锁的工具也很多，如磁卡，身份证等较薄、较硬、较有韧性的东西都能开锁。不要指望小偷在行窃时能惊醒我们，我们能做的，就是做好防范措施，建议养成睡觉前将门反锁的习惯，并将重要的东西收藏好。

[案例]　学生宿舍发生一起同学的银行卡还在但卡内现金已被取走的案件。经查，作案者系同宿舍同学，趁宿舍无人之际，将同学的银行卡拿走并提走卡内的现金。

【评析】　对同宿舍同学要提高警惕。虽然彼此的关系都挺好，可是难免有个别心术不正之人顺手牵羊。

（二）案例拓展

幽雅的校园环境，知识的象牙塔，同样也存在盗窃行为，存在安全隐患，需要同学正确对待和认真关注。据有关部门介绍，盗窃安全隐患往往在以下情况下发生。

1. 教室学习之时

在教室学习时，因打电话不忍打扰周边同学学习，从而出教室打电话，物品留在教室内，造成了物品丢失。

2. 食堂吃饭之际

食堂人多，位置难找，先占好位置，然后去打饭，这么一个来回，造成了物品丢失。

3. 操场运动之间

锻炼身体，为减小运动的负担，将物品放在认为安全的地方，但还是造成物品丢失。

4. 宿舍休息之夜

宿舍有人在学习或玩耍，没有留意进出的人群，容易被人顺手牵羊，造成物品的丢失。

5. 银行卡、校园卡存取之刻

取款充值时，不要只顾将现金拿走，而将银行卡等留在机器中，造成财产损失。

（三）防盗窃知识

预防和打击校园盗窃是每个在校学生应尽的责任和义务。增强防盗意识，了解校园内盗窃犯罪的基本情况、规律和特点，掌握防盗的基本常识，是做好防盗、保证安全的基础。

1. 常见的盗窃方式

（1）乘虚而入：作案分子趁学生上课不在，房门抽屉未锁之机入室行窃。

（2）翻窗入室：作案人翻越窗户入室行窃。

（3）撬门扭锁：作案分子使用铁棒等工具撬开门锁而入室行窃。

（4）顺手牵羊：作案分子趁学生不备，将放在桌上、床上等处的钱物盗走。

（5）窗外"钓鱼"：作案人用竹竿等工具在窗外将室内他人的衣服物品钩走。

2. 防盗的基本方法

做好教室和学生宿舍的防盗工作，保护好自己和同学的财物是最重要的。

（1）保管好宿舍的钥匙，不将钥匙借给他人。

（2）离开宿舍后，要关好门窗，更要养成随手关窗、关灯、锁门的好习惯，以防作案人员乘隙而入。

（3）随身携带饭卡且卡内不要存入太多钱，一旦丢失饭卡应立即挂失。

（4）遵守学校学生宿舍管理规定，不得留宿外来人员，一旦丢失钱物要立刻报案。

（5）贵重物品不用时最好锁在抽屉、柜子（箱子）里或寄存他处。

（6）睡觉前要先关好门窗，将贵重的钱物收好。若发现有人行盗时，应立即向附近的人发出信号，联合赶走或制服作案人员。

（7）要提高警惕，留心观察，若发现有可疑人员，四处张望，要加以询问，必要时拨打报警电话。

（8）放假离校时，要将贵重物品带走，关好门窗。

3. 存折、信用卡防盗

（1）在银行柜面或柜台机取款时，应礼貌地请他人排在黄线外。

（2）存折或信用卡等丢失后，要立即到开户行挂失。

（3）不要将存折、信用卡与身份证、学生证等证件一起保管，以防个人信息被盗用。

（4）密码泄漏后应及时修改密码。

三、防诈骗安全篇

(一) 案例分析

[案例] 某大学生想利用课余时间想赚点外快。一天,他在浏览社交软件时,看到一条"轻松兼职,刷单返利,日赚数百"的诱人广告,便添加了对方联系方式。起初,对方让他给一些商品链接点赞、评论,他很快就收到了几元钱的小额返利。接着,对方给他安排了大额刷单任务,称须垫付 1 000 元购买商品,完成后能获得 300 元高额返利。他想着能大赚一笔,便按要求转账。可转账后,对方却以系统故障、操作失误等为由,让他继续转账解冻资金才能拿到返利。后他又陆续转账 3 000 元,最终他发现自己被拉黑,才惊觉上当受骗。

【评析】 骗子的手法五花八门,上当的方式也离奇古怪。贪小便宜吃大亏的事屡见不鲜,可总是有人梦想天上掉下馅饼。

[案例] 某学生家长接到一位自称是其女儿辅导员打来的电话,说她女儿胃出血需要一万元钱,要其按他提供的账号把钱存入银行。这位母亲听后立即与其女儿联系,结果其女儿手机关机,就信以为真把钱存入了银行。过了 20 多分钟,"辅导员"又打电话说她女儿血型不对,还需要三万元钱。她母亲在细问之下才意识到是受骗了,赶紧到当地派出所报了案,但是钱已被不法分子取走。

【评析】 保持高度警惕性,积极同诈骗分子作斗争,并要妥善保管好个人信息,以防家庭地址、父母姓名、联系电话、班主任姓名等信息泄露,避免犯罪分子有可乘之机,保证自己的人身与财产安全。

(二) 案例拓展

(1) 现代人离不开网络、手机,容易泄漏个人详细信息,而被不法分子抓住机会,从中骗取一笔。

(2) 部分大学生受拜金主义影响,没有树立正确的价值观,个人判断容易出现混乱,从而被骗。

(三) 防诈骗知识

诈骗是指以非法占有为目的、用虚构事实或隐瞒真相的方法骗取公私财物的行为。诈骗分子利用大学生单纯、善良及某些学生爱贪小便宜的心理在各高校内行骗,给被骗同学造成了财产损失和心理伤害。现就骗子常用的几种行骗手段介绍如下,希望广大同学提高警惕,切勿上当受骗。

1. 校内诈骗作案的主要手段

(1) 以次充好,恶意行骗。诈骗分子冒充学生到宿舍推销电子产品,以优惠、赠送礼品、分期付款等形式进行诈骗活动。

(2) 真实身份,虚假合同。近年来,利用无效合同诈骗的案件有所增加。诈骗分子利用学生法律意识差、社会经验少，以及想兼职赚钱的心理，常以真实公司的名义让学生为其推销产品，事后却不兑现诺言，支付酬金，使学生上当受骗。

（3）假冒大学生，骗取银行卡。诈骗分子往往谎称要马上返校，但银行卡被自动取款机吞掉了，借用同学的银行卡让其家人给其汇款等手法，目的是借机窃取密码，并将银行卡掉包，分手后即将银行卡上的钱取走。

（4）投其所好，引诱上钩。诈骗分子利用同学急于参加考试和就业等心理，应其所急、投其所好，施展诡计骗取财物。

2. 诈骗案件的预防措施

（1）提高防范意识，学会自我保护。学生要积极参加学校定期组织的安全防范和法治教育报告会，多掌握一些预防知识，这对于自己是非常有益的。

（2）交友要谨慎，避免以感情代替理智。交友原则有两条：一是择其善者而从之，真正的朋友是建立在志同道合、高尚的道德情操基础之上的，是真诚的感情交流而不是简单的利益关系，要学会了解、理解和谅解；二是严格做到"四戒"，即戒交挥金如土之流，戒交低级下流之辈，戒交游手好闲之人，戒交吃喝嫖赌之徒。而对于朋友或熟人介绍的人，要学会"听其言，察其色，辨其行"，不要言听计从、受其摆布利用。

（3）同学彼此要相互沟通、相互帮助。部分同学习惯于把个人之间的交往看作个人隐私，一旦被骗则难以得到帮助。我们应在自己认为适合的范围内适当公开部分交往关系，这也是安全的需要。

（4）在日常生活中，不要轻易地把自己的家庭电话、地址等信息告诉陌生人，而且要做到不贪图便宜、不谋取私利，避免上当受骗；不能用不正当的手段谋求择业和出国；发现可疑人员要及时报告；在提倡助人为乐、奉献爱心的同时，要提高警惕，不信花言巧语；被骗后更要及时报案、大胆揭发，使犯罪分子受到应有的法律制裁。

四、防抢劫安全篇

（一）案例分析

[案例] 即将毕业的某女学生从工厂出来吃饭。路经工厂附近的三岔路口时，突然有两名男子骑一辆摩托车从她身后冒出来，坐车的歹徒用手拉她的挎包。她当时将包抓得很紧，与歹徒对拉。歹徒将摩托车加速，该同学被拖倒在地，包被抢走了。被抢的包中有一千多元现金、手机、身份证、银行卡等。

【评析】 上街要特别注意：包中不要装重要证件和贵重物品，包最好能放在胸前，并用手护好。走路要走人行道，不要靠马路太近，更不要走在机动车道上，否则容易招致骑车歹徒的袭击。

（二）防抢劫知识

抢劫，是指以非法占有为目的，以暴力胁迫或者其他方法强行将公私财物据为己有的一种犯罪行为。抢夺，则是指以非法占有为目的，乘人不备公然夺取他人的财物的一种犯罪行

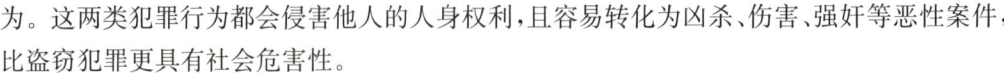

为。这两类犯罪行为都会侵害他人的人身权利,且容易转化为凶杀、伤害、强奸等恶性案件,比盗窃犯罪更具有社会危害性。

(1) 尽力反抗。案发时,只要具备有利时机和反抗能力,就应进攻反制,以抓获对方或使其丧失继续作案的能力和心理。

(2) 尽量纠缠。可依托有利地形,利用身边具有的攻击性物品与作案人对峙,形成僵持局面,让作案人短时间内无法近身,完成自卫保护,更为引来援助者赢得时间。

(3) 无法抗衡时,应伺机而动,朝向有人、有灯光的地方或区域奔跑。

(4) 仔细查看作案人,尽可能准确记下其年龄、身高、发型、体态、外貌、衣着、语言等特征。

(5) 及时报案。作案得逞后,作案人可能会继续搜寻下一个抢劫目标,也可能在案发现场附近的消费场所进行挥霍。报案时如可以准确、具体地描述作案人特征,可以为警方及时组织力量布防,抓获作案人提供有利条件。

(6) 在任何环境下遇到抢劫,只要有机会就要高声与作案人说话或大声呼救。

五、防滋扰安全篇

(一) 案例分析

[案例] 某高职校园内出现一辆白色轿车停靠在校道上,车内有 4 名男子对过往的女同学进行滋扰。经查,该团伙为校外社会人员在学校内寻衅滋事,后由警察带走。

【评析】 面对突如其来的事件,大家要克制自身的情绪,保持清醒的头脑,按照相关的常识,向相关部门报告,反映情况,寻求支持,避免事态扩大。

(二) 防滋扰知识

滋扰主要是指破坏扰乱社会秩序,对他人无端挑衅、侵犯乃至伤害的行为。大学生必须提高警惕,尽力预防和制止外部滋扰,以保证学校教学、科研和生活正常有序地进行。

1. 大学生受外部滋扰的常见形式

(1) 不法分子通过多种途径与少数大学生进行交往,如发生矛盾或纠葛,便有目的地入校寻衅滋事、伺机报复等。

(2) 有的不法青年,在看电影、购物、观看比赛等公共场合与大学生制造矛盾,造成冲突。

(3) 有的不法青年尾随女学生到教室、宿舍等处伺机寻找机会骚扰、侮辱、调戏女生,有的甚至对女学生动手动脚,使女学生受到伤害。

(4) 电话滋扰。在师生休息时,有的不法青年不停地拨打电话,以搅得他人不能入睡为乐。例如无聊地谈天说地,或者口吐污言秽语等。

(5) 信件滋扰。有的不法青年千方百计地打听女学生的姓名,然后寄书信给对方,内容不是低级庸俗的谈情说爱,就是造谣中伤和莫名其妙的恐吓威胁,甚至是敲诈勒索,使被害人在精神上饱受痛苦。

（6）外来人员与学生争抢活动场地场所，蛮不讲理，喧宾夺主，以致矛盾和冲突的发生。

2. 大学生应对外部滋扰的方法

在校园内遇到此类事件，应注意把握以下几点。

（1）提高警惕，做好准备，正确看待，慎重处置。面对滋扰，千万不要惊慌，而要正确镇定对待，既不畏惧退缩、避而远之，也不随便动手、一味蛮干，而应晓之以理，妥善处置。

（2）注意策略，讲究效果，避免纠缠，防止事态扩大。在许多场合，滋事者愚昧而盲目、固执而无赖，有时仅有挑逗性的言语和动作，叫人可气可恼而又抓不到有效证据。因此，一定要冷静，注意讲究策略和方法，正面对其劝告，不要与其纠缠，及时脱离现场，避免受到伤害。

（3）自觉运用法律武器保护他人和保护自己。面对滋扰事件时，既要坚持以说理为主，不要轻易动手，同时又要注意留心观察、掌握证据。

（4）充分依靠组织和集体的力量，积极干预和制止违法犯罪行为。一旦发现滋扰事件，就要及时向保卫处报告。一旦出现公开侮辱、殴打自己的同学等类恶性事件，要注意斗争方式，积极加以揭露和制止。

六、节假日安全篇

（一）案例分析

[案例]　清明假期期间，一名年轻小伙独自前往四姑娘山登山时发生事故，失去了年轻的生命。

【评析】　游玩经过一些危险区域时，如陡坡密林、悬崖蹊径等，要尽量结伴而行。尽量避免在无人管理的山地游玩，一定要做到观景不走路、走路不观景。

（二）节假日安全知识

每逢节假日休息，都会有部分同学要旅游、回家、购物或参加聚会等活动，在开心和休闲之际，请各位同学务必注意安全。

（1）外出时必须遵守各种交通法规。

（2）晚上尽可能不到偏僻、陌生或无人的地方。

（3）外出时避免和陌生人交往，谨防轻信他人，以免上当受骗。

（4）节假日期间，留校的学生外出必须向各学院请假。未经允许，不能单独外出远行，更不能私自组团旅游。

（5）遵守旅行的各种规则，远离陌生、危险的地方。

（6）集体外出时，不得脱离集体而单独行动。若需要外出，必须结伴而行。

（7）如果迷路或遇到危险时，要在保证安全的情况下，想方设法发出求救信号，等待救援。

七、交通安全篇

(一) 案例分析

[案例] 某高职学校正门口发生一起交通事故,经查,该事故起因是行人没有遵守交通规则走地下通道,而是翻越道路中间的栏杆横穿马路,造成行人受伤。

【评析】 只要有行人、车辆、道路这三个交通安全要素存在,就有交通安全问题,也许只是一个小小的意外,就会造成严重后果,断送美好的前程,甚至生命。预防交通事故,同学要严格遵守交通法规,提高警惕,不因麻痹大意而发生交通事故。

[案例] 某高校同学在校园内驾驶摩托车,途经斜坡路段,由于视线受阻,右前方正好驶来一辆小型送货车,该同学躲闪不及撞上了货车,驾驶员方向把握不稳,学生被撞成重伤。

【评析】 不管是校内还是校外,发生交通事故最主要的原因是思想麻痹、安全意识淡薄。作为一名在校大学生遵守交通法规是最起码的要求。若没有交通安全意识,很容易带来生命之忧。

[案例] 某高校学生与几个同学上街。街上车辆川流不息,行人熙熙攘攘,不一会儿丁某与同学掉了队。正当他着急四处张望时,同学在马路对面大声叫丁某的名字,他就慌忙朝马路对面跑过去,此时一辆轿车正飞驰而来,将其撞倒,造成重伤。

【评析】 在道路上行走,应走人行道,无人行道时靠右边行走。走路时要集中注意力,"眼观六路,耳听八方";不与机动车抢道,不突然横穿马路、翻越护栏,过街要走人行横道;不闯红灯,不进入标有"禁止行人通行""危险"等标志的地方。

(二) 交通安全知识

交通安全是指不发生交通事故或少发生交通事故的主观条件,即指交通参与者要严格遵守交通法规,提高警惕,不因麻痹大意而发生交通事故。大学生交通安全是指大学生在校园内和校外的道路行走、乘坐交通工具时的人身安全。只要有行人、车辆、道路这三个交通安全要素存在,就有交通安全问题,也许只是一个小小的意外,就会造成严重后果,断送美好的前程,甚至生命。

1. 大学校园内易发生交通事故的主要原因

随着高校改革的不断深入,高校与社会的交流越来越频繁,校园内人流量、车流量急剧增加。高校教师私家轿车拥有量激增,电瓶车更是普遍,学生骑自行车的很多,开汽车上学也已不再是新闻了。校园道路建设、校园交通管理滞后于高校的发展。一般校园道路都比较狭窄,交叉路口没有信号灯管制,也没有专职交通管理人员管理;校园内人员居住集中,上、下课时容易形成人流高峰。可见,高校的交通环境日益复杂,交通事故发生的概率增加。

2. 大学生交通安全事故的主要表现形式

（1）校内易发生的交通事故。交通事故发生的主要原因是学生思想麻痹和安全意识淡薄。部分学生初次离开家庭和父母，缺少生活经验，加之交通安全意识比较淡薄，存在校园内骑车和行走会很安全的错误认识，一旦遇到意外，发生交通事故就在所难免。校园内发生交通事故的主要形式有以下几种。

① 注意力分散。此种形式最普遍，具体表现在走路时左顾右盼、心不在焉，甚至是边走路边看书或边听音乐。

② 搭乘不安全、无牌无证车辆。大学生处于青年期，思想不成熟，情绪不稳定，可能会采取一些极端的方式"发泄"不爽，而为此危险的行为付出惨重的代价。

③ 骑"飞车"。通常来讲，学校的面积比较大，教室、食堂与宿舍等地方距离比较远，为了方便起见，很多大学生自行购买了自行车，在课间或下课时使用。但部分学生不注意控制车速，容易发生交通事故。

④ 路面上玩耍球类活动。大学生精力旺盛，喜欢蹦蹦跳跳、嬉戏打闹，有时甚至在路面上忘我地进行球类活动，更是增加了事故发生的概率。

（2）校外常见的交通事故。大学生余暇空闲之际，要进行观光、访友、购物，这些地方大都在市区，存在行人多、车流量大、各种交通标志眼花缭乱等状况，若大学生缺乏通行经验，那么发生交通事故的概率就很高。

八、网络安全篇

（一）案例分析

[案例]　张某与王某在宿舍内产生纠纷，并发生肢体冲突。经查，张某怀疑本班同学王某盗用其微信对外公布虚假消息，由相关部门介入和双方家长沟通，双方达成和解。

【评析】　互联网发展到今天，已经成为校园里交流思想和传播信息的主要途径。过去由于缺乏规范，一些网站的信息真假混杂，恶意进行人身攻击和曝光同学隐私的事情时有发生，对此，同学应增强隐私保护意识，不要将可能牵涉隐私的照片等资料上传到网络上去。

（二）网络安全知识

网络对大学生造成的直接伤害主要是精神和心理上的依赖，而非身体上的伤害，目前最为普遍的是"网络成瘾症"，其主要症状为不上网时头昏眼花、情绪低落、疲乏无力、食欲不振、双手颤抖等现象，因此而退学的大学生屡见不鲜。

1. 常见的几种网络安全问题

（1）过度使用互联网，使自身的学习、工作、生活受到严重的影响。过度上网会影响正常人际关系的发展。

（2）网络背后的陷阱。利用网聊交友的大学生很多。在互联网上交友存在很大的变数，需要更加警惕，以防上当受骗。

（3）玩游戏不仅浪费课余时间,而且一旦上瘾就难以自拔,不能自控,会出现旷课、逃学,成绩下降等情况,严重的会导致退学。

（4）网络游戏欲罢不能,玩者乐在其中,为了获得"自尊"和"荣誉",不惜出卖信誉和友谊,对同伴欺骗、讹诈甚至施暴等现象屡见不鲜。

2. 预防措施

（1）遵守学校的网络管理和规定,不沉迷于网络游戏、不浏览不良信息。

（2）网上聊天的对象要以熟悉的朋友和同学为主,尽可能地少聊天,甚至不聊天,杜绝与网友谈论低级话题。

（3）网上交友要慎重,不要轻易泄露个人信息,更不要轻易见网友。

（4）电脑、手机虽然可以交流,但不能赋予人情感,应多在现实生活中与同学和朋友直接交往、聊天。

（5）参加体育运动,增强体质,合理安排时间,科学用脑。

（6）检查自己是否可能发生以下中枢神经功能损害:

① 是否觉得需要长时间使用网络才感满足?

② 没有上网时身体是否会有颤抖迹象?

③ 是否有幻想或梦到互联网?

④ 手指头是否有不自主地敲打键盘的动作?

⑤ 是否看到任何一个名字时都萌发加上"@"字符的冲动?

⑥ 是否有不明原因的焦虑感?

（7）若出现以上症状,要及时做如下调整:

① 严格控制上网时间,每天不得超过 3 小时,如果连续上网的时间超过 1 小时,应立刻休息 15 分钟。

② 有明确的上网任务和目标,并在上网前把具体要完成的工作列在纸上。

③ 限定上网工作的时间,准时下网,及时关机。

九、灾害自救篇

学校校园环境或峰峦起伏、或碧波粼粼、或繁花似锦、或绿草如茵,是学习的圣地。但是,自然灾害冷酷无情,请试着结合校园生态的实际状况,排查出安全隐患,给予同学提示,帮助同学掌握自救、互救的知识,确保人身安全。

（一）森林防火怎么办

学校群山环绕,绿树成荫,师生不得在林区内或草地中实施下列行为:

（1）烧树叶。

（2）野炊、吸烟。

（3）携带火种进入林区。

（4）从事其他易引发森林火灾的行为。

（二）遭遇突发山洪、泥石流怎么办

（1）保持冷静，判断周边环境，迅速向山上或较高地方转移；若躲避不及，要选择相对安全的地方躲避。

（2）山洪、泥石流暴发时，千万不要轻易涉水过河，更不要沿着行洪道方向跑，而要向两侧快速躲避。

（3）被山洪、泥石流困在山中，应及时报警，与当地政府防汛部门取得联系，寻求救援。

（三）遇到龙卷风怎么办

（1）在家中，务必远离门、窗和房屋的外围墙壁，躲到与龙卷风行进方向相反的墙壁或小房间内抱头蹲下。躲避龙卷风最安全的地方是地下室或半地下室。

（2）在电线杆、房屋倒塌的紧急情况下，应及时切断电源，以防止人体触电或引起火灾。

（3）在野外遇龙卷风时，应就近寻找低洼地伏于地面，但要远离大树、电线杆，以免被砸、被压和触电。

（4）乘车外出遇到龙卷风时，不要在汽车中躲避，因为汽车对龙卷风几乎没有防御能力，应立即离开汽车，到低洼地躲避。

（5）龙卷风侵袭区最安全之处是混凝土建造的地下室。若途中遇龙卷风，应迅速找一个地下室躲避。

（四）雷雨天气如何防御雷击

1. 在室内

（1）关好门窗，以防俗称"滚地雷"的球状闪电闯入室内。

（2）断开各类电源，打雷时尽量不要打电话或使用电话上网。

（3）不使用太阳能热水器。

（4）晾晒衣服被褥等用的铁杆拿回家中，以防铁丝引雷。

（5）不要靠近室内金属设备，如暖气片、自来水管、下水管等。

2. 在户外

（1）穿雨衣或撑木柄伞，尽量不用铁柄伞。不要靠近高楼外墙和路灯、电线杆，更不要进入凉棚、岗亭等无避雷装置的建筑内。

（2）千万不要在树下避雨，也不要多人挤在一起避雨。如果来不及离开，应注意与树身、树枝保持两米以上距离，并找些干燥的绝缘物放在脚下，保持双脚并拢蹲下，双手放在膝上，手臂不要接触地面，尽量减少身体与地面的接触面积。

（3）别停留在山顶、山脊的凉亭等地方；如果在钓鱼、划船、游泳，应赶紧撤离水域；在空旷场地时，如高尔夫球场、足球场，也应及时离开。

（4）不要快速开摩托车、快速骑自行车和在雨中狂奔。

（5）关掉手机电源，特别是在空旷地带。

3. 有人被雷击，该怎么抢救

被闪电击中的人身上不会有电，要抓紧时间抢救。有人被雷击后会出现昏迷"假死"状

态,要第一时间对其进行人工呼吸。在 4 分钟内,同时用心肺复苏法抢救,对伤者进行心脏按压,让心脏恢复跳动。及时拨打 120 急救电话求救。

(五) 被困电梯时怎么办

(1) 按下电梯内部的紧急呼叫按钮,等待救援。

(2) 如果报警无效,要向外界发出求救信号。如拨打 110,联系外面的朋友,大声呼叫等。

(3) 如果电梯下坠,要采取以下方法保护自己。

① 不论有几层楼,赶快把每一层楼的按键都按下。

② 如果电梯里有扶手,一只手紧握扶手。

③ 整个背部跟头部紧贴电梯内墙,呈一条直线。

④ 膝盖呈弯曲姿势。

(六) 地震中如何自救

(1) 发生大地震时不要急,根据所处环境迅速作出保障安全的抉择。如果住的是平房,那么可以迅速跑到门外。如果住的是楼房,千万不要跳楼,应立即切断电闸、关掉煤气,暂避到洗手间等地方,或是桌子,床铺等下面,震后迅速撤离,以防强余震。

(2) 先找藏身处。在学校、商店、剧院等人群聚集的场所如果遇到地震,最忌慌乱,应立即躲在课桌、椅子或坚固物品下面,待地震过后再有序地撤离。

(3) 远离危险区。如果在街道上遇到地震,应用手护住头部,迅速远离楼房,到街心一带。如果在郊外遇到地震,要注意远离山崖、陡坡、河岸及高压线等。正在行驶的汽车和火车要立即停车。

(4) 如果被埋,要有坚定的生存毅力,消除恐惧心理。不能脱险时,应设法将手脚挣脱出来,清除压在身上的物体,尽快捂住口鼻,防止烟尘窒息,等待救援;保持头脑清醒,可大声呼救,用石块或铁具等敲击物体与外界联系,保存体力,延长生命;想方设法支撑可能坠落的重物,若无力自救脱险时,应尽量减少体力消耗,等待救援。

(七) 火灾的逃生与自救

1. 火灾逃生避险的基本原则

火灾一旦发生,人们需要沉着冷静,尽量把火灾损失降到最低。由于人在火场中有可能遭受烧伤、窒息、中毒、倒塌物的砸埋,以及其他意外的伤害,所以火场避险最基本的原则应该是:趋利避害逃生第一。具体来说:一要沉着镇静,果断作出应急反应;二要争分夺秒,迅速逃离火场;三要机智灵活,选择正确的逃生方法和路线;四要以保证人身安全为前提,采取有效可行的措施;五要及时发出求救的信号,积极争取外援。

2. 火灾逃生自救的常用方法

火灾突然降临,在被火灾围困的人群中,有的人感到无所适从,慌不择路,甚至葬身于火海;有的人绝处逢生,化险为夷,得以幸免于难。这固然与起火时间、地点、火势的大小、建筑物的消防设施和周围环境等因素有关,但人们自身具有火场逃生自救的知识,能根据火灾现场及自身所处的实际状况选择正确的逃生方法和途径起着很大的作用。作为高校的在校大学生,应该努力提高自己的消防安全意识,学习和掌握一些必要的逃生和自救知识与技能。

火灾现场逃生自救的常用方法,归纳起来大致有以下八种。

(1)熟悉环境法。就是了解和熟悉所处建筑物的消防安全环境。对经常工作或居住的建筑物,事先应制订较为详细的火灾逃生计划,进行逃生训练或实地演练,熟悉逃生出口、路线和方法。一旦发生火灾意外事故,则可以按逃生疏散预案顺利脱险。当我们在走进商场、宾馆、影剧院、歌舞厅等公共场所时,要特别留心地看一下紧急出口和安全通道,以及灭火器的位置,以便在遇到意外时能及时疏散和灭火。

(2)迅速撤离法。火场逃生是争分夺秒的行动。听到火灾警报或意识到自己被烟火围困时,千万不要迟疑,要立即设法脱险,切不可贪恋财物而延误逃生良机。在现实生活中,有的人本已经逃离险境,却又返回火场抢救财物,导致丧生火场等悲剧发生。

(3)通道疏散法。楼房着火时,应根据火势情况,选择最为快捷、最为安全的消防通道和消防设施进行逃生。如果逃生的通道已是烟火弥漫,可用湿衣服、湿床单、湿毛毯等将身体裹好,放低身体姿势前行,必要时还应匍匐爬行。

(4)毛巾保护法。火灾中产生的一氧化碳在空气中的含量达到一定比例时,即会导致人在1~3分钟内窒息死亡。同时,燃烧时产生的热空气被人吸入,会灼伤呼吸系统的软组织,也能造成人员窒息死亡。据国外某研究机构对393起建筑火灾中死亡的1 464人进行调查和统计分析,由于吸入烟雾缺氧窒息死亡的有1 062人,占死亡总数的70%左右。因此,在逃离火场时,一定要避免浓烟的威胁。可把毛巾浸湿,叠起来捂住口鼻。身边没有毛巾时,即便是餐巾、口罩、帽子、衣服等都可以替代。穿越烟雾时,即便感到呼吸困难,也千万不能将毛巾从口鼻上拿开,否则会有危险。

(5)低层跳离法。如果被围困在楼房的二层,没有条件采取其他方法自救,在迫不得已的情况下,可以跳楼逃生。但在跳楼之前,应先向地面抛掷一些棉被、枕头、床垫、大衣等柔软物品,以便能够进行"软着陆"。跳离时,可以手扒窗台或阳台,身体下垂,自然下滑,以缩小落地的高度,并要尽量使双脚落在柔软物体上。如果被烟火围困在三层及以上的楼房内,千万不能跳楼。

(6)暂时避难法。当人的生命受到火灾威胁时,通常会竭尽所能设法逃生。但在无路可逃的情况下,应积极寻求暂时的避难处所。在设有避难间的建筑物内,可利用避难间,躲避烟火的危害;如果没有避难间,可关紧临近火势的门窗,并设法进行封堵住或挂上湿棉被、湿毛毯等不易燃烧物品,有条件时可不断地向迎火的门窗及遮挡物洒水,并淋湿房间内的所有可燃物;利用防火门、防火卷帘门等进行防火分隔;启动通风和排烟系统创造生存环境。另外,在被困时要千方百计地与外界取得联系,如果没有通信工具,白天可摇晃色彩醒目的旗子或衣物呼救,夜间则可摇晃点燃的打火机或打开手电筒等求救。

(7)绳索滑行法。当各通道全部被浓烟和烈火封锁无法正常逃出时,可利用结实的绳子或将窗帘、床单、被褥等撕成长条并拧成绳状,如果有条件可用水浸湿,然后将其拴在牢固的管道、窗框、床架上,顺绳索沿墙缓慢滑到地面或下一个楼层而脱离险境。

(8)标志引导法。在公共场所的墙壁和门顶的醒目位置,一般都设置有"紧急出口""安全通道"、逃生方向箭头等消防标志,被困人员可按照标志指示的方向有秩序地撤离逃生。

总而言之，在灾难发生面前首先要稳定自己的情绪，沉着和冷静地面对突如其来的火灾险情，结合所处环境的实际状况，积极创造生存的机会，选择切实有效和安全可靠的逃生方式和方法，快速脱离险境。

十、医保护航篇

问：什么是大学生医保？

答： 大学生医疗保险，属于城乡居民基本医疗保险范畴，是以住院为主、兼顾门诊统筹和门诊慢特病的医疗保险，是大学生必不可少的医疗保障。它是国家为在校大学生量身定制的一项社会保障制度，旨在提高大学生医疗保障水平，减轻经济负担。

问：大学生医保的参保范围和保障方式是什么？

答： 参保范围为各类全日制普通高等学校（包括民办高校）、科研院所中接受普通高等学历教育的全日制本专科生、全日制研究生。

保障方式为大学生住院和门诊大病医疗，按照属地原则通过参加学校所在地城镇居民基本医疗保险解决，大学生按照当地规定缴费并享受相应待遇，待遇水平不低于当地城镇居民。同时按照现有规定继续做好大学生日常医疗工作，方便其及时就医。

问：大学生医保必须购买吗？ 买了大学生医保后，还可以购买其他商业保险吗？

答： 大学生医保为自愿购买。鼓励大学生在参加基本医疗保险的基础上，按自愿原则，通过参加商业医疗保险等多种途径，提高医疗保障水平。

问：参加大学生医保有什么好处？

答： 大学生纳入城镇居民医疗保险，首先，保证了国家建立覆盖城乡居民医疗保障体系的无缝衔接。其次，在校大学生均可参保，参保范围涵盖省内各类高校（包括民办高校、独立学院）、科研院所的在校本专科学生及非在职研究生，特别是对于民办高校和独立学院来说，凸显了教育的公平。另外，在学生个人缴费的基础上，根据高校隶属关系，分别由中央、省和所在市财政按规定的标准实行分类补助。同时还可以解决学生的普通门诊医疗保障问题，以及少数学生因突发伤害、患大病等原因医疗费用过高的经济负担。另外，在特大疾病保障范围方面还可以放宽，省级调剂金还可以帮助家庭经济困难学生。

附：国家某示范性高职院校学生违纪处分办法（试行）

第一章 总 则

第一条 为了维护学校正常的教育教学秩序和生活秩序，保障学生身心健康，促进学生德、智、体、美全面发展，根据《中华人民共和国教育法》《中华人民共和国高等教育法》《普通高等学校学生管理规定》《高等学校学生行为准则》以及其他有关规定，结合学校的实际情况，制定本办法。

第二条 本办法适用于具有我院正式学籍并接受普通高等学历教育的学生的管理。

第三条 建立必要的学生违纪处分制度既是学校贯彻从严治校、加强学校管理的重要手段，也是加强思想政治工作，促进学生实行自我教育、自我管理的有力措施。对学生违纪进行处分,应当坚持公正、公平、公开的原则,坚持批评教育与违纪处分相结合的原则,坚持集体讨论,少数服从多数的原则;应当作到程序正当、证据充分、依据明确、定性准确、处分适当。

第四条　学生违反校规校纪视情节轻重、认错态度、悔改表现等,给予下列之一的处分:

(一)警告。

(二)严重警告。

(三)记过。

(四)留校察看。

(五)开除学籍。

学生有违反校纪校规的行为,但情节轻微不足以给予纪律处分的,应由学生所在学院给予通报批评,督促其改正错误。

第五条　违反校纪者,有下列情形之一,应从重处分:

(一)违纪后故意隐瞒,拒不承认,无理狡辩或包庇他人违纪行为的。

(二)在组织调查中串供或对检举人、证人及其他有关人员打击报复、威胁恫吓的。

(三)在本校曾受过一次同类处分且未解除的,加重一级处分;若情节特别严重,可从重处分,直至开除学籍。学生因违纪第三次受纪律处分者,一律给予留校察看或开除学籍处分。

(四)有两种以上(含两种)违纪行为,或同时触犯本办法两条以上(含两条)规定的。

(五)勾结校外人员作案的。

(六)违纪群体的为首者、组织者、指挥者。

(七)其他应予从重处分的情形。

第六条　违反校纪者,有下列情形之一,可以从轻、减轻或免予处分:

(一)能主动承认错误,如实交代违纪行为与事实,检查认识深刻,有悔改表现者。

(二)主动提供情况,检举揭发他人违法违纪行为并经查证属实者。

(三)在违纪过程中,主动有效地制止事件(事态)发生、发展者。

(四)受他人胁迫或诱骗者。

(五)由于无法抗拒的原因或因紧急避险造成违法违纪者。

(六)经学校指定的权威机构鉴定为限制责任能力者。

(七)情节特别轻微的。

(八)过失违纪的。

(九)有立功表现的。

(十)其他可从轻、减轻或者免予处分的情形。

第七条　受处分者,应同时受到下列处理:

(一)取消参加各种奖励和各类奖学金的评定资格。

(二)国家助学贷款及各类资助申请资格按上级文件处理。

(三)造成经济损失的,依法赔偿。

(四)有其他规定的按照相关规定进行处理。

第八条　受留校察看处分者,察看期限一般为一年,从处分决定之日起计算。受留校察看处分的学生，由学生所在学院负责考察，在察看期间有悔改和进步表现者，可按期终止留校察看期；有突出进步表现者，经本人申请，学院审核，学校批准，可提前终止留校察看期（留校察看期执行时间不能少于6个月）。留校察看期内经教育不改或又出现新的违纪行为者，给予开除学籍处分。

毕业班学生留校察看期不得少于半年。留校察看处分未解除的，缓发毕业证；待考察期满后，由本人申请、工作单位或留察期居住所在地证明确有悔改表现的，由学生违纪处分工作主管部门研究，报主管领导批准，可终止留校察看期、解除处分，发给毕业证；留察期间再次违法违纪者按结业生处理。受留校察看处分者，无论是否解除，都会进入毕业生档案。

第九条　受到开除学籍处分的学生，在处分决定送达后尽快（一般在两天内）办理离校手续，户口在校的迁移回原籍，档案寄回生源地（或家庭所在地、原单位）的教育主管部门。逾期不办的，由学生所在学院按规定程序代为办理，其善后事宜，按学籍管理的有关规定处理。

受到开除学籍处分的学生，向学院申请复议的，离校手续的期限可以延长至学院复议决定下达后办理；学院复议后，继续向上一级教育主管部门申请复议的，离校手续时间期限可以延长至教育主管部门复议决定下达后办理。

第十条　为达到良好的教育效果，受留校察看（含）以下处分的学生在处分后表现良好并达到一定条件后可以申请解除处分。解除纪律处分的学生恢复按照第七条规定取消的各种资格。

（一）受警告处分自受处分之日起满6个月，受严重警告、记过处分自受处分之日起满12个月，受留校察看处分自留校察看期终止之日起满6个月的学生，可向所在学院提出解除处分申请。

（二）受校纪处分的学生申请解除处分必须同时具备下列条件：

（1）确有悔改表现，态度端正，在学习、工作、生活中一贯表现良好。

（2）学生申请解除处分时仍在校的，向所在年（班）级征求意见时有80%以上学生同意解除处分。

（三）毕业班学生以及学生在受处分期间有特殊贡献的，可以提前申请解除处分，但执行的时间不得少于规定执行时间的一半。

第二章　分　　则

第十一条　有违反宪法，反对四项基本原则、破坏安定团结、扰乱社会秩序，组织和煽动闹事，在校内进行宗教活动，组织或参与非法传销和进行邪教、封建迷信活动，组织或参与未依法批准的大型集会、游行、示威等活动者，视不同情况分别给予下列处分：

（一）情节轻微，经教育能改正者，给予记过处分。

（二）情节严重，尚未造成恶劣影响，给予留校察看处分。

（三）情节严重，造成恶劣影响或经教育不改者，给予开除学籍处分。

第十二条　违反国家和地方法律、法规者，视其情节，给予以下处分：

（一）违反国家法律，受到刑事处罚者，给予开除学籍处分。

（二）因违法犯罪被免予刑事处罚或被处以治安拘留者，根据性质不同，给予留校察看或开除学籍处分。

（三）被处以治安警告、治安罚款的，或被人民法院训诫责令其具结悔过者，给予严重警告或记过处分。

第十三条 盗窃、冒领、侵占、诈骗、敲诈勒索、抢夺及抢劫公私财物者，除追回赃款、赃物或赔偿损失外，视情节轻重，分别给予以下处分：

（一）盗窃、冒领、侵占公私财物者

1. 盗窃、冒领、侵占公私财物未遂者，给予警告处分。

2. 作案价值在500元（含500元）以下者，给予警告直至记过处分。

3. 作案价值在500元以上者，视其情节，给予留校察看或开除学籍处分。

4. 盗窃公章、证件、文件、试卷、档案等物品的，视其情节，给予留校察看或开除学籍处分。

（二）诈骗、敲诈勒索、抢夺及抢劫公私财物者，比照盗窃行为从重处理。

（三）为作案者放哨，或故意为作案者提供信息、提供作案工具，或包庇、窝赃的，比照作案者处理。

（四）共同作案的，区分责任，一并处理。

第十四条 损坏公私财物者，除赔偿损失外，视情节轻重给予下列处分：

（一）过失损坏公私财物，情节较重，造成较大影响或危害，给予警告或严重警告处分。

（二）故意损坏公私财物，价值不足500元的，给予警告或严重警告处分；价值在500元以上不足1 000元的，给予记过处分；1 000元以上或后果、情节特别严重者，给予留校察看或开除学籍处分。

第十五条 违反学生住宿管理有关规定，扰乱学生公寓管理、生活秩序者，视情节给予下列处分：

（一）扰乱宿舍管理秩序，起哄闹事、摔酒瓶、摔瓶胆，对其他人的正常学习、生活造成影响，给予警告直至记过处分。

（二）未经批准，擅自留宿非本宿舍成员，经批评教育不改者，给予警告或严重警告处分；因留宿非本宿舍成员或让其进入宿舍而造成不良后果者，视其情节，给予记过或留校察看处分；容留异性在宿舍同宿或在异性宿舍与异性同宿者，给予留校察看或开除学籍处分。

（三）在宿舍及其他公共场所违章使用电器（如电炉、电热杯、热得快、电热褥、取暖器、电热锅等电热器具或者未经批准的功率大于500瓦的其他电器设备）或明火，给予警告或严重警告处分；引起火警的，给予记过处分；造成火灾的，给予留校察看或开除学籍处分。累计三次被发现在宿舍拥有未经公寓管理单位批准的电器的，给予警告处分。

（四）向楼道、窗外泼水，乱扔废纸、塑料袋等物品，随地堆放垃圾，在墙壁上乱写、乱画、踩脚印，经教育批评不改者，给予警告或严重警告处分。

（五）无故晚出晚归达5次（含）以上、屡教不改者，予以警告及以上处分。

（六）其他违反学生住宿管理规定的行为，视其情节轻重，给予违纪处分。

第十六条 违反校园秩序管理规定，损害校园文明建设，扰乱正常的校园秩序、社会公共秩序，有下列行为之一，情节较轻，认错态度较好者，给予警告或严重警告处分；情节较重，影响较坏者,给予记过或留校察看处分;情节严重,影响极坏者,给予开除学籍处分。

（一）破坏校园绿化、环境卫生,经劝告不听者。

（二）违反学校有关公共场所管理规定,扰乱课堂、食堂、图书馆、会场等公共场所秩序,不听劝阻者。

（三）无理取闹,妨碍工作人员执行公务者。

（四）酗酒肇事者。

（五）故意捏造或者歪曲事实,制造、散布谣言或虚假信息者。

（六）携带国家法律法规禁止的物品进入校园或违反规定将校内物品携带出校者。

（七）在校园内违章驾驶引起交通事故者。

（八）违反校园管理规定,组织、参与各类营利性活动或违章设摊者。

（九）违反消防安全管理法规、条例,擅自动用、损坏消防器材、设备者。

第十七条　寻衅滋事、打架斗殴者,视不同情况分别给予下列处分:

（一）虽未动手打人,但引起事端造成打架后果者,给予警告处分。

（二）动手打人未伤他人者,给予严重警告处分;打人致伤者,视情节轻重,给予记过直至开除学籍处分。

（三）策划、怂恿他人打架斗殴者,故意为他人打架提供凶器者,结伙斗殴者,持械斗殴者,视情节轻重,给予记过直至开除学籍处分。结伙斗殴为首者,给予留校察看或开除学籍处分。

（四）以"劝架"为名偏袒一方使事态发展,后果较轻的,给予警告或严重警告处分;后果较重的,给予记过处分;后果严重的,给予留校察看处分。

（五）对寻衅滋事、打架斗殴致人人身伤害或财产损失者,除受到相应纪律处分外,肇事者应赔偿经济损失并承担受害者医疗及其他必要费用。

第十八条　利用搓麻将、打纸牌等形式,组织或参与以现金或其他物品为赌注的活动者,或为该类活动提供条件(含提供赌具、赌资、场所等),除没收赌资、赌具外,视情节轻重,给予记过以上处分;组织赌博的,给予留校察看以上处分。

第十九条　观看、制作、复制、传播淫秽物品或其他非法物品者,视情节轻重给予下列处分:

（一）凡观看淫书、淫画、淫秽音像制品等,给予警告或严重警告处分。

（二）凡制作、复制、传播淫秽物品等,给予记过或留校察看处分;情节严重的,给予开除学籍处分。

第二十条　走私、贩卖、运输、制造、吸食毒品者,容留、教唆、胁迫、诱骗他人吸食毒品者,除移交司法机关追究责任外,给予开除学籍处分。

第二十一条　对旷课者应及时跟进教育,并视不同情况给予处分:

（一）一学期内累计旷课达 11 至 20 学时,给予警告处分。

（二）一学期内累计旷课达 21 至 30 学时,给予严重警告处分。

（三）一学期内累计旷课达 31 至 40 学时,给予记过处分。

（四）一学期内累计旷课达 41 至 50 学时,给予留校察看处分。

旷课累教不改,情节严重者,给予开除学籍处分。

第二十二条 擅自离校或请假逾期不归者(因病、因事且有证明并办理了补假手续者例外),给予以下处分:

(一)连续两天以上一周以下,给予警告处分或严重警告处分。

(二)连续一周以上两周以下,给予记过处分或留校察看处分。

(三)连续超过两周者,按《广州番禺职业技术学院学分制学籍管理规定》的有关规定处理。

第二十三条 在考试中违反考场纪律,视情节轻重,给予警告或严重警告处分。考试作弊,情节轻微的,给予记过处分;情节较重的,给予留校察看处分;由他人代替考试、替他人参加考试、组织作弊、使用通信设备作弊及其他作弊行为严重的,可以给予开除学籍处分。

第二十四条 侵犯、损害国家、集体利益和他人正当权益,有下列行为之一,视不同情况分别给予相应处分:情节轻微,经教育能改正者,给予警告处分;情节严重,尚未造成恶劣影响者,给予严重警告或记过处分;情节严重,造成恶劣影响或经教育不改者,给予留校察看或开除学籍处分。

(一)盗用组织或他人名义为己谋取私利的。

(二)在学校组织的各项活动中,以欺骗手段达到个人目的,或者有提供伪造的证件、证明文件、证明材料等弄虚作假的行为及以其他不正当的方法达到个人目的的。

(三)转借各种证件、校徽等,产生不良后果的。

(四)骚扰、恐吓、威胁他人的。

(五)侮辱、诽谤、陷害、诬告他人或组织的。

(六)隐匿、毁弃或私自开拆他人邮件的。

(七)以投毒威胁或损害他人生命的。

第二十五条 违反国家、学校网络管理规定,扰乱网络管理秩序,有下列行为之一,尚不足以追究法律责任的,除追究其经济责任外,视不同情况分别给予相应处分:情节轻微,经教育能改正者,给予警告处分;情节严重,尚未造成恶劣影响者,给予严重警告或记过处分;情节严重,造成恶劣影响或经教育不改者,给予留校察看或开除学籍处分。

(一)在网上散播违反法律、妨碍社会安定和国家安全言论的;公开或散播属于国家秘密的各种文件资料的。

(二)发表、传播有损他人正当利益的言论的。

(三)宣扬封建迷信或传播淫秽、黄色、暴力内容的文章、字句、图像的。

(四)盗用他人地址、账号的。

(五)故意使用各种黑客软件或 E-Mail 攻击程序的。

(六)制作或故意传播、利用计算机病毒等破坏性程序、影响或破坏计算机信息系统的正常运行,或利用系统漏洞作出危害机关、企事业单位、学校行为的。

(七)擅自拆装或破坏公共网络设备、线路的。

(八)开通校园网的宿舍楼,不统一使用校园网络,使用其他网络接入模式和私自拉接网线的。

第二十六条 作伪证者,给予下列处分:

（一）违纪事件的目击者故意作伪证，并造成调查困难的，给予严重警告处分。

（二）违纪事件的参与者故意作伪证，参照相关条款从重处分。

第二十七条　违背大学生行为准则者，视情节轻重，给予下列处分：

（一）调戏、侮辱或以其他方式严重骚扰他人者，给予严重警告或记过处分；造成严重后果的，给予留校察看或开除学籍处分。

（二）卖淫、嫖娼行为当事人及参与者，给予留校察看或开除学籍处分。

（三）有其他违背大学生行为准则的行为，经教育不改，情节轻微的，给予警告处分；情节较重的，给予严重警告或记过处分；情节严重，影响恶劣的，给予留校察看或开除学籍处分。

第二十八条　本条例没有列举的违纪行为，又必须给予纪律处分的，可根据学校的解释决定，参照本条例中相类似的条款给予处分。

第三章　处分的程序及管理权限

第二十九条　学生处负责普通高等教育学生除违反教学管理规定与考场纪律外的违纪处理，教务处负责普通高等教育学生违反教学管理规定、考场纪律的违纪处理以及成教学生的违纪处理。

第三十条　学生发生违纪事件，按管理权限进行调查处理和报批。

（一）学生违反治安管理条例或触犯刑律的，由保卫部门配合公安机关查处；学生的其他违纪行为，由违纪学生所在学院负责调查。学生违纪事实查清后，由违纪学生所在学院提出处理建议，并将有关材料报学生违纪处分工作主管部门审核。

（二）违纪事件的当事人涉及两个以上学院的，由学生违纪处分工作主管部门负责协调，由违纪学生所在学院分别提出处理建议，并将有关材料报学生违纪处分工作主管部门审核。

（三）警告、严重警告、记过、留校察看的处分报学校分管领导批准；开除学籍处分报学院行政会议研究决定，并报省教育厅备案。

（四）学生违纪处分工作主管部门对有关学院提出的处理建议有异议时，可以要求该学院重新审议，或会同有关部门直接提出处理意见。

（五）在对学生作出处分决定之前，提出处分建议的单位应告知学生拟处分的事实、理由和依据，并听取学生或其代理人的陈述和申辩。

（六）学校对学生作出处分，应当出具处分决定书。处分决定书只能以学校名义出具，各学院及职能部门无权出具处分决定书。处分决定书应当包括处分和处分事实、理由及依据，并告知学生可以提出申诉及申诉的期限。

（七）处分文件一式三份，一份送交学生所在学院，存入学生档案，一份由学生所在学院负责送达给学生本人，另一份存入学院文书档案。学生在接到处分决定时，必须在处分决定接收单上签字。学生拒绝签字或因特殊情况不能签字的，由处分决定送达人员记录在案，并由两人以上（含两人）签字证明。无法送达的，校内公告视同送达，无本人签字同样有效。

（八）处分决定要视情况及时在全校、学院或班级范围内公布。需通知家长的由学院负责告知。对涉及国家机密、个人隐私等情况的，由学生违纪处分工作主管部门决定是否公布。

第三十一条　学生申请解除处分程序：

（一）受处分的学生达到第十条规定条件后，向所在学院递交解除处分申请。

（二）相关学院组织人员对申请者进行考察并向所在年（班）级征求意见（涉及个人隐私的除外）。

（三）相关学院将材料交原违纪处分工作主管部门审核。

（四）视情况在全校、学院或班级范围内公示至少三天。

（五）报学院分管领导批准；学院发文解除。

第三十二条　处分决定应存入学生本人档案和学院文书档案。

第三十三条　学生对于学校的处分有权进行申诉。对学生的申诉，学校有责任进行认真复查，并不得因学生的申诉而加重处分。学生申诉的有关事项由《广州番禺职业技术学院学生校内申诉管理规定》规定。

第四章　附　　则

第三十四条　本办法中所注的"以上""以下"，除特别注明外，皆含本项。

第三十五条　对接受成人高等学历教育的我院学生的管理参照本办法实施。

第三十六条　本办法由学院委托学生处、教务处负责解释。

 人物案例

　　杨戌雷，党的二十大代表、上海城投集团工会兼职副主席、上海城投污水处理有限公司白龙港污水处理厂污泥处理车间主任，深耕一线 20 余年，潜心专注水环境治理、资源化利用、韧性城市建设，被誉为守护一江碧水的"污泥处理大师"，先后被授予全国劳动模范、全国住房城乡建设系统劳动模范、上海工匠、上海市技术能手、2023 年感动上海年度人物提名奖，2023 年大国工匠年度人物，先后获得 13 项国家专利、14 个市级创新奖项，团体标准 2 项。

杨戌雷

杨戍雷从小生活在苏州河边，上海市委、市政府依托水污染防治行动计划，坚持"清水为民，还岸于民"，昔日身边的"臭水浜"蜕变成清澈亮丽"生活秀带"的实景，强烈激发着他把"良好生态环境是最普惠的民生福祉"作为最坚定的信念，把成为"碧水守护人"作为自己坚定的信仰。

污水处理是城市水环境治理的最后一道防线，白龙港污水处理厂是亚洲最大污水处理厂，杨戍雷在这一守就是20多年。污水厂每年处理的污水相当于83个西湖年蓄水量，从中产生大量污泥，20世纪90年代，污泥处理以填埋方式为主，成为上海治水前进道路的掣肘，至21世纪初，上海作为特大型城市逐渐面临着"污泥围城"困境，"治水又治泥"成为上海水环境治理不得不面对的现实难题。

2011年，白龙港污泥处理工程建设成国内首例消化、干化、脱水全链条世界级"巨无霸"污泥处理中心。26岁他所负责的大型变电站规模仅次于浦东国际机场，29岁他便担负起整个系统接管调试工作。100多人的团队零基础零技术，面临一场国内水务行业史无前例的"大型战役"。国外专家完全不相信一个平均年仅26岁的团队，能够接管运行规模如此浩大的新建项目。两年多，他以厂为家，几千根管道他几乎都亲手摸过、审视过、研究过，一幅幅复杂的工程系统早已印刻在他的脑子里，他以最短时间全面接管污泥三大系统。

"党的十八大以来，生态文明建设受到高度重视。作为水环境保护从业人员，我对于自己的职业感到非常自豪。"这是杨戍雷在成为党的二十大代表时说的话。多年来白龙港厂污泥焚烧系统稳定运行，杨戍雷领衔的污泥焚烧车间年处理量16万吨，占上海污泥处理量的三分之一，有效缓解上海水环境治理中污泥出路问题，保护了长江口生态环境以及地区的空气、水环境质量对维护公众健康，改善居住环境等起到相当重要的意义。

专题五　解读心理　疏通引导

　　调查显示,30％～40％的大学生存在不同程度的心理问题,其中一部分学生存在严重的心理问题。随着社会竞争的加剧,人们的心理问题日益突出。大学生心理问题是值得我们密切关注的焦点问题,这种"时代病"也提醒大学生要密切关注自身的心理问题。

学习目标

　　了解大学生心理健康现状,熟悉大学生常见的心理问题,掌握提高心理素质的途径,维护大学生心理健康,正确认识毒品及毒品的危害,热爱生命,远离毒品。

 **名人名言**

　　世界上最浩瀚的是大海,比大海更浩瀚的是天空,而比天空更浩瀚的是人的心灵。

——雨果

第一节　心理问题　详细解读

　　2004年2月23日,在距离毕业120多天的时候,云南大学生命科学院4位学生被同班同学马加爵残忍杀害了。4月22日,昆明中院公开审理了马加爵涉嫌故意杀人案,并于4月24日作出刑事附带民事判决,认定马加爵犯故意杀人罪,判处死刑。

　　对于这个案件,留给大家更多的是沉重的思考。中国人民公安大学犯罪心理学教授李玫瑾对此案进行全面调查,写出了上万字的《马加爵的犯罪心理分析报告》。李玫瑾教授认为,将"贫穷"归结为马加爵犯罪动机起点的归因并不全面,真正决定马加爵犯罪的心理问题,是他强烈、压抑的情绪特点,是他扭曲的人生观,还有"自我中心"的性格缺陷。马加爵事件归根到底还是心理方面的因素导致了这场悲剧的发生,可见心理健康是何其重要啊!

一、大学生心理健康的现状分析

　　大学生正处于心理发育的特殊时期,即心理发展的断乳期,心理上经常会出现理想与现实、情绪与理智、强烈的求知欲与相对较弱的意志力之间的矛盾。再加上外界压力大和内心空虚不断冲击学生的心理,容易使大学生产生心理问题,甚至走向极端,出现自杀或伤害他人事件。当前,我国大学生心理健康问题已经十分突出,这不仅与我们的教育宗旨不相适应,长此以往也将不利于大学生的身心健康,导致大学生整体素质的降低。因此,进一步加强和改进大学生的心理健康教育工作已迫在眉睫。

　　当然,这里需要特别指出的是,存在心理困惑或轻度心理障碍的人,95％可以通过自我调节来化解心理压力,3.5％需要接受干预,只有1.5％的人是真正意义上的精神病患者。

 **知识链接**

什么是抑郁症

抑郁症以三个主要核心症状为主，即心情低落、兴趣减退、体力和精力下降。从医学的角度讲，抑郁症与脑内部分物质缺乏、大脑功能结构改变有关。我们的大脑会发射许多神经递质，随后这些神经递质会被合适的部位接收。当大脑发射的神经递质多、接收的部位不够时，或发出的神经递质与接收处的要求不匹配时，就会产生抑郁症。患抑郁症后，应尽快到专业机构就诊，听取专业人员建议，接受心理治疗，较为严重时还要配合药物治疗。

二、大学生常见的心理问题

大学生在心理健康方面的问题呈现出多样化、复杂化的特点。但总的来说，可以归纳为以下几个方面。

（一）学习问题

1. 学习动机缺乏

学习动机缺乏主要表现为学习目的不明确，学习动力不足。有一部分大学生，不善于制订科学的目标和学习计划，不会根据实际情况及时调整成功的标准，期望过高或过低；自我效能感低，无成就感，缺乏信心；喜欢把失败归因于外部；意志品质不够顽强。面对就业的巨大压力，很多学生内心感到了危机，但提不起精神来努力学习。很多同学为了应付不得不参加的考试和不能不做的事而学习。有的学生甚至认为学习就是为了能够考试过关。

此外，部分同学学习动机功利化，也容易造成学习障碍，学习成绩不如人意。市场经济的利益杠杆直接影响着学生的学习，对于学习，学生表现出空前的功利意识。对还没有学的课，学生问的第一个问题是："我学习这门课有什么用？"进而出现了专业课、基础课课程"门庭冷落"，而技能类课程如计算机、外语、证券投资等各种各样的证书培训却"门庭若市"，形成明显对比。

2. 学习方法不当，学习成绩不理想

学习困难的学生虽然在大学生群体中占的比例并不大，但他们的负面情绪对自我的成长是非常不利的。有的学生学习方法不当，未能意识到学习成效与学习方法间的相互关系；简单记住"知识"，应付考试；不能针对具体的学习任务选择复述、精加工、组织化等具体策略；学习前缺乏计划性，学习过程中缺乏监控和调整，学习后缺乏反思和改进；不会科学利用时间；不能恰当制造学习环境；不能形成知识结构或知识结构不巩固、不完善；学习环节有缺失；缺乏对大学学习特点的了解，不会利用大学丰富的信息资源……以致学习成绩总是不理想，因而感到很自卑，心理十分压抑。

3. 考试焦虑与考试怯场

考试焦虑,表现为在考试前后精神紧张、恐惧,心烦意乱,无精打采;肠胃不适,可能出现原因不明的腹泻、多汗、尿频、头痛、失眠、记忆力减退、注意力不集中、思想迟钝、学习效率下降等。

考试怯场是学生在考试中因情绪过分激动、焦虑、恐慌而造成思维和操作困难的一种心理现象。主要表现有:心跳加快、呼吸急促、满脸通红、出汗、头昏、烦躁、恶心、软弱无力、记忆力减退、思维迟钝等,有的全身发抖、两眼发黑,甚至晕倒。

4. 注意力不集中

一是容易走神。不能有效控制自己的心理活动,经常想一些与学习毫无关系的事情,思绪远离当前的活动。二是易受干扰。很容易被外界的无关刺激吸引,偏离当前的学习活动。三是多余动作增多。注意力不集中的人在学习时往往伴随一些多余动作,使学习效率低下。学习时间没少花,学习效果却很差,一个晚上可能连一页书都看不完。

(二)情绪问题

稳定的情绪状态和积极良好的情绪反应是学生成才很重要的因素。大学生如果负面情绪多于正面情绪,就需要引起重视。

1. 抑郁

抑郁表现为个体心中持久的情绪低落,常伴有身体不适、睡眠不足、心情压抑、沮丧、无精打采,什么活动都懒于参加,什么事也提不起精神来,逃避参与。

2. 焦虑

大学生的焦虑具有一定的代表性,其来源并非现实的威胁,而是内心不明确的客观对象和具体内容。例如,处于青年时期的大学生比任何其他年龄阶段都更关注自己在他人尤其是异性心目中的形象。因此,学生容易受很多因素的影响,如长相、身材、能力、魅力等,都会产生各种各样的焦虑。再如,部分同学尤其是基础较差、大学第一学期考试不理想的学生,他们会无端担心考试失败,甚至产生了厌倦考试的心理状态,一想到考试心理就非常紧张,总担心下一门依旧会不理想,不能自我调节。

3. 情绪失衡

大学生的社会情感丰富而强烈,具有一定的不稳定性与内隐性。具体表现有:情绪波动大,高低不定,喜怒无常,会因一点小小的胜利而沾沾自喜,也易为一次考试失败、情感受挫而一蹶不振,甚至无法控制自己的情绪,特别是对负面情绪的控制相对较弱。个体负面情绪多表现为烦躁、易怒等。

(三)人际关系问题

良好的人际交往是人健康成长的基本条件。亚里士多德说过,能独自生活的人,不是野兽就是上帝。良好的人际关系在人的发展过程中,具有不可替代的作用,大学生自然也不例外,人际关系是大学生心理健康的一个敏感问题,大学生在人际交往中常常处于矛盾之中,有些大学生在老师和同学面前不敢敞开心扉、自我封闭,缺少与周围人的交流和沟通,同时又迫切希望得到周围人的理解、支持和关爱，这种情况使大学生长期处于矛盾之中，造成人际关系紧张，同时，引发冲动、焦虑、急躁和不安，甚至对周围人造成攻击和伤害。

良好的人际关系是学生成长与社会化过程中的重要组成部分，也是保持良好心理状态的必备条件。大学生的人际关系问题在大学生心理问题中的表现比较集中，主要有以下几个方面。

1. 人际关系不适

进入大学，远离原来熟悉的生活与学习环境，面对新的人际群体，部分学生对大学的师生关系、同学关系显得很不适应。他们既想得到别人的关心，可又不知道怎么去关心别人。许多同学以自我为中心，强调评价标准的自我性，即"我"认为是什么就是什么；注重自己目的的实现，即"我"想获得什么利益就获得什么利益，从而矛盾重重，甚至有的同学总是自怨自艾地悲叹"大学里的人际关系怎么这么复杂"，对大学里的人际关系极度不适应。

2. 交际状况不佳

大学生交际状况不佳往往体现在日常沟通、社交参与和人际关系处理等多个层面。

一些大学生在沟通表达上存在障碍。他们在与人交流时，语言组织能力较弱，常出现逻辑混乱、词不达意的情况。面对陌生人或在公众场合发言时，过度紧张导致声音颤抖、脸红出汗，甚至大脑一片空白，无法完整表达观点。而且，他们缺乏倾听意识，总急于打断他人，难以站在对方角度理解话语背后的情感与需求，使对话难以深入，极易引发误解与冲突。

在社交参与方面，部分学生存在严重的社交退缩行为。有的同学对自己的现状感到悲观，觉得自己不得志，不如别人，因此害怕与人交往，怕他人瞧不起自己。还有的同学一到人群中就觉得不自在，紧张不安，感到别人在注意自己、挑剔自己、轻视自己或敌视自己，以致无法安下心来做事。他们排斥集体活动，如班级聚餐、社团团建等，总是以课业繁忙、身体不适等理由推脱，将自己封闭在宿舍的一方小天地中，沉迷于虚拟网络世界。即便身处社交场合，也常常沉默寡言、独来独往，不主动融入集体，与同学之间产生疏离感。而另一些学生虽热衷于参加各类社交活动，却因缺乏明确目标与规划，盲目跟风加入社团，导致精力分散，与他人的交往仅停留在表面寒暄，难以建立稳固且有意义的社交关系。

人际关系处理上的不成熟同样凸显交际困境。在与室友、同学相处时，不懂得尊重他人隐私与生活习惯，随意触碰对方底线，引发矛盾却不知如何化解；遇到冲突时，要么选择一味忍让，压抑情绪，要么激烈争吵，导致关系破裂；还有些学生只关注自身利益与感受，在合作中不愿付出，缺乏团队协作精神，久而久之，被群体边缘化，陷入孤立无援的境地，严重影响大学生活的幸福感与归属感。

3. 内心世界闭锁

大学新生缺乏人际交往经验，而自身在人际交往中的不自信又不利于增加自身的人际魅力，妨碍了良好的人际交往圈的形成。调查表明，40.1%的新生认为"没有朋友"，23.6%的学生感到"孤独、寂寞"；42.9%的学生更希望自己成为别人交流的对象而不是交流的直接发起者。与此同时，由于个体间的正常的交往不够，又易引发猜疑、妒忌等，不利于学生的健康成长。

　　[案例]　当王雷从中学考进大学后,才发现自己连一个知心朋友都没有,从小就学习很好、能掌握复杂定理的他,却不能把握好人与人之间交往的尺度。他非常热心地投入同伴们关注的事情中,看足球,听新闻,打扑克,下象棋,等同学一起吃饭,然而忙活下来,他总觉得自己与别人隔了一层膜似的,无法真正走进他们的生活。一天,一个同学评论他说:"那个王雷最近怎么回事? 那雕塑一样的脸上堆起的笑容让人浑身起鸡皮疙瘩……"这些又可以追溯到他的童年,从小学开始他就疏于人际交往,想要补上,却急于求成,造成更大障碍。由于缺乏适当的社会能力,而且王雷从小就好胜,不甘人后,在他心目中,似乎自己任何方面都应该是优秀的,永远都是胜利者,所以,当人际交往遇到挫折时,他就无法忍受,更容易由自信变得萎靡不振,格外自卑。其实,像王雷这样积极补救不足的精神是可取的,要重拾自信,他可以想办法面对困难,例如开放自我,真诚坦率地面对同学,心灵的交流才是真正的交流;积极参加各种有益的社会活动,增加与人交流的机会;还可以看看社交技巧的书,丰富知识,提高能力。

（四）恋爱心理问题

　　谈及大学生活,不可避免的一个话题就是爱情,一群经过长年苦读的少男少女们,欣喜、好奇而又略带不安地来到大学校园,学习目标不再像中学时那样明确,学习也不再是生活中唯一的重要内容。很多大学生远离父母,开始了半独立的生活,适应新环境、重新建立人际关系交往圈及师兄师姐所施加的恋爱压力等,往往使一些大学生六神无主,但又必须独立面对,这时候大学生强烈的孤独感油然而生,由此去寻求爱情并早早地步入了爱河。然而,由于大学生思想比较单纯,想法很简单,缺乏对社会真实的、深入的了解,恋爱时过于理想化,对未来生活的设计盲目乐观,对未来将要面临的困难、挫折等逆境没有充分的心理准备,再加上大学生心理的不成熟、价值观和人生观的不完善、缺少主见等种种原因,给大学生的恋爱带来了些许阴影。例如,有些大学生面对失恋,缺乏独立的心理承受能力,因而遇到困难和挫折往往束手无策,从而造成焦虑、烦躁、自卑等不良心理,甚至造成自杀等严重后果。

　　大学生的恋爱与性心理问题主要有以下几种。

1. 单恋

　　这是指一方对另一方的以一厢情愿的倾慕和热爱为特点的畸形爱情。单恋多是一场情感误会,是青少年"爱情错觉"的产物。"爱情错觉"是指因受对方言谈举止的迷惑,或自身的各种主观体验的影响而错误地主动涉入爱河,或因自以为某个异性对自己有意而产生的爱意绵绵的主观感受。"爱情错觉"导致一厢情愿式的单恋,俗称"单相思"。单相思有两种情况:一种是毫无理由的单相思,对方毫无表示,甚至对方还不认识自己,而自己执着爱对方,追求对方,这种恋爱,是纯粹的"单向";另一种是自认为有"理由"的单相思,错认为对方对自己有情,于是"落花无意"变成"落花有意",这是假"双向",真"单向"。

2. 失恋

　　这是指情侣中的一人被其恋爱对象抛弃。失恋引起的主要情绪反应是痛苦和烦恼。具体到不同的个体,常常出现以下几种消极心态。

　　（1）失恋者羞愧难当,陷入自卑和迷惘,心灰意冷,走向怯懦封闭,甚至绝望、轻生,成为爱情的殉葬品。

（2）失恋者对抛弃自己的人一往情深,对爱情生活充满了美好的回忆和幻想,自欺欺人,否认失恋的存在,从而陷入单相思的泥潭。也有人会出现一个特殊的感情矛盾——既爱又恨,不能自拔。

（3）失恋者或因失恋而绝望暴怒,失去理智,产生报复心理,造成毁坏性的结局;或从此嫉俗厌世,怀疑一切,看什么都不顺眼,爱发牢骚;或从此玩世不恭,得过且过,寻求刺激,发泄心中不满。

3. 恋爱动机不端正

有些大学生的恋爱动机不是出于爱情本身,而是为了弥补内心的空虚、孤独或随大流。这类学生在择偶时很少把恋爱行为与婚姻结合起来考虑,缺乏责任感。还有极少数的学生为了显示自己的魅力,同时和几位异性同学交往、周旋,搞多角恋爱,甚至和谁都不确定恋爱关系。

4. 神经症

这是指一组非器质性的、大脑神经机能轻度失调的心理疾病。在大学生中,比较常见的有以下几种。

（1）神经衰弱:主要表现为兴奋性增高,感情控制力低,易激惹、好伤愁、易笑易哭,入睡困难,睡眠表浅、多梦,衰竭性增强,注意力不集中,记忆力减退,脑力体力易疲劳,嗜睡但醒后不解乏,情绪易波动,忧虑沮丧,情感反应强烈但不持久,植物神经功能障碍,心悸、心慌、心跳、胸闷、气憋、食欲不振、消化不良、腹胀、便秘等。

（2）焦虑性神经症:主要表现（症状）为以焦虑症状为主,在焦虑反应时伴有明显的植物神经系统功能紊乱。

① 广泛性焦虑:焦虑发作往往持续较久,主要表现为终日紧张、心烦意乱、坐立不安、对自己的健康忧虑重重,常感胃肠不适、腹胀、尿急、头痛、腰酸背疼等。

② 急性焦虑:发病突然,感到内心有说不出的紧张、恐惧或难以忍受的不适感,“心要跳出来了”,出汗,大小便紧迫感,常不安地来回走动,搓手顿足可持续几分钟、几小时,甚至几天、几周不等,之后又可恢复如常人。

（3）抑郁性神经症:以持久的抑郁情感为特征的神经症,主要表现为哀伤、悲观、孤独感、自我蔑视、自我贬低等。

（4）强迫性神经症:患者主观上感到有某种没有必要但又不可抗拒和被迫无奈的观念、意向或行为的存在。主要表现（症状）为强迫观念:强迫性回忆;强迫性疑虑锁门;强迫性穷思竭虑。强迫意向:常为一些与正常心理状态相反的欲望和意向所纠缠,产生一些可能导致可怕后果的冲动。强迫动作:重复无意义的动作,明知没必要但无法控制（如强迫性数数,洗手、检查等）。

5. 人格障碍

人格障碍也称变态人格,是指不伴有精神症状的人格适应缺陷,患者对环境有相当严重的、根深蒂固的、不能更改的、不适应的反映,其人格构成对自己、对社会都是不被允许的、不得体的行为模式。其特点为:没有神经系统解剖生理上的病变,没有意识障碍,认知能力完整,智能无缺损,能处理日常生活。人格障碍具有相对稳定性,一经形成较难改变。

　　人格完整是大学生心理健康的重要内容之一,但部分大学生存在着严重的人格缺陷,缺乏道德感和同情心,目无法纪、自傲自大。主要表现为:以猜疑和偏执为主要特点的偏执型人格障碍;以观念、外貌和行为奇特,以及人际关系有明显缺陷,且情感冷淡为主要特点的分裂型人格障碍;以行为不符合社会规范为主要特点的反社会型人格障碍;以行为和情绪具有明显冲动性为主要特点的冲动型人格障碍;以过分感情用事或夸张言行以吸引他人注意为特点的表演型人格障碍;以要求严格和完美为主要特点的强迫型人格障碍。

6. 精神分裂症

　　这是一种病因未明的精神病,其主要临床特征为思维、情感、行为之间互不协调、精神活动脱离现实环境,本病多在青年期起病,病程迁延,如果不积极治疗,有发展成慢性衰退之可能。一般无意识障碍和智能障碍。在大学生中比较常见的精神分裂症的临床类型主要是偏执型精神分裂症,主要以妄想为临床表现,常伴有幻觉,并有相应的情感和行为反应。该类型比较多见,易复发,不易发现,但治疗效果较好。

知识链接

心理健康的"灰色区"

　　心理健康与不健康之间并没有一条绝对的分界线,而是一种连续过渡、不断变化的状态。国内学者张小乔提出一种灰色区的概念,即人的精神正常与不正常无明显界限,它是一个连续变化的过程。具体来说,如果将人的精神正常比作白色,精神不正常比作黑色,那么在白色与黑色之间存在一个巨大的缓冲区域——灰色区,世间大多数人都散落在这一灰色区域内。

　　灰色区又可进一步划分为浅灰色与深灰色两区域,浅灰色区的人只有心理冲突而无人格变态,其突出表现为诸如失恋、丧亲、人际关系失调、学习工作不顺心等生活矛盾带来的心理不平衡与精神压抑。深灰色区的人则患有种种异常人格和神经症,如强迫症、恐人症、癔症等症状。浅灰色区与深灰色区之间也无明确界限,后者往往包含了前者。

　　长期以来,人们习惯于将人的心理健康看作是黑白分明的事情,要么是正常的人,无论其思想与行为上有多大的变态与异常现象;要么就是一个"疯子",无论其疾患有多大的好转。这种将人的精神正常与否看作简单的质差而忽视了正常人与精神病患者之间的巨大量差变化。

第二节　积极预防　主动调适

　　大学时期是成年早期关键阶段,大学生需面对学业压力、职业规划困扰、人际关系问题等多重挑战。

一、大学生心理问题产生的原因

(1) 社会因素。首先,社会对"成功"的定义较为单一化,学历内卷、就业竞争与职业发展压力直接投射到大学生群体。调查显示,2024届高校毕业生人数突破1 179万,而热门行业岗位竞争比常达1:50以上。这种压力促使学生陷入"绩点焦虑""考证狂热",甚至出现"代偿性努力"(如盲目参加竞赛、实习以填补安全感缺失),长期处于应激状态易引发抑郁、强迫等心理症状。其次,社交媒体构建的"拟态环境"加剧了大学生的自我认同危机。短视频平台、社交软件中高频出现的"精致生活""学霸人设"形成隐性比较链条,导致部分学生因现实与虚拟的落差产生自卑、嫉妒心理。最后,多元价值观的碰撞(如个人主义与集体主义、理想主义与功利主义)让大学生在职业选择、人生规划中陷入困惑,出现心理亚健康状态。

(2) 家庭因素。部分父母过度干预子女专业选择、社交圈,导致学生缺乏自主决策能力,进入大学后因脱离监管而产生"断奶焦虑",表现出社交退缩。部分家长重成绩轻情感沟通,甚至将自身未实现的理想强加给孩子,这种"期待绑架"使学生长期处于情感压抑状态,成年后易出现自我价值感缺失。经济困难家庭的学生可能因学费、生活费压力产生自卑心理,甚至刻意回避集体活动;而富裕家庭的孩子可能面临"高成就期待",导致完美主义倾向与对失败的极端恐惧。此外,父母离异、长期分居等家庭结构问题,会削弱学生的情感支持系统,使其在校园中更易感到孤独。

(3) 校园因素。在学业上,大学生对所学专业"不满意",被迫学习不感兴趣的课程导致长期情绪低落,形成"习得性无助";量化指标评价标准,使擅长实践或创意的学生可能因"成绩平平"产生自我否定;部分高校要求本科生参与科研项目、发表论文,学术能力不足与高要求的落差使学生陷入焦虑,甚至出现学术不端的心理诱因。在人际关系上,不同生活习惯、价值观的碰撞易引发宿舍矛盾,如"作息冲突""卫生纠纷"等,长期压抑可能导致社交恐惧;大学生对亲密关系的渴望与沟通能力的不足常形成矛盾,失恋后的情绪调节不当可能引发抑郁,而性观念开放与传统道德的冲突也会导致心理压力;奖学金、保研名额等资源竞争可能引发嫉妒、疏离等负面情绪,破坏支持性的人际网络。在心理健康教育课程上,尽管多数高校设有心理咨询中心,但存在"供需不匹配"问题,咨询师数量不足、等待周期长,且部分学生因"病耻感"不愿主动求助。此外,心理健康课程多以理论讲授为主,缺乏针对性的团体辅导或危机干预演练,难以真正提升学生的心理韧性。

(4) 个人因素。埃里克森人格发展理论指出,大学生处于"自我认同与角色混乱"阶段,需完成职业、价值观等方面的自我整合。但部分学生因高中阶段过度聚焦学业,缺乏对兴趣、能力的探索,进入大学后出现"身份迷茫",表现为频繁更换社团、对专业丧失兴趣,甚至产生"我是谁""我要成为什么样的人"的存在性焦虑。在应试教育体系中,学生普遍缺乏情绪认知与调节训练。当面对挂科、失恋、人际冲突等挫折时,易陷入"灾难化思维"(如"挂科=人生失败"),或采用压抑、回避等消极应对方式。数据显示,约34.7%的大学生表示"遇到压力时不知道如何排解",这种能力缺失加剧了心理问题的累积。另外,生活方式与自我管理的失衡也是导致大学生产生心理问题的重要因素。例如,熬夜追剧、打游戏成为部分学生的"解压方式",但长期睡眠不足会导致前额叶皮层功能下降,增加抑郁风险。又如,线上社交的便捷性使部分学生沉迷虚拟互动,现实中却出现"社交恐惧症",形成"孤独—沉迷网络—更孤独"的恶性循环。

心理学中的"巴纳姆效应"

"我是谁""我从哪里来""我要到哪里去",这些问题从古代开始,人们就不断问自己,然而都没有得出令人满意的结果。正因为如此,人常常迷失在自我当中,很容易受到周围信息的暗示,并把他人的言行作为自己行动的参照,从众心理便是典型的证明。其实,人在生活中无时无刻不受到他人的影响和暗示。

心理学的研究揭示,人很容易相信一个笼统的、一般性的人格描述。即使这种描述十分空洞,他仍然认为反映了自己的人格面貌。曾经有心理学家用一段笼统的、几乎适用于任何人的话让大学生判断是否适合自己,结果,绝大多数大学生认为这段话将自己刻画得细致入微、准确至极。下面一段话是心理学家使用的材料,你觉得是否也适合你呢?

"你很需要别人喜欢并尊重你。你有自我批判的倾向。你有许多可以成为你优势的能力没有发挥出来,同时你也有一些缺点,不过你一般可以克服它们。你与异性交往有些困难,尽管外表上显得很从容,其实你内心焦急不安。你有时怀疑自己所做的决定或所做的事是否正确。你喜欢生活有些变化,厌恶被人限制。你以自己能独立思考而自豪,别人的建议如果没有充分的证据你不会接受。你认为在别人面前过于坦率地表露自己是不明智的。你有时外向、亲切、好交际,而有时则内向、谨慎、沉默。你的有些抱负往往很不现实。"

这其实是一顶套在谁头上都合适的帽子。

一位名叫肖曼·巴纳姆的著名杂技师在评价自己的表演时说,他之所以很受欢迎,是因为节目中包含了每个人都喜欢的成分,所以他使得"每一分钟都有人上当受骗"。人们常常认为一种笼统的、一般性的人格描述十分准确地揭示了自己的特点,心理学上将这种倾向称为"巴纳姆效应"。

"巴纳姆效应"指人们会倾向于认为一段笼统的、一般性的人格描述特别符合自己的情况,即使这种描述十分空洞,仍会觉得它准确地揭示了自己的人格特点。比如星座运势、塔罗牌占卜等往往利用这一效应,用模糊、普遍适用的语句让受众产生强烈的代入感,觉得描述精准地契合了自身经历或性格。这种现象的产生与人类的认知特点和心理需求有关。人们在认识自我时,容易受到外界信息的暗示,尤其当处于情绪波动、对自我认知模糊的状态下,更倾向于接受笼统的评价来界定自己。同时,人们往往会选择性地关注那些符合自身期望的信息,而忽略与之相悖的内容,从而强化对笼统描述的认同感。"巴纳姆效应"提醒我们,在面对各类心理测试、性格分析等时,要保持理性和客观,避免被模糊的表述所误导,应通过更全面、深入的自我反思和实际经历来认识真实的自己。自我分析和反省。因此,我们应该客观地观察自己,分析自己的优劣所在,通过自我反思和自我检查,调整自我认识的偏差重新认识自己的个性、能力等。

二、提高心理健康水平的途径

高校教育工作者应充分调动学校、家庭、社会各个方面的力量，全方位地展开有关思想政治教育和心理健康教育，让学生知道在什么情况下，通过哪些途径，可以获取有效帮助，以此来解决他们所面临的各种心理困惑和心理问题。与此同时，高校教育工作者也要提高自己的心理健康水平。大学生要从自身开始，注意保持心理健康，培养独立、自强、自律的良好心理素质，以便将来能够适应不断升级的社会竞争需要。

（一）积极参加各类实践活动

大学生在校期间经常参加丰富多彩的实践活动是提高自身心理素质的有效途径。知识面窄、社会阅历浅、分析和解决问题能力欠缺是导致大学生心理问题产生的原因之一。因此，大学生要充分利用第二课堂时间，结合自身实际，通过参加知识讲座、周末沙龙、演讲、辩论、朗诵、摄影、野餐、郊游等丰富多彩的校园文化活动，以开阔知识面，完善知识结构，陶冶情操，提高自我认识，培养良好的个性心理品质。

丰富多彩的文体活动有助于培养学生乐观向上的人生态度，友爱和谐的人际关系，健康愉快的情绪。大学生在学习之余，可以听音乐，看球赛，跳舞，参加各项体育运动等。这些活动不仅可以使人心情舒畅，轻松愉快，而且可以陶冶情操，增进友谊，进而纠正心理上的弱点。如游泳、溜冰、单双杠、跳高等体育活动，要求人们不断克服胆怯、犹豫，培养勇敢、果断的精神。此外，大学生通过社会实践活动也可以增强自我调节能力，保持心理平衡，提高心理健康水平。

（二）不断加强自我心理调节

保持乐观情绪，提高心理调节能力是心理健康教育的核心。大学生要从思想上正确认识自我与社会的关系，将现实与理想、学习与工作紧密联系，把个人的满足与社会的需要结合起来，学会从不良的情绪中解脱。大学生的生活充满了矛盾，例如，考试的失利、人际关系的冲突、恋爱的受挫等都可能引发各种不良的情绪，大学生应利用转移注意、积极疏导、宣泄等方法，达到消除不良情绪的目的。

（三）及时寻求心理咨询帮助

大学生心理咨询是高等教育发展的内在要求。现代高等教育已超越了智能学习的范畴，不再狭隘地局限于获得书本知识以应付考试，而更应注意学生的人格成长与潜能的开发。如今，心理咨询已成为大学生解决与应对心理问题的有效途径。大学生应针对自身存在的心理不适、心理障碍，及时寻求受过专门训练的心理咨询人员的帮助，提高心理适应力，防治心理疾病，促进身心和谐健康发展。

[案例] 刘同学第一次来做心理咨询是由同学陪伴的，因为他中午留了一份遗书在寝室，被同学看到了。像刘同学这样的案例在大学生中并不鲜见。刘同学已经不是第一次想自杀，每次都是因为一点点小事，情绪不好，自己乱涂乱写，写着写着就成了遗书。刘

同学的自杀想法也不是一时冲动的表现,这种意念的产生有他自身个性等心理品质的原因,也有他家庭的影响。他的父母对他十分疼爱,他从小就对父母百依百顺,但内心忍受着来自父母的巨大的爱的压力,这导致了他长久的情绪低落,矛盾、犹豫、依赖的个性特征。大学的生活曾让他暂时有自由自在的感受,但两年无所事事的大学生活过下来,他白白耗费了大量的精力和时间。当身边的同学都尽力为考研、出国、就业而努力时,他才发现自己力不从心了,令人失望的情绪产生了,他又掉入了低谷。

抑郁和悲观的心情经常出现,一般人如能对这种心情正确对待都不会影响生活,但如果处理不当,就会抑郁焦虑、意志消沉、万念俱灰,这就可能形成抑郁症,严重的约有15%的患者会自杀。尤其是隐匿性的抑郁症最为危险,自杀率极高,而且病情往往不为人们所觉察。有隐匿性抑郁症的人多为神经类型强却不均衡的人,这类人主要表现为直率、热情、精力旺盛,情绪容易冲动,心境变化剧烈。刘同学是个非常有悟性的人,通过心理咨询了解自己情绪障碍的原因和形成过程以后,主动配合抗抑郁治疗。正如他所说:"在心理治疗中,当我发现自己这种心理状态的成因以后,我对自己发生了兴趣,当我决心帮助我自己时,我的心情才真正好了起来。"

一个人的成长过程中,都会经历不同程度的彷徨无依、极度苦闷的危机时期,那是摆脱旧观念,寻求新思想的摸索时期,也是了解自己的关键时期。实际上,每个人都要经历这样的转折点。只有通过这一关卡,人的心灵才会得到升华,才能享受健康快乐的人生。

 **知识链接**

抑郁症的诊断标准

(1) 几乎每天大部分的时间心情抑郁。

(2) 几乎每天大部分时间对所有的或几乎所有活动都没有兴趣。

(3) 没有节食时体重明显下降,或体重明显增加,或几乎每天都有食欲减退或者增加。

(4) 几乎每天都有失眠或者睡眠过多。

(5) 几乎每天都有精神运动性激越或者迟滞(不仅自己能感受到,而且别人也能观察到)。

(6) 几乎每天都感到疲倦或者缺乏精力。

(7) 几乎每天都感到自己无用,或者有不恰当的、过分的内疚。

(8) 几乎每天都有思维能力或注意力减退,或者犹豫不决。

(9) 反复出现死的想法,反复出现自杀的意念但无特定的计划,或有自杀未遂,或有特定的自杀计划。

如果这9项中你认同5项或以上，那么你确实需要好好调整一下了。如果情况严重，你应该立即到医院精神科就诊或寻找专业心理医生进行咨询，千万不要不把它当回事，以免最后发展成抑郁症。

三、大学生心理健康的维护

（一）学会应对挫折

大学生活是人生的重要转折点，它充满了无限可能与机遇，同时也伴随着诸多挑战与挫折。从学习上的成绩起伏，到人际交往中的摩擦矛盾，再到未来规划时的迷茫困惑，挫折如同暗礁，随时可能让大学生的"理想之舟"颠簸摇晃。因此，学会应对挫折，是每一位大学生的必修课，更是他们成长道路上不可或缺的生存技能。

大学的学习模式与中学截然不同，知识的广度与深度都大幅提升。面对复杂的专业课程、繁多的学习任务，许多学生在考试中遭遇失利，或是难以掌握某些高难度知识。在人际交往中，来自不同地域、性格迥异的同学相聚在一起，文化差异、生活习惯的不同容易引发矛盾冲突。一些同学因为不擅长沟通、处理人际关系，从而感到孤独、被排斥。此外，随着毕业的临近，就业竞争的压力、考研升学的艰难，也让大学生们陷入对未来的迷茫与焦虑之中。这些挫折，如果不能正确应对，很容易让大学生产生自我怀疑、自卑等负面情绪，甚至影响到身心健康和学业发展。

然而，挫折并非完全是坏事，它是成长的催化剂，是人生的宝贵财富。爱迪生发明电灯时，经历了上千次的失败，但每一次挫折都让他离成功更近一步；苏轼一生仕途坎坷，多次被贬谪，却在挫折中磨砺出豁达乐观的心境，留下无数千古传颂的佳作。对于大学生而言，挫折是认识自我、提升自我的契机。当在学习上遭遇困难时，认真反思学习方法，调整学习策略，能够培养自主学习和解决问题的能力；在处理人际关系的矛盾中，学会换位思考、沟通交流，能提高人际交往和情绪管理能力；在面对未来的不确定性时，通过探索和尝试，能逐渐明晰自己的职业方向和人生目标。

那么，大学生该如何学会应对挫折呢？首先，要树立正确的挫折观，认识到挫折是人生的常态，没有人的一生会一帆风顺。当挫折来临，不要一味地抱怨、逃避，而是要以积极的心态去接纳它，将其视为成长的机会。其次，要学会自我调节。在遭遇挫折后，可以通过运动、听音乐、阅读等方式释放负面情绪，也可以与家人、朋友倾诉，获得情感上的支持和鼓励。同时，要对挫折进行理性分析，找出问题的根源，制订切实可行的解决方案。此外，还应不断提升自己的能力和素质，增强心理韧性。积极参加各种实践活动、社团组织，在锻炼中积累经验，提高应对挫折的能力。

大学生活是一段充满挑战与成长的旅程，挫折是其中不可避免的风景。学会应对挫折，以乐观的心态、积极的行动去面对人生道路上的风风雨雨，大学生们才能在挫折中不断成长，在磨砺中变得更加坚强，最终收获属于自己的精彩人生，驶向成功的彼岸。

（二）培养情绪调节能力

在大学校园这个充满机遇与挑战的环境中，大学生们不仅要面对繁重的学业任务，还要处理复杂的人际关系、规划未来的职业方向，以及应对个人成长过程中的各种困惑。这些压力常常会引发各种情绪波动，从焦虑、抑郁到愤怒、迷茫，情绪问题逐渐成为影响大学生心理健康和生活质量的重要因素。因此，培养良好的情绪调节能力，成为大学生在校园生活中不可或缺的一项技能。

培养情绪调节能力最重要的一步，是建立对情绪的正确认知。很多大学生在面对负面情绪时，往往采取逃避或压抑的态度，认为情绪是软弱的表现，这种观念恰恰是阻碍情绪健康发展的主要原因。事实上，情绪是人类与生俱来的本能反应，无论是喜悦、悲伤还是愤怒，每一种情绪都有其存在的意义。只有正视情绪，理解情绪背后所传递的信息，才能更好地与之相处。例如，当感到焦虑时，这可能是身体在提醒我们对某个任务准备不足；当感到愤怒时，可能是某些原则或需求被侵犯。学会观察自己的情绪，记录情绪产生的场景和触发点，是认识情绪的重要方式。通过情绪日记等工具，大学生可以逐渐发现自身情绪的规律，为后续的调节提供依据。

掌握科学的情绪调节方法是提升情绪调节能力的核心。认知重构是一种有效的心理调节策略，它强调改变对事件的看法和评价，从而改变情绪反应。当遭遇考试失利时，消极的想法可能是"我太失败了，未来没有希望"，而通过认知重构，可以将其转化为"这次考试暴露了我的知识漏洞，是一个提升的好机会"。这种思维方式的转变，能够将负面情绪转化为积极行动的动力。此外，放松训练也是调节情绪的常用方法，如深呼吸、冥想、渐进性肌肉松弛等。每天抽出 15～20 分钟进行冥想练习，专注于呼吸和当下的感受，能够帮助大学生平静思绪，缓解紧张和焦虑情绪。运动同样是释放压力、调节情绪的有效途径，无论是跑步、打球还是瑜伽，都能促使身体分泌内啡肽和多巴胺，这些神经递质能够改善心情，提升幸福感。

在实际生活中，情绪调节能力的培养需要不断实践和积累经验。大学生应该学会主动寻求支持，建立良好的社交网络。与家人、朋友分享自己的感受和困惑，不仅能够获得情感上的支持，还能从他人的经验中获得启发。许多高校都设有心理咨询中心，提供专业的心理咨询服务，大学生可以充分利用这些资源，当情绪问题无法自行调节时，及时向专业人士求助。同时，参与社团活动、志愿者服务等集体活动，能够拓宽社交圈子，丰富生活体验，在与他人的互动中培养乐观、积极的心态。另外，合理规划时间和任务，避免过度劳累和压力堆积，也是维护情绪稳定的重要方法。制订清晰的学习计划，平衡好学习、工作和娱乐的时间，确保生活的节奏感，有助于减少焦虑和疲惫感。

培养情绪调节能力还需要大学生树立积极的生活态度和价值观。接纳不完美的自己，认识到每个人都会经历情绪的起伏，是保持心理健康的关键。当面对挫折和失败时，将其视为成长的机会，而非对自身价值的否定。同时，培养兴趣爱好，找到能够让自己投入和享受的事物，如阅读、绘画、音乐等，在兴趣中获得成就感和满足感，从而增强心理韧性。此外，关注社会热点，参与社会实践，培养同理心和责任感，能够让大学生从更广阔的视角看待问题，避免陷入个人情绪的小圈子。

大学生培养情绪调节能力是一个长期的过程，需要从认知、方法、实践等多个层面入手。

通过正确认识情绪、掌握科学调节方法、积极实践和保持积极的生活态度,大学生不仅能够更好地应对校园生活中的各种挑战,还能为未来的职业生涯和人生发展奠定坚实的心理基础。在这个充满变化的时代,具备良好的情绪调节能力,将成为大学生在人生道路上披荆斩棘、实现自我价值的重要保障。

 **知识链接**

"A型行为模式"与人的身心健康

从心理学的角度讲,不同性格的人会表现出带有不同特征性的行为模式。"A型行为模式"表现为:个性强,过分的抱负,强烈的竞争意识,固执,好争辩,说话带有挑衅性,急躁,紧张,好冲动,大声说话,做事快,走路快,说话快,总是匆匆忙忙,富含敌意,具有攻击性等。与之相对应的"B型行为模式"则表现为:安宁,松弛,随遇而安,顺从,沉默,声音低,节奏慢等。

在接受心理咨询的人群中,很多人提出自己的个性比较强,争强好胜,急躁,是个工作狂,希望出人头地,对自己要求很高,并强调自己的父辈有过工作劳累、因心脏病突发辞别人世之类事件发生。这些人,他们很担心自己的身体健康,以致精神压力过大,心理感觉压抑,情绪低落。

这些人的担心不是没有根据的。早在1959年,国外心血管专家对冠心病患者的性格进行调查时,就发现大多数病人均表现出"A型行为模式"。此后的国内外的许多调查已经证明出冠心病发病率,"A型行为模式"者明显高于"B型行为模式"者。在1977年国际心肺血液病学会上,已确认"A型行为模式"是引起冠心病的一个重要的危险因素。而人的性格成因有50%来源于遗传,50%来源于后天环境影响。由此看来,我们便可以理解自己的性格会与父母亲类似,但抛开遗传因素,我们更多地要注意性格方面的调整,把节奏放慢一些,要求放低一些,感觉就会松弛得多。

性格为什么会影响人的身体健康呢?因为人的性格就是人的行为方式,过于紧张的行为方式,使人经常处于应激状态,此时人在生理上会出现一系列的反应,如血压升高,心率加快,胃肠分泌液减少,胃肠蠕动减慢,呼吸加快,尿频,出汗,手脚发冷,厌食,恶心,腹胀,以及失眠多梦等。如果一个人面临的压力过大,持续时间过长,就会出现更加严重的病理性反应,容易发生高血压、冠心病等疾病。有的人还会出现糖尿病、甲亢、癌症等疾病。

可见,良好的情绪可以使身体的免疫系统处于最佳状态,从而更有效地抵御各种疾病和感染。当人心情愉悦时,体内的免疫细胞活性会增强,能够更好地识别和消灭病原体。而长期的负面情绪,如焦虑、抑郁、愤怒等,会导致身体分泌过多的应激激素。这些激素会对身体的各个系统产生不良影响,增加高血压、心脏病、糖尿病等慢性疾病的发病风险。而保持良好的情绪可以平衡体内的激素水平,减少患病的可能性。

第三节　热爱生命　远离毒品

郝某某是一名留学生。在英国留学期间因为好奇,和朋友一起偷偷吸食了大麻,结果不出所料地上了瘾。有次回国,毒瘾犯了的郝某某经人推荐,加了一个名为"D1"的微商,此人专门在微信上出售毒品。由于身边不少留学生回国后想吸大麻,寻思着捞点外快的郝某某便做起了"代购"的生意,纷纷跟他们表示自己有"货源"。2018 年 5 月初,郝某某跟同样是"瘾君子"的朋友潘某说道。一经怂恿,潘某随即表示可以先试一下,于是便通过微信打了一笔钱过去。为赚取差价牟利,郝某某积极联系上家"D1",并将潘某的收货地址、电话等信息告知上家,不久后毒品便寄到了潘某的手上。本以为可以神不知鬼不觉,然而不到三个月,郝某某因吸毒行为被公安机关查获,主动交代了贩卖毒品的事实。

一、认识毒品

毒品是我国的习惯性讲法,这里指的毒品,不包括砒霜、敌敌畏、氰化物等可直接致人死亡的剧毒药品,而是特指出于非医疗目的而反复连续使用能够使人产生依赖性(即成瘾性)的药品。而国际上习惯称之为麻醉品、精神药品的滥用。《中华人民共和国刑法》第 357 条规定:"本法所称的毒品是指鸦片、海洛因、甲基苯丙胺(冰毒)、吗啡、大麻、可卡因以及国家规定管制的其他能够使人形成瘾癖的麻醉药品和精神药品"。常见和最主要的毒品有:鸦片、吗啡、海洛因、冰毒、摇头丸、可卡因、大麻等。这些毒品长期吸食都会成瘾,对人体产生危害,而且易感染疾病,吸食过量,则可导致死亡。一般来说,毒品都有四个共同的特征:强制性地使吸食者连续使用,并且不择手段地去获得它;连续吸食且有不断加大剂量的趋势;对其产生精神依赖性及生理依赖性,停止吸食后产生戒断症状(脱瘾症状);对个人、家庭和社会都会产生危害后果。

近年来,世界上的吸毒问题越来越严重,吸毒现象越来越普遍,已为国际社会所关注。据估计,目前全世界至少有 5 000 万人注射毒品,而以吞、吸、饮、嚼的方式吸毒的人数则更多。这就是说,世界上大约每 100 个人中,就有 1 名"瘾君子"。而我国截止到 2023 年底,登记在册的吸毒人员就有 89.6 万。毒品不仅摧残人体,还使人人格扭曲,道德沦丧,甚至扼杀生命,尤其是吸毒低龄化趋势,让我们对青少年的未来充满担忧。

毒品的种类

毒品的种类很多,范围也很广,根据不同的标准有不同的划分方法。根据来源,毒品可分为天然毒品(如鸦片等)、半合成毒品(如海洛因等)、合成毒品(如冰毒、摇头丸等);根据对人中枢神经系统的作用,毒品可分为抑制剂(如鸦片、镇静药等)、兴奋剂(如冰毒等)、致幻剂(如麦角酸二乙酰胺等);根据自然属性,毒品可分为麻醉药品(如鸦片、大麻等)和精神药品(如致幻剂等)。

二、毒品的危害

毒品戕害人的身体、毒害人的心理、破坏人的家庭、残害人的生命,更重要的是它还影响社会的安定。据有关统计,全球每年约有 10 万人因吸毒死亡,1 000 万人因吸毒丧失正常的劳动能力,单就死亡人数来看,毒品仅次于心脏病、癌症,被称为是"人类的第三杀手"。

(一) 吸毒危害人体,毁人毁健康

1. 吸毒严重破坏人体的正常生理机能

滥用毒品会对人体的神经系统、呼吸系统、消化系统、免疫系统产生严重的危害。例如,通过呼吸道途径吸食毒品,对呼吸道系统造成恶性刺激,轻者易患气管炎,重者导致肺炎、肺气肿和肺癌;通过注射阿片类毒品对人体的免疫功能有着直接和全面的损害,同时不洁注射易导致感染各种疾病,如细菌性心内膜炎、破伤风、败血病、横断性脊髓炎,并极易传染乙肝、丙肝等血清型肝炎。

2. 毒品摧毁人的神经系统

许多毒品都对人的神经系统有明显损害,长期吸毒者易患中毒性精神病,突出表现为急性妄想、幻觉、思维障碍、攻击他人等。例如,冰毒、摇头丸等新型毒品直接作用于中枢神经,对大脑神经细胞产生直接损害,导致急慢性精神障碍。研究表明,82%的苯丙胺滥用者即使停止滥用 8~12 年,仍然有一些精神症状。

3. 吸毒者传染艾滋病(AIDS)

艾滋病的主要传播途径是血液传播、性传播和母婴传播。静脉注射毒品者使用不洁注射器易造成血液传播,吸毒者的不良性行为又可进行性传播,在三个传播途径中,吸毒者就占了两个。此外,毒品使吸毒者的体质下降,也为艾滋病的感染和发病大开绿灯。据统计,在性传播、血液传播和母婴传播三种主要的艾滋病病毒传播途径中,异性性接触传播占多数,而男性同性性行为传播的比例上升明显,而且该人群是目前各类人群中艾滋病感染率最高的人群。

4. 吸毒毁灭家庭

我国民间描绘毒品的危害有这样一副对联:"烟枪一支,未闻炮声震响,打的妻离子散;

锡纸半张,不见烟火冲天,烧尽田地房屋。"

(1)吸毒导致倾家荡产。据报道,一个吸毒成瘾人员一天至少需要0.3克海洛因,一年吸掉五万多元。这只是最保守的数字,一般工薪阶层难以承受,而对于吸毒日久者,一天就需要2克,一年下来即几十万元。

(2)吸毒造成妻离子散、家破人亡。家庭中一旦出现了吸毒者,家便不成家了,吸毒很快引起家庭经济崩溃,随后变卖家产,甚或典妻卖子,抑或为夺取毒资,不惜以身试法,杀人越货,直至家破人亡。据近几年国家司法机关统计,在离婚案中,因吸毒导致离婚的就占到了10%。

5. 吸毒危害社会,祸及国家

(1)吸毒对社会生产力的破坏巨大。首先导致身体疾病,影响生产;其次造成社会财富的巨大损失和浪费;最后毒品活动还造成环境恶化,缩小人类的生存空间。

(2)毒品活动扰乱社会治安。毒品问题是诱发其他刑事犯罪和社会治安问题的温床,吸毒人员以贩养吸、以盗养吸、以抢养吸、以骗养吸、以娼养吸现象严重,一些地区抢劫、抢夺和盗窃案件中60%甚至80%是吸毒人员所为,不仅扰乱了社会治安,还给社会安定带来巨大威胁。

 知识链接

常见毒品的种类

1. 鸦片

鸦片,俗称"大烟""烟土""鸦片烟"等。生鸦片是将草本类植物罂粟未成熟的果实用刀割后流出的汁液,经风干后浓缩加工处理而成的褐色膏状物;生鸦片经加热煎制便成熟鸦片。鸦片初吸时会感到头晕目眩,恶心和头痛,多次吸食会上瘾。

2. 吗啡

吗啡是从鸦片中分离出来的一种生物碱,呈白色或无色结晶粉末状,闻上去有点酸味。吗啡对呼吸中枢有极强的抑制作用,吸食或注射后会产生快感,过量使用会出现昏迷、瞳孔极度缩小、呼吸受到抑制,甚至因呼吸麻痹、停止而死亡。

3. 海洛因

亦称盐酸二乙酰吗啡,是由吗啡和乙酸酐经特殊化学处理后生成的衍生物。毒品市场上的海洛因有多种形状,多为带有白色、米色、褐色、黑色等色泽的粉末、粒状或凝聚状物品,多数为白色结晶粉末,极纯的海洛因俗称"白粉"。海洛因依赖性强,成瘾最快,毒性最烈,长期吸食会破坏人的免疫功能,一般持续吸食海洛因的人只能活7~8年。

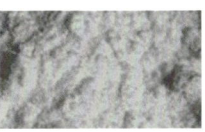

4. 大麻

大麻是一年生草本植物，将其茎、叶、花、果实等通过不同的加工方式可得到大麻草、大麻脂、大麻油三种物质，即毒品大麻。初吸或注射大麻有欣快感，但很快转变为恐惧，长期使用会出现人格障碍、双重人格、人格解体，记忆力衰退、迟钝、抑郁、头痛、心悸、瞳孔缩小和痴呆，偶有无故的攻击性行为，导致违法犯罪的发生。

5. 可卡因

可卡因是 1860 年从前南美洲称为古柯的植物叶片中提炼出来的生物碱，其化学名称为苯甲基芽子碱，是一种无味、白色薄片状的结晶体。可卡因对中枢神经系统有高度毒性，刺激大脑皮层，产生兴奋感及视、听、触等幻觉；服用后极短时间即可成瘾，并伴以失眠、食欲不振、恶心及消化系统紊乱等症状；精神逐渐衰退，可导致偏执呼吸衰竭而死亡。一剂 70 毫克的纯可卡因，可以使体重 70 千克的人当场丧命。

6. 冰毒

学名甲基苯丙胺，又名去氧麻黄碱或甲基安非他命，主要来源是从野生麻黄草中提炼出来的麻黄素，源于日本。甲基苯丙胺的形状为白色块状结晶体，易溶于水。长期吸食可导致永久性失眠，大脑机能破坏、心脏衰竭、胸痛、焦虑、紧张或激动不安，更有甚者会导致长期精神分裂症，剂量稍大便会中毒死亡。

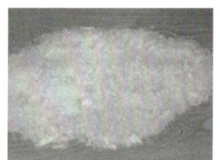

7. K 粉

学名氯胺酮，其外观为纯白色细结晶体，医学临床用作麻醉剂使用。K 粉能兴奋心血管，能使人产生精神依赖性。K 粉成瘾后，在毒品作用下，吸食者会疯狂摇头，容易摇断颈椎，同时疯狂的摇摆还可能造成心力衰竭、呼吸衰竭。吸食过量或长期吸食，对心、肺、神经都造成致命损伤，对中枢神经的损伤比冰毒还厉害。

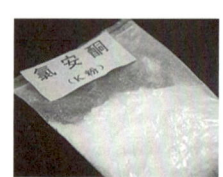

8. 摇头丸

又称疯药、狂欢丸等，是苯丙胺类兴奋剂的衍生物，主要成分是二亚甲基双氧苯丙胺。通常被制成丸剂、片剂，形状多种多样，五颜六色，这类毒品具有明显的中枢致幻、兴奋作用，服用后会随着音乐剧烈地摆动头部。摇头丸有致幻作用，使用后，经常处于幻觉、妄想状态，表现出苯丙胺精神症状，酷似精神分裂症；同时，还会发生其他滥用药物感染合并综合征，包括肝炎、细菌性心内膜炎、败血症、性病等。

三、远离毒品

吸毒的原因复杂多样，例如，不健康心理，好奇，同伴和朋友的劝诱，家庭和社会环境的影响等。认清吸毒的原因，可以帮助我们提高警惕，一生远离毒品。

（一）吸毒的个人原因

一般是因为对毒品的无知、好奇，以吸毒为时髦、用吸毒寻求心理上的解脱等缘故开始吸毒。

（二）吸毒的家庭原因

一般是因为家庭破裂、父母疏远、家庭教育不当、受家庭成员不良影响而开始吸毒。

（三）吸毒的社会原因

一般是因为社会环境影响、不良娱乐场所影响、社区影响、贩毒者影响、交友不慎等原因致使吸毒。

那么我们怎么远离毒品呢？

（一）学习禁毒知识，做到四个牢记

一是牢记什么是毒品；二是牢记吸毒极易成瘾，并极难戒断；三是牢记毒品害人、害己、害家、害国；四是牢记吸毒是违法，贩毒是犯罪。

（二）永远不尝第一口

好奇心和冒险心往往是毒品侵蚀的温床。为终生远离毒品，不论出于什么动机，不论出现什么情况，都要坚定地把握自己，永远不尝第一口。

（三）正确面对困难和挫折，不借毒消愁

据有关调查，许多吸毒人员是因为婚姻不美满和失恋步入吸毒的行列的，可见培养良好的心理素质对远离毒品十分重要。遇到困难和挫折，可以找朋友、老师、父母倾诉，寻求帮助，千万不要借毒解痛，借毒消愁。

（四）慎重交友，保持健康生活方式

有关调查显示，大多吸毒人员是在所谓朋友的劝诱下坠入毒品深渊的，因此要远离毒品，就要慎重交友，时时警惕；同时要树立正确的人生观，不因为空虚、寻求刺激、追求时髦而走上吸毒的道路。

（五）远离不健康场所

当前社会上一些娱乐场所管理混乱，黄、赌、毒等不良行为甚至违法犯罪活动猖獗，一旦进去就可能身不由己，陷入泥潭难以自拔。因此，要洁身自好，自觉远离那些不健康的场所。

当有人向你提供毒品时，你会怎样做？

防毒的措施如下：

（1）直截了当法——坚定直接地拒绝引诱。

（2）金蝉脱壳法——根据不同情况找借口委婉拒绝。

（3）秘密报案法——寻找机会偷偷告诉你信赖的人，或者秘密拨打110报警，民警会迅速给予你帮助。

（4）及时告知师长法——当毒贩毒友逼你吸毒并威胁你时，一定不要被他们威吓住，要在第一时间告诉你的师长。

毒品不但危害人民群众特别是广大青少年的身心健康，而且严重威胁着社会安定，影响经济发展和社会进步。如今，毒品问题已成为全球性问题，它与恐怖主义、艾滋病并称为当今世界三大公害。对于大学生而言，希望每个人都能做到：若发现有人吸毒，以及有毒品犯罪时，立即举报；为了自己的健康，为了家人的幸福，为了社会的安定，要有防范毒品的意识，远离毒品，珍爱生命。

 **知识链接**

我国关于惩处毒品犯罪的法律规定

毒品犯罪是指违反国家和国际有关禁毒法律、法规，破坏毒品管制活动，应该受到刑法处罚的犯罪行为。根据《中华人民共和国刑法》第357条规定，毒品是指鸦片、海洛因、甲基苯丙胺（冰毒）、吗啡、大麻、可卡因，以及国家规定管制的其他能够使人形成瘾癖的麻醉药品和精神药品。依据《中华人民共和国刑法》，毒品犯罪罪名主要包括：

（1）走私、贩卖、运输、制造毒品罪。

（2）非法持有毒品罪。

（3）包庇毒品犯罪分子罪；窝藏、转移、隐瞒毒品、毒赃罪。

（4）非法生产、买卖、运输制毒物品、走私制毒物品罪。

（5）非法种植毒品原植物罪。

（6）非法买卖、运输、携带、持有毒品原植物种子、幼苗罪。

（7）引诱、教唆、欺骗他人吸毒罪；强迫他人吸毒罪。

（8）容留他人吸毒罪。

（9）非法提供麻醉药品、精神药品罪。

《中华人民共和国刑法》规定的对毒品犯罪分子的量刑体现了以下四大特点：一是规定了走私、贩卖、运输、制造毒品，无论数量多少，都应当追究刑事责任；二是规定了较重的刑罚，除对毒品犯罪行为规定死刑外，还规定了其他较重的刑罚；三是普遍规定了财产刑，针对毒品犯罪往往以获取暴利为目的的特点，除规定"并处没收财产"刑外，对每一类具体的毒品犯罪都规定了应当或可以判处的罚金；四是增加了适用刑罚种类，对每一类毒品犯罪，除明确规定适用的主刑外，还规定了相应的附加刑。

人物案例

一个高职生到航天技术能手的筑基成材之路

2020年11月24日，全国劳动模范和先进工作者表彰大会在北京人民大会堂隆重举行。河南工业职业技术学院优秀毕业生余军伟被表彰为"全国劳动模范"。从一名普通的高职学生成长为全国劳模，学校的培养教育为他打开一扇窗，并照亮了他技能报国的人生道路。

2004年，余军伟入校学习机械设计与制造专业。学校立足军工特色，弘扬军工文化，创新开设"导师制"研修班，聘请机械制造经验丰富的优秀教师及企业高工担任导师，培养学员解决生产实际中的典型技术问题。余军伟积极报名参加，在理实一体化的项目式教学中，从做中学、从学中悟，掌握了应用于生产实际的技术技能，锤炼了"忠、毅"的品性，"严、细"的作风，"精、优"的质量观念。毕业后，余军伟工作于河南航天精工制造有限公司，凭着扎实的基础和不服输的韧劲，不断用技术创新来实现自己的航天报国梦。在面对某发动机配套研制任务时，他成功解决了高温合金材料螺栓成型缺陷和模具寿命短的问题，为企业节约大量生产成本；在完成国家某重点工程研制任务中，他以"一次镦锻成形技术"为航天事业提供高科技、高性能紧固件；在轨道交通领域，他研制的制动盘螺栓、螺母，成功替代了进口产品，打破了国外的技术垄断。工作十几年来，他获得了多项实用新型和发明专利，先后荣获"航天技术能手""河南省五一劳动奖章""全国五一劳动奖章""全国劳动模范"等荣誉称号。

发挥"传、帮、带"作用，不仅体现在余军伟工作中的"师带徒"上，而且更体现在他言传身教，激励母校学子坚定技能报国理想上。2020年12月，他回到母校，在"全国劳动模范座谈会""军工文化大讲堂"上，畅谈自己扎根一线、攻坚克难的执着和坚守，他的学习经历、成长之路、工作成绩、奋斗精神等，成为同学们走向技能成才之路最生动、最亲切、最令人信服的教材。

专题六　诚信立德　学会感恩

生命之舟,一半风雨,一半阳光,让我们扬起诚信之帆去远航;
人生之路,一段坎坷,一段辉煌,让我们胸怀感恩之心去开创。
诚信立人,感恩立德。
用诚信武装自己,用感恩传达爱心。
做一个诚信之人,美化你我心灵;
做一个感恩之人,温暖整个世界。

学习目标

　　了解一般学校资助政策和医保政策,熟悉认定家庭经济困难学生程序和助学贷款还款程序,加强诚信感恩教育,树立正确的劳动观,积极参与公益活动,服务他人,回馈社会。

名人名言

　　一粥一饭,当思来之不易;半丝半缕,恒念物力维艰。

——明·朱柏庐

第一节　多项资助措施　助你完成学业

一、绿色通道帮你顺利入学

　　问:什么是"绿色通道"?

　　答:"绿色通道"是指近年来高校为切实确保已被录取的家庭经济困难新生,经审核对家庭经济困难无法缴纳学杂费用的,批准暂缓缴纳学杂费,先进入学校学习,然后学校帮助这部分学生通过申请国家助学贷款、国家助学金、校内勤工助学等方式来解决家庭经济困难的问题。教育部规定各公办普通高等学校都必须建立此项制度。"绿色通道"是确保普通高校家庭经济困难新生顺利入学的最直接、最有效的措施。

　　问:学校新生需要具备什么条件才能申请"绿色通道"?

　　答:新生入学注册当天需凭"家庭经济情况调查表""高等学校学生及家庭情况调查表"或村、乡、县或所在街道、镇、区三级民政部门开具的困难证明,以及其他的困难证明材料,如低保证、残疾证、家庭成员重大疾病的医生证明等相关证明的原件或复印件到指定地点办理。

二、勤工助学为你补贴零用

　　勤工助学是指学生在学校的组织下利用课余时间,通过自己的劳动取得合法报酬,用于改善学习和生活条件的社会实践活动。勤工助学是学校学生资助工作的重要组成部分,是提高学生综合素质和资助家庭经济困难学生的有效途径。

　　目前,一般学校勤工助学分固定岗位、临时岗位和假期岗位三种。

　　固定岗位是指相对长期固定的学生勤工助学岗位。固定岗位设置主要有洗手间清洁员、楼道清洁员、教室清洁员、校道草坪清洁员、设备维护员、机房清洁员、机房维护员、实训室维护员等。

　　临时岗位是指学生临时参加的勤工助学岗位,临时岗位一般时间持续不超过一周,每天不超过 2 小时。

假期岗位是指学生寒假、暑假、国庆等法定节假日参加的勤工助学岗位。

问:我想参加勤工助学,具体的申请程序是怎样进行呢?

答:(1)向辅导员提出申请。每年 10 月初学生在学有余力的前提下,向所在学院辅导员提出申请。

(2)通过学校审核。10 月中旬所在学院和学校对提出申请的学生家庭经济情况、学习情况、个人特长、做事态度等多方面进行审核。

(3)接受培训教育。10 月底通过学校审核的学生接受学校或用工部门必要的勤工助学岗前培训和安全教育。

(4)正式上岗。培训合格者,由学校统一安排到校内或校外的岗位上进行勤工助学活动。

(5)签订合同。试用一个月通过后,12 月初用工部门与新上岗学生签订协议书。

另外,学校不得安排学生参加有毒、有害和危险的生产作业以及超过身体承受能力、有碍健康的劳动。任何单位和个人未经学校同意,不得聘用在校学生打工。

问:什么情况下不能再申请校内勤工助学岗位?

答:因为校内勤工助学岗位不多,所以因为工作不认真经用工部门教育无效被辞退或在协议期间内离岗的学生均不再安排校内勤工助学岗位。

问:学校会奖励勤工助学表现突出的同学吗?

答:各用工部门每年 10 月份对在固定岗位工作满 6 个月的勤工助学同学进行考评,按考评合格人数的 15% 推选勤工助学先进个人,经学校审核通过后,于 11 月对这批优秀的同学进行表彰。

三、"国家三金"给你奖励资助

"国家三金"是指国家奖学金、国家励志奖学金和国家助学金。

国家奖学金是为激励普通本科高校、高等职业学校学生勤奋学习、努力进取,在德、智、体、美等方面得到全面发展,由中央政府出资设立的,奖励高校全日制本专科(含高职、第二学士学位)学生中特别优秀的学生的奖学金。

国家励志奖学金是为了激励普通本科高校、高等职业学校和高等专科学校的家庭经济困难学生勤奋学习、努力进取,在德、智、体、美、劳等方面全面发展,由中央和地方政府共同出资设立的,奖励资助品学兼优的家庭经济困难学生的奖学金。

国家助学金是为体现党和政府对普通本科高校、高等职业学校和中等职业学校家庭经济困难学生的关怀,由中央和地方政府共同出资设立,用于资助本科高校、高等职业学校和中等职业学校在校生中家庭经济困难学生的助学金。

问:"国家三金"的奖励标准分别是什么?

答:国家奖学金的奖励标准为每人每年 10 000 元,一次性发放;国家励志奖学金的奖励标准为每人每年 5 000 元,一次性发放;国家助学金的资助标准为全国平均每生每年 3 000 元,分两个学期发放。

问：申请"国家三金"需要具备什么基本条件？

答： 申请国家奖学金需要具备的基本条件为：①具有中华人民共和国国籍；②热爱祖国，拥护中国共产党的领导；③遵守宪法和法律，遵守学校规章制度；④诚实守信，道德品质优良；⑤在校期间学习成绩优异，社会实践、创新能力、综合素质等方面特别突出。

申请国家励志奖学金需要具备的基本条件为：①热爱社会主义祖国，拥护中国共产党的领导；②遵守宪法和法律，遵守学校规章制度；③诚实守信，道德品质优良；④在校期间学习成绩优秀；⑤家庭经济困难，生活俭朴。

申请国家助学金需要具备的基本条件为：①热爱社会主义祖国，拥护中国共产党的领导；②遵守宪法和法律，遵守学校规章制度；③诚实守信，道德品质优良；④勤奋学习，积极上进；⑤家庭经济困难，生活俭朴。

问：什么情况下不能参评国家奖助学金？

答： 学校为了鼓励同学们努力学习，规定在上一学年里受过处分、考勤不合格、学业成绩、素拓情况不符合要求的同学都不能参评国家奖助学金（详见学校《学生手册》中国家奖助学金相关管理办法）。

问：获得国家奖助学金后是否要参加义务劳动？

答： 为进一步强化获奖受助学生的感恩意识和社会责任感，引导学生在接受国家、学校和社会关爱的同时积极回报社会、关心他人，充分调动学生参加义务劳动的积极性，实现"资助"与"育人"的有机结合。各校可根据学校实际情况，组织一、二年级获国家助学金的学生在第二学期开展不少于5次，每次不低于1小时义务劳动，组织二年级获得国家励志奖学金的学生在第二学期开展不少于10次，每次不低于1小时的义务劳动。

四、国家助学贷款帮助解决学费问题

国家助学贷款由政府主导、财政贴息、财政和高校共同给予银行一定风险补偿金，银行、教育行政部门与高校共同操作，学生通过学校向金融机构申请办理，帮助高校家庭经济困难学生支付在校期间所需的学费和住宿费的银行贷款。国家助学贷款是信用贷款，学生不需要办理贷款担保或抵押，但需要承诺按期还款，并承担相关法律责任。

问：国家助学贷款的申请时间是什么时候？

答： 助学贷款申请办理时间一般为7月至9月初，具体时间以资助中心发布的信息为准。

问：满足什么条件能办理助学贷款？

答： 具有中华人民共和国国籍；诚实守信，遵纪守法；被根据国家有关规定批准设立，实施高等学历教育的全日制普通本科高校、高等职业学校和高等专科学校（含民办高校和独立学院、科研院所、党校、行政学院、会计学院学校名单以教育部公布的为准）正式录取，取得真实、合法、有效的录取通知书的全日制新生或高校在读的专本科学生、研究生和第二学士学生；学生本人入学前户籍，其共同借款人户籍均在本县（市、区）；家庭经济困难，本人及其家庭的经济能力难以满足在校期间的学习、生活基本支出；当年没有获得其他助学贷款。

问：贷款金额是多少？

答：全日制普通本专科学生（含预科、高职、第二学士学位）每生每年申请贷款额度不超过20 000元，不低于1 000元；全日制研究生（含硕士研究生、博士研究生）每生每学年申请贷款额度不超过25 000元，不低于1 000元。

学生申请的国家助学贷款应优先用于支付在校期间学费和住宿费，超出部分可用于弥补日常生活费。学生应根据家庭经济情况确定申贷额度。

问：贷款期限是多少？

答：生源地助学贷款：按照《借款合同》约定，借款学生从贴息截止日当年开始还款，宽限期内只偿还利息，宽限期后按合同约定偿还本金和利息，每年12月20日为还款日，需在11月1日—12月20日间还款，最后一年还款日为合同到期日。按照系统提示的还款日期还款后，下月初可登录系统查询还款记录。

高校助学贷款：按照《借款合同》约定，借款学生从贴息截止日当年开始还款，每年12月20日偿还一次利息，需在11月1日—12月20日间还款，最后一年还款日为合同到期日，一次性还清本金，利随本清。温馨提示：按照系统提示的还款日期还款后，下月初可登录系统查询还款记录。

问：首次贷款流程是怎样的？

答：可以使用国家开发银行国家助学贷款App或登录学生在线系统（网址：https://sls.cdb.com.cn），在线填写申请信息并导出申请表。未通过预申请学生需要提供家庭经济困难认定申请表，已通过预申请的首贷学生无须进行填写。然后学生本人和共同借款人需要携带身份证原件复印件、学生证或录取通知书原件复印件、户口簿、贷款申请表、认定表等材料，一同前往县级资助管理部门办理贷款。

（注：具体所需材料及办理时间以当地资助中心为准。回执单需要在开学后尽快交给高校老师进行录入，10月10日后将无法录入。）

五、认定家庭经济困难学生是获得资助的基础

因家庭经济困难想申请并获得国家励志奖学金、国家助学金、社会团体助学金、国家助学贷款、校内勤工助学、临时补助等资助的学生，必须先申请认定为学校家庭经济困难学生。

下面以广东省为例，介绍家庭经济困难学生的认定原则、机构、依据、等级和程序。

（一）认定原则

（1）坚持实事求是、客观公平。认定家庭经济困难学生要从客观实际出发，以学生家庭经济状况为主要认定依据，认定标准和尺度要统一，确保公平公正。

（2）坚持定量评价与定性评价相结合。既要建立科学的量化指标体系，进行定量评价，也要通过定性分析修正量化结果，更加准确、全面地了解学生的实际情况。

（3）坚持公开透明与保护隐私相结合。既要做到认定内容、程序、方法等透明，确保认定公正，也要尊重和保护学生隐私，严禁让学生当众诉苦、互相比困。

（4）坚持积极引导与自愿申请相结合。既要引导学生如实反映家庭经济困难情况，主动利用国家资助完成学业，也要充分尊重学生个人意愿，遵循自愿申请的原则。

（5）坚持集中认定与动态调整相结合。家庭经济困难学生认定工作原则上每学年集中认定一次，每学期按照家庭经济困难学生实际情况进行动态调整。

（二）认定机构

（1）设立学校资助工作领导小组。成立分管校领导为组长的学校资助工作领导小组，成员主要由学生工作、财务、审计、教务、研究生等相关部门负责人组成，成员名单应在本校范围内公示。领导小组每学期至少召开一次专题会议研究工作。

（2）设立学校认定工作组。高校应设立认定工作组，承担具体认定工作，可授权或指定学生工作部门具体执行。

（3）成立院（系）认定工作小组。院（系）领导为组长，由辅导员、院（系）纪检委员、教师代表、班主任和学生代表等人员组成，人数不少于 10 人。

（4）成立年级评议小组。以年级（专业或班级，下同）为单位，成立以班主任、级委（班委）、学生代表等组成的家庭经济困难学生评议小组，人数不少于 10 人。

（5）成立院（系）学生监督小组。以年级为单位，成立由学生代表组成的学生监督小组，监督家庭经济困难学生的评议、公示等，及时向院（系）、学生工作部门或学校纪检监察部门报告评议或认定过程中出现的问题，定期向本年级师生公布监督情况。具体办法由各高校制定。

（三）认定依据

（1）家庭经济因素。主要包括家庭收入、财产、债务等情况。

（2）特殊群体因素。主要指是否属于脱贫家庭学生、脱贫不稳定家庭学生、边缘易致贫家庭学生、低保边缘家庭学生、支出型困难家庭学生、城乡最低生活保障家庭学生、特困供养学生、孤儿（含事实无人抚养儿童）、残疾学生、享受国家定期抚恤补助的优抚对象子女、因公牺牲警察子女、烈士子女、特困职工家庭子女、家庭经济困难残疾人子女等情况。

（3）地区经济社会发展水平因素。主要指校园地、生源地经济发展水平，城乡居民最低生活保障标准，学校收费标准等情况。

（4）突发状况因素。主要指遭受重大自然灾害、重大突发意外事件等情况。

（5）学生消费因素。主要指学生消费的金额、结构等是否合理。

（6）家庭负担因素。主要指赡养老人、抚养子女、教育支出、医疗支出等情况。

（7）其他影响家庭经济状况的有关因素。主要包括家庭成员劳动力及职业状况等因素。

（四）认定等级

1. 特别困难等级

（1）属于乡村振兴部门认定的原建档立卡贫困家庭学生、脱贫家庭学生、脱贫不稳定家庭学生、边缘易致贫家庭学生。

(2)属于民政部门认定的低保边缘家庭学生、支出型困难家庭学生、城乡最低生活保障家庭学生、特困供养学生、孤儿(含事实无人抚养儿童)。

(3)属于公安、退役军人事务部门认定的享受国家定期抚恤补助的优抚对象子女、因公牺牲警察子女、烈士子女。

(4)属于工会部门认定的特困职工家庭子女。

(5)学生本人残疾或属于家庭经济困难的残疾人子女。

(6)学生本人或其家庭成员患重大疾病,需要承担巨额医疗费用,造成家庭经济特别困难的。

(7)因遭受重大自然灾害、重大突发意外事件而导致家庭经济特别困难的。

(8)因其他原因导致家庭经济特别困难的。

2. 比较困难等级

(1)学生消费支出明显低于本地或本校学生平均水平,学生及其家庭仅能提供其在校期间部分学习和生活基本支出,其余部分需要依靠国家资助政策补充的。

(2)单亲家庭且与学生共同生活的父(母)亲经济收入低于当地平均收入水平的。

(3)因遭受自然灾害、突发意外事件而导致家庭经济比较困难的。

(4)因其他原因造成家庭经济比较困难的。

3. 一般困难等级

不具备上述所列情形,但家庭经济收入偏低或者家庭经济负担较重,不能完全提供其在校期间学习和生活基本支出的。

(五) 认定程序

(1)告知。每学年结束前,学校向学生发放《申请表》;向新生寄送录取通知书时同时寄送学生资助政策和《申请表》等,向学生(家长)告知家庭经济困难学生认定工作事项。

(2)申请。学生或监护人自愿如实填写《申请表》,并提出认定申请。

(3)认定。①年级评议小组评议。新学年开学时,年级评议小组回收学生或监护人填写的《申请表》及佐证材料,按照《分析表》进行分析,对学生家庭经济困难程度进行排序,经年级评议后,初步认定是否为家庭经济困难学生,并在本年级公示3天无异议后,报院(系)认定工作小组审核。②院(系)认定工作小组审核。院(系)认定工作小组依照职权对年级评议小组提出名单进行审核。初步认定结果在院(系)公示3天无异议后,报学校认定工作组复核。③学校认定工作组复核。学校认定工作组(或经授权的学生工作部门)组织院(系)之间交叉复核,确定并汇总院(系)家庭经济困难学生名单,提出全校家庭经济困难学生名单,全校公示5个工作日无异议后,报学校学生资助工作领导小组批准。

年级评议小组做好学生在校期间表现和日常消费的评议工作,检查学生申报材料的真实性、规范性和完整性;院(系)认定工作小组做好学生申请材料的真实性、规范性和完整性的审核,对家庭经济困难学生认定提出困难等级建议;学校认定工作组(或经授权的学生工作部门)加强复核,对困难比例高于本校平均值30%以上的院(系)进行重点核查,除核实相关佐证材料外,可采取家访、个别谈话、大数据分析、信函索证、量化评估、民主评议等方式进行核实。

申请材料不符合要求的,年级评议小组、院(系)认定工作小组、学校认定工作组不予通过。学生可以通过投诉举报电话、投诉信(或电子邮件)向院(系)、学生工作部门、学校纪检监察部门提出申诉,学校纪检监察部门、学生工作部门、院(系)应及时核查和回复。

(4)公示。家庭经济困难学生认定名单和困难等级实行年级(专业或班级)、院(系)、学校三级公示制度,线上和线下同时进行。公示内容包括学生姓名、院(系)、专业、班级、困难等级等必要信息,但严禁涉及学生个人敏感信息及隐私。公示期内,学生或老师如有异议,可向院(系)提出。院(系)认定工作小组应在 3 个工作日内予以回复。如学生或老师对答复仍有异议,可向学校学生工作部门提请复议。学校学生工作部门接到复议申请、投诉、举报,3 个工作日内予以回复。学生或老师可以要求复查相关资料和系统信息,如诉求属实,应予调整。具体公示办法由学校制定。

(5)存档。学校将最后确定的本校家庭经济困难学生名单汇总造册,连同学生或监护人提交的《申请表》、相关佐证材料复印件、公示材料等纸质资料按学年整理装订,建立学校家庭经济困难学生信息纸质档案,电子档案按要求录入全国学生资助管理信息系统。

第二节　按时还清贷款　彰显诚信品德

一、按时还清贷款

(一)自付本息还款时间

高校在读期间的利息由财政全额贴息(因升学、服兵役等原因延长就读时间的,请及时申请还款计划变更),贴息截止日后,本息由贷款学生自行承担。借款人需要每年至少 2 次登录学生在线系统,查询助学贷款合同还款计划,并按期足额还款。

如在贷款期间,继续深造考上了更高一级的学位,比如专科升本科,本科升研究生,则在上学期间,其贷款利息依旧由财政进行补贴,一直到其毕业为止。在升学毕业之前,需联系当地教育局或资助中心老师办理就学信息变更及还款计划变更,如不变更,则默认视为其已经毕业,需要按照国家开发银行规定,自付利息。(变更时间截止到 7 月 31 日)

(二)按合同约定正常还款

生源地助学贷款:按照《借款合同》约定,借款学生从贴息截止日当年开始还款,宽限期内只偿还利息,宽限期后偿还部分本金和利息,每年 12 月 20 日为还款日,需在 11 月 1 日—12 月 20 日间还款,最后一年还款日为合同到期日,还清贷款。按照系统提示的还款日期还款后,下月初可登录系统查询还款记录。

宽限期:2015 年之前签订合同,宽限期为 2 年;

　　　　2015 年(含)之后签订合同,宽限期为 3 年;

　　　　2020 年(含)之后签订合同,宽限期为 5 年。

高校助学贷款：按照《借款合同》约定，借款学生从贴息截止日当年开始进行还款，每年12月20日为还款日，需在11月1日—12月20日间还款，最后一年还款日为合同到期日，一笔偿还本金，利随本清。温馨提示：按照系统提示的还款日期还款后，下月初可登录系统查询还款记录。

（三）随时还款

学生可通过代理机构渠道（包括代理机构 App、银联 POS 机和云闪付客户端）进行随时还款，还款前要完成签约，本人还款和他人代还均需签约。

签约以学生为维度，如学生名下存在未结清合同，则可通过学生在线系统或代理机构App（银联和招行渠道暂不支持签约）进行签约操作。若该学生2023年后签署过助学贷款合同则因新合同已包含相关条款无须签约。

还款方式转换后，可以通过代理结算行 App、云闪付中的助学贷款模块在我行允许的时间内进行申请并实时还款。可选择一次性还清合同，或提前偿还部分本金及相应利息，部分偿还本金时申请金额需大于0元，并小于该笔贷款余额，最小还款单位为0.01元。学生在提交随时还款申请后，需按照本息总额进行主动还款，并选择指定的代理结算机构进行资金支付。学生完成资金支付，等待系统结算后，可以登录学生在线系统、国家助学贷款 App 查询还款记录。

二、贷款信用记录

问：银行有贷款学生的信用记录吗？

答：有！国家开发银行为每一位借款学生都建立了个人信用记录，并根据中国人民银行的要求，将同学们的个人信用记录定期报送中国个人征信系统。拥有个人信用记录以后，相当于建立了一个个人的信用档案，每一次按时向银行偿还贷款和信用卡透支额，都将收集在个人信用记录中，为你积累信用财富。在同学们最困难的时候，政府和银行伸出了援助之手，帮助同学们完成学业。同学们应该恪守诚信，在毕业后履行还款义务，以实际行动支持国家助学贷款政策，同时也为个人积累信用财富。"诚信"是人生路上最宝贵的基石，是职业生涯里最耀眼的名片。为了不让自己的个人信用记录留下抹不去的污点，请同学们切记履行贷款合同约定的还款义务，按时足额还款。

问：助学贷款违约后的后果是什么？

答：1. 失约惩戒

未按贷款合同约定按时归还贷款本金的，根据实际逾期金额和逾期天数计收罚息，罚息利率为正常借款利率的130%。

2. 失信惩戒

按照国家相关规定，国家开发银行将对多次逾期、恶意拖欠贷款的借款学生采取以下措施：

（1）将违约学生及共同借款人信息载入中央人民银行个人征信系统。一旦不良信用记录被载入个人征信系统，将直接限制违约学生及共同借款人的个人信用卡、购房、购车贷款等几乎所有与金融机构有关的金融产品的申请和使用。

（2）将违约学生信息载入毕业生学历查询系统，并向违约学生及共同借款人就业单位通报违约情况。这将对违约学生的就业，参加各种社会招聘考试等活动产生较大影响。

（3）违约情节严重的贷款人还将承担相关法律责任。

第三节 诚信做人做事 保持优良记录

一、大学生诚信缺失的主要表现

（一）学习活动中的诚信缺失

现在很多高校管理体制改革后，各种工作普遍采用了量化的考核方法，如学习成绩、奖学金、评优选先、推优入党、就业推荐等。因此，有的学生在各种利益面前，意志不坚定，做作业抄袭、考试作弊、评优拉关系、就业弄假材料。

> **[案例]** 2017 年 5 月 27 日，黑龙江某大学四年级学生李某，在考试过程中，携带一些与考试相关的资料被监考教师发现，监考教师认为其携带资料是考试作弊行为，将他带到考务办公室，当即对他作出处理。事后李某不服，到教室找监考教师，要求拿回试卷，撤销作弊处罚。在遭到拒绝后，李某动手打了监考教师。大庆市公安局开发区分局于 2017 年 6 月 4 日作出行政处罚决定书，决定对李某拘留三日。黑龙江某大学于 2017 年 6 月 14 日，作出处分决定，决定给予李某同学开除学籍处分。李某不服处分决定提出申诉，校方于 7 月 10 日召开了学生申诉处理委员会会议，15 人参加投票表决，13 人认为处分决定正确，作出维持决定。李某又向黑龙江省教育厅提出申诉，省教育厅于 2017 年 9 月 17 日维持了处分决定。李某不服，向大庆高新技术产业开发区人民法院提起诉讼，最终法院判决维持校方决定。

（二）经济生活中的诚信缺失

在缴纳学费、获取助学金、发放困难补助等方面，为了获得相应经费，有的学生没有诚信，恶意欺骗。例如，家庭经济并不困难，自己把家长给予的学费挥霍掉了，以家庭经济困难学生的身份不交学费，或恶意拖欠学费；弄虚作假，出具虚假家庭经济困难证明，骗取国家助学金和学校的困难补助等；在贷款后，不按时还贷，造成还款违约。

> **[案例]** 浙江宁波高校的 19 名大学毕业生，因未按时偿还助学贷款被银行告上了法院，9 名毕业生在接到法院发出的应诉通知后，立即还清了贷款，银行随后撤销了对 9 人的起诉，另有 6 人缺席判决，4 人联系不上。在被告缺席的情况下，宁波江北法院开庭审理了部分案件，并作出了一审判决，判令汪某等 6 名被告人于判决生效后 10 天内偿还助学贷款的本金和利息。对于 4 人联系不上的被告，法院后通过公告的形式送达起诉状副本，公告期满后，再依法开庭审理。

（三）交往活动中的诚信缺失

为了提升自己在学生当中的地位，获取评优选先的机会、学生干部的职务、入党等，一些大学生在和同学、教师交往的过程中不同程度地存在着诚信缺失的现象。例如，对同学不真诚，对教师不尊重，入党动机不纯，虚荣心强，隐瞒欺骗，等等。

（四）求职过程中的诚信缺失

有些大学生为了能轻松地打动用人单位，尽快找到工作，编造任职履历、实践经验、获奖情况、专业成果等。在实习岗位中不遵守合同约定，未到试用期就不辞而别，给用人单位、给学校、给社会都带来极坏影响，造成越来越多的企业不再愿意为应届毕业生提供实习和就业的岗位。

二、大学生培养诚信品质的重要性

在社会快速发展的当下，诚信作为中华民族的传统美德，始终是个人立足社会的根本准则。对于正处于人生关键发展阶段的大学生而言，培养诚信品质不仅是个人道德修养的内在要求，更是关乎学术进步、社会和谐与民族未来的重要基石。

从个人发展层面来看，诚信是大学生塑造良好品格、建立优质人际关系的核心要素。大学生活是个人从校园迈向社会的过渡阶段，在此期间建立的社交网络和个人口碑，将成为未来职业发展和社会生活的重要资源。一个秉持诚信的大学生，在与同学、老师的交往中，更容易赢得他人的信任与尊重，从而构建起深厚且稳固的人际关系。此外，诚信品质有助于大学生形成自律意识，在面对诱惑时坚守道德底线，做出正确的人生选择。这种良好的品格和自律能力，将成为他们未来在工作岗位上获得认可、实现职业理想的重要保障。

在学术领域，诚信是学术研究的生命线，对于大学生的学业发展至关重要。大学是知识创新和学术传承的重要场所，学术诚信要求学生在学习和研究过程中杜绝抄袭、作弊等不端行为，以严谨的态度对待每一项作业、实验和论文。只有遵守学术诚信，大学生才能真正掌握专业知识，锻炼创新思维和科研能力，为未来的学术深造或职业发展奠定坚实基础。反之，一旦学术不诚信行为被发现，不仅会受到学校的严厉处分，还会损害个人声誉，对未来的升学和就业造成难以挽回的负面影响。

从社会层面来讲，大学生培养诚信品质是构建诚信社会的关键一环。大学生作为社会中文化水平较高、思想较为活跃的群体，他们的行为和价值观对社会风气有着重要的引领作用。当大学生普遍具备诚信品质时，这种正能量将通过他们的言行传播到社会的各个角落，带动身边的人共同践行诚信准则，从而推动整个社会诚信体系的建设。此外，在市场经济环境下，诚信是企业发展和社会稳定的重要保障。大学生作为未来的职场主力军，他们的诚信意识直接影响着市场经济的健康运行和社会的和谐稳定。一个诚信缺失的社会，将会导致商业欺诈盛行、社会信任危机加剧，严重阻碍经济社会的发展。

从民族复兴的长远角度出发，大学生的诚信品质关系到国家和民族的未来。青年一代有理想、有担当，国家就有前途，民族就有希望。诚信作为社会主义核心价值观的重要内容，是培养担当民族复兴大任时代新人的重要着力点。培养大学生的诚信品质，有助于增强他们的社会责任感和使命感,使他们在未来能够以诚信为准则,积极投身于国家建设和社会发展,为实现中华民族伟大复兴的中国梦贡献力量。

可见,大学生培养诚信品质具有不可忽视的重要性。无论是从个人的成长成才、学术的健康发展,还是从社会的和谐稳定、民族的伟大复兴来看,诚信品质都是大学生不可或缺的品质。因此,高校应加强诚信教育,营造诚信校园氛围,引导大学生自觉践行诚信准则,让诚信品质在大学生心中生根发芽,成为他们一生的宝贵财富。

三、培养大学生诚信品质的途径和方法

(一)强化学校诚信教育体系建设

学校作为大学生教育的主阵地,应构建全方位、多层次的诚信教育体系。将诚信教育纳入课程体系,开设专门的德育课程,系统讲解诚信的内涵、价值及在社会生活中的重要意义。在课程设计上,可采用案例教学法,选取现实生活中因诚信而成功或因失信而失败的典型案例,组织学生展开讨论与分析,让学生在思考中深刻理解诚信的力量。例如,引入"信义兄弟"孙水林、孙东林接力还薪的故事,以及学术造假导致学者身败名裂的反面案例,引导学生明辨是非,树立正确的诚信观。除了传统的课堂讲授,还可开展丰富多彩的校园文化活动,如举办诚信主题的演讲比赛、征文活动、辩论赛等,鼓励学生积极参与,在活动中深化对诚信的认知。同时,利用新媒体平台,制作生动有趣的诚信主题短视频、动漫等,通过微信公众号、校园官方微博等渠道进行传播,增强诚信教育的吸引力和感染力。此外,邀请社会道德模范、诚信企业家走进校园,与学生面对面交流,分享他们的诚信故事和人生感悟,发挥榜样的示范引领作用。此外,教师是学生成长道路上的引路人,其言行举止对学生具有潜移默化的影响。高校应加强教师的师德师风建设,引导教师以身作则,在教学、科研和日常管理中恪守诚信原则,为学生树立良好的榜样。同时,对教师进行诚信教育相关的培训,提升教师开展诚信教育的能力和水平,使教师能够将诚信教育有机融入专业课程教学中,实现知识传授与品德培养的有机统一。

(二)完善学校诚信制度建设

健全的制度是培养大学生诚信品质的重要保障。高校应建立完善的诚信管理制度,对学生的学习、生活等各方面行为进行规范。在学术诚信方面,制定严格的学术规范和考核制度,明确抄袭、作弊等学术不端行为的界定标准和惩处措施,对违反学术诚信的学生予以严肃处理,维护学术的严肃性和公正性。同时,建立学术诚信档案,详细记录学生的学术表现,将其作为学生评优评先、保研升学的重要参考依据。在学生日常行为管理方面,建立诚信评价体系。从考试纪律、作业完成情况、助学贷款还款、社团活动参与等多个维度对学生的诚信行为进行综合评价,定期公布评价结果。对诚信表现优秀的学生给予表彰和奖励,如颁发诚信奖学金、授予诚信标兵称号等;对存在失信行为的学生进行批评教育,并督促其改正。通过这种奖惩分明的制度,引导学生自觉遵守诚信准则。

此外,高校还应加强与社会信用体系的对接,将学生的诚信记录纳入社会信用评价范

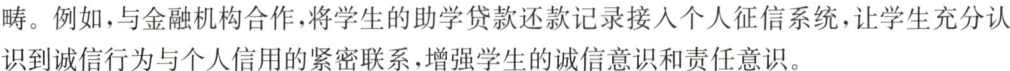

畴。例如,与金融机构合作,将学生的助学贷款还款记录接入个人征信系统,让学生充分认识到诚信行为与个人信用的紧密联系,增强学生的诚信意识和责任意识。

(三) 发挥家庭与社会的协同作用

家庭是孩子成长的第一课堂,父母是孩子的第一任老师。家长应注重自身的言传身教,在日常生活中以身作则,践行诚信原则,为孩子树立良好的榜样。例如,答应孩子的事情一定要做到,与他人交往时诚实守信,不欺骗、不撒谎。同时,加强与孩子的沟通交流,关注孩子的思想动态和行为表现,及时发现并纠正孩子的不诚信行为。通过家庭氛围的熏陶和家长的正确引导,帮助孩子从小养成诚信的良好习惯,为大学生诚信品质的培养奠定坚实基础。

社会各界也应积极营造诚信的社会氛围,为大学生提供良好的成长环境。政府部门应加强诚信建设,完善法律法规,加大对失信行为的惩处力度,维护市场秩序和社会公平正义。媒体应发挥舆论引导作用,通过新闻报道、专题节目等形式,宣传诚信典型、曝光失信行为,弘扬诚信文化,在全社会形成"守信光荣、失信可耻"的良好风尚。企业作为市场经济的主体,应树立诚信经营理念,加强企业信用建设,为大学生提供诚信的实习和就业环境,让大学生在实践中感受诚信的价值和意义。

(四) 促进大学生自我修养与实践

大学生自身是诚信品质培养的主体,只有通过自我修养和实践,才能真正将诚信内化为自身的品质。首先,大学生应加强自我学习,主动学习诚信相关的理论知识和道德规范,深入理解诚信的内涵和价值,提高自身的道德认知水平。同时,注重自我反思,定期审视自己的行为是否符合诚信要求,及时发现并改正自身存在的问题。例如,在完成作业或撰写论文时,自觉抵制抄袭行为,独立思考、自主完成;在考试过程中,严格遵守考试纪律,不作弊、不抄袭。其次,积极参与社会实践活动,在实践中践行诚信品质。大学生可以参加志愿者服务、社会调研、实习实训等活动,在与他人合作和交往的过程中,坚守诚信原则,做到言行一致、信守承诺。例如,在志愿者服务中,按时到岗、认真履行服务职责;在实习实训中,遵守企业规章制度,保守企业商业秘密,以诚信的态度对待工作任务。通过社会实践,大学生能够将诚信理念转化为实际行动,在实践中不断提升自己的诚信素养。最后,大学生还应培养自律意识和责任意识。在面对各种诱惑和挑战时,能够自觉约束自己的行为,坚守诚信底线。同时,认识到自己作为社会公民的责任和义务,积极传播诚信理念,带动身边的人共同践行诚信准则,为构建诚信社会贡献自己的力量。

第四节　参与公益服务　感恩回馈社会

一、参与公益活动服务他人

受恩于此,奉献于彼;受恩于他人,施恩于他人。作为当代大学生,肩负着弘扬优秀传统文化的重任,我们又怎能不参与义务活动,服务他人呢? 作为接受过社会帮助、国家扶持、学校关心、老师关照、同学关注的受助同学，又怎能不参加义务工作，服务他人呢？

学校的义务劳动分为两种，一种是为广大在校生提供的锻炼自我、培养感恩意识、服务他人的义务劳动；另一种是针对受助学生提供的感恩社会、回馈学校、服务身边人的义务劳动。

针对广大在校生的义务劳动以雷锋活动月义务劳动、暑期"三下乡"义务支教、社团活动月义务维修、志愿者义务服务、班团党组织的各类义务劳动等为载体，为广大学生提供义务劳动的机会和平台，从而服务他人。

针对受助学生的义务劳动，则是为进一步强化获奖受助学生的感恩意识和社会责任感，引导学生在接受国家、学校和社会关爱的同时积极回报社会、关心他人，充分调动学生参加义务劳动的积极性，实现"资助"与"育人"的有机结合，而特别安排的劳动机会，受助学生可根据学校的统一安排参与义务劳动，服务他人。

两种义务劳动的有机结合，能让学生学会如何做人、如何服务社会，让学生懂得优越的生活环境来之不易，幸福快乐的生活源于安定和谐的社会环境，每个人都要心存感激，贡献自己的一份力量，整个世界就变得更加温暖。

二、胸怀感恩之心回馈社会

感恩是一种生活态度，更是一种美德。感恩应该是社会上每个人应该有的基本道德准则，是做人的起码修养，也是人之常情。对大学生来说，感恩绝不是简单回报父母的养育之恩、也不是简单回报学校的培育之情，也不是简单回报教师的教诲之恩，它是一种责任意识、自立意识、自尊意识和健全人格的体现。

人生道路，曲折坎坷，不知有多少艰难险阻，甚至遭遇挫折和失败。在危困时刻，有人向你伸出温暖的双手，解除生活的困顿；有人为你指点迷津，让你明确前进的方向；甚至有人用肩膀、身躯把你擎起来，让你攀上人生的高峰……

如果你最终战胜了苦难，扬帆远航，驶向光明幸福的彼岸。那么，你能不心存感激吗？你能不思回报吗？感恩的关键在于回报意识。回报，就是对哺育、培养、教导、指引、帮助、支持乃至救护自己的人心存感激，并通过自己十倍、百倍的付出，用实际行动予以报答。

[案例]　"中国大学生自强之星"郭强，因为志愿服务，这个曾经受政府和社会各界资助的学生，拥有了公益活动发起人、志愿服务领头人、爱心项目联络人、支教老师等新身份。郭强出生在贵州省松桃苗族自治县一个贫困农村家庭，小时候为给母亲治疗乳腺癌家中积蓄耗尽，家庭被纳入精准扶贫户。随后，他与家人开始接受来自社会各界的关心与帮助。他知道，要改变现状，只有努力读书一条出路。此后，这个苗家汉子发愤读书，成功考上四川大学。"从农村一步步走来，我深知志愿服务与成长平台的重要性。"大学里，郭强志愿服务的脚步从未停歇，他还在泸州合江县与几十名留守儿童一起面对生活的不易，在甘孜九龙朵洛彝族乡中心小学用半个月的时间和200余名孩子一起生活，联系川大给学校装了热水器，给每个孩子发放保温杯、棉衣等保暖物品。郭强说，这些只是一个开始，从抛弃自卑与懦弱两座大山，找到自信与成就感，到坚定挥洒青春汗水奉献西部的信念，他和他的梦正奔跑在路上，因为我知道，青春，正成长！

人物案例

杨宁,出生于 1985 年,中共党员,全国青联常委。大学毕业后,杨宁毅然放弃南宁一家公司的优厚待遇,选择回到江门苗寨工作。江门村,地处广西第三高峰元宝山山麓,山路崎岖,交通不便,是一个典型的特困之地,看到这里如此贫穷落后,杨宁心里感到深深的刺痛,任职的第一天,她就下乡去了解村里情况,决心要为乡亲们找到一条脱贫致富的路。但由于该村地处位置偏远,交通也非常落后,村里的劳动力很少,这一系列问题都使得脱贫这条路充满了挑战。

面对困难,杨宁没有退缩,她四处奔波,尝试了各种方法。起初,她想依托当地丰富的竹子资源发展产业,但竹子生长周期长,这条路走不通。接着,她又发现苗寨人喜辣,于是尝试种辣椒,但辣椒苗却长斑腐烂,

杨 宁

投资再次失败。但杨宁没有放弃,她又一次发现了野生葛根,召集村民一起尝试种植,由于生长的葛根又细又长,产量无法保证,最终还是失败了。失败并没有让杨宁气馁,反而让她更加坚定了信念,在一次偶然的下村入户走访中,她发现了一种紫黑香糯的糯米,价格比普通糯米高,这让她看到了一个新的种植机会,她再次发动村民用"鸭—鱼—稻"方式种植紫黑香糯。但这次,村民们犹豫了,经历过之前的失败,大家信心不足。为了让村民们有"定心丸",杨宁承诺自己免费提供稻米、鱼、鸭,让村民负责养,她保价回收。她的真诚和实际行动最终赢得了村民的信任与支持,紫黑香糯迎来了大丰收,村民们看到了希望,也进一步坚定了杨宁带领大家脱贫致富的决心。

此后,杨宁继续带领村民发展高山泉水西瓜、高山水稻等特色产业,并创办了"苗阿嫂"品牌,通过打造品牌销售农产品。她还联手融水苗族自治县的 6 个大学生干部成立电商服务中心,帮助村民销售特色农产品。江门村逐渐挖掘培育出了竹子加工、紫黑香糯、高山泉水西瓜等特色产业体系,阔步走在产业振兴的大道上。

专题七　职业规划　人生启航

职业生涯是指一个人终其一生所扮演的职业角色的整个过程，由时间、范围和深度构成。时间指的是人的一生的不同阶段；范围指的是一生扮演的不同角色；深度指的是一种角色投入的程度。职业生涯规划要求根据自身的兴趣、特点，将自己定位在一个最能发挥自己长处的位置，可以最大限度地实现自我价值。职业生涯规划实质上是追求最佳职业生涯的过程。

学习目标

了解什么是大学生职业生涯规划,掌握如何确立有效目标,科学管理时间、压力与情绪,并通过计划实现目标,了解就业政策法规,掌握求职技能,树立正确的择业就业观。

名人名言

盛年不重来,一日难再晨。及时当勉励,岁月不待人。

——陶渊明

谁肯认真地工作,谁就能作出许多成绩,就能超群出众。

——恩格斯

第一节　明确目标　规划未来

我们要想在未来职业生涯中获得成功,首先应该确定一个切合实际的职业定位和职业目标,并且把目标进行分解,然后制订出合理的职业发展方案,并且付诸行动,经过不断努力和调整,直到最后实现自己的职业发展目标,获得人生的最大成功。

一、大学生职业生涯规划

职业是参与社会分工,利用专门的知识和技能,为社会创造物质财富和精神财富,获取合理报酬,作为物质生活来源,并满足精神需求的工作。

职业生涯就是个人在人生中所经历的一系列职位和角色,它们和个人的职业发展过程相联系,是个人接受培训教育以及职业发展所形成的结果。

在职业心理学领域里,"职业生涯"这一概念有两种经典性定义。萨珀认为,人的一生所经历的职业及非职业活动都应视为职业生涯的内容,职业生涯除了职业角色,还包括各种生活角色;霍尔主张,职业生涯只包括一个人一生中与其职业相关的活动与经验。前一种是广义的定义,在时间范围上与生涯的概念等同;后一种是狭义的定义,认为职业生涯仅从任职前的职业学习和培训开始至退休结束。但无论哪种定义,都淡化了职业作为谋生手段的作用,没有兼顾职业对于个人生命的意义。我们认为,职业是实现个人价值、追求理想生活的重要途径。

在一个人有限的生命中,职业生涯往往占有绝对重要的位置。从走上就业岗位前的学习和教育,到离职退休,职业生涯活动伴随着绝大部分人的大半生时间,也左右着个人的生活质量和生命价值。因此,拥有成功的职业生涯,才可能实现完美的人生。

职业生涯规划包括选什么职业,在什么组织和地方从事这个职业,在这个职业队伍中担任什么角色,在个人一生的发展阶段的职业变更以及为实现职业发展目标接受的各种教育和培训。

职业生涯规划分为组织职业生涯规划和个人职业生涯规划。

（1）组织职业生涯规划：是指由组织(企业)的人力资源部门根据组织发展需要而采取的一种现代管理工具，用于了解员工、激励员工从而发掘、留用优秀人才，其根本目的是组织(企业)的发展。

（2）个人职业生涯规划：是指由个人根据自身情况以及环境因素，为自己确立职业目标，选择职业道路，确定发展计划，并为自己实现职业生涯目标而制订行动方向、行动时间和行动方案。

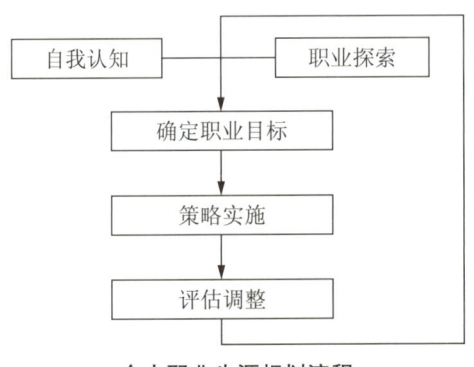

个人职业生涯规划流程

简单地说，合理的职业生涯规划要求我们结合自身理想和现实选择适合自身的目标，并且为达到这个目标选择合适道路。

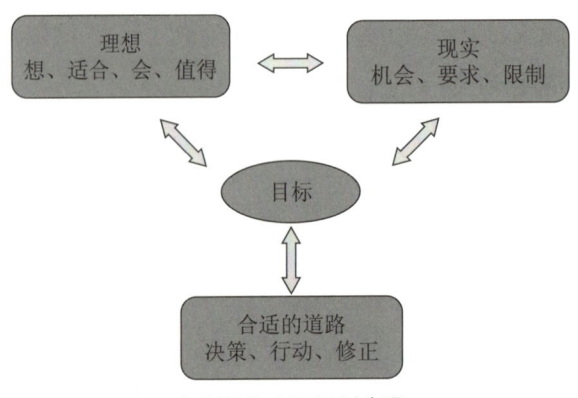

个人职业生涯规划步骤

有专家将此高度概括为职业生涯中的"四定"——定向、定点、定位和定心。

（1）定向，就是确定自己的职业方向。方向与目标有所不同，目标是自己拟定的期望达到的一个理想，而方向是为达成目标而选择的一种路径。如果方向错误，则会偏离目标，即使修正也需要花费更多的时间和精力。对大学生来说，职业定向需要冷静的头脑和十足的勇气，根据自己的兴趣、理想、专业去选择自己未来的职业方向。

（2）定点，就是确定职业发展的地点。地点也是现实环境的一个因素。就中国来说，各地的经济发展现状和前景都有不同，甚至差异很大。例如，中心城市和边远山区、沿海一带和西部地区差异就很大。近几年的调查研究显示，绝大多数毕业生就业地点只选经济发达地区,但这些地区竞争激烈、人满为患,外地生源还要面临环境、观念、语言、文化等差异带来的困难,而且发展与晋升的空间与机会并不见得比去发展中地区更好。这也是大学生就业时要慎重考虑的。

（3）定位,就是确定自己在职业人群中的位置。定位过低会导致个人在职业生涯中无法实现自我价值的最大化,过高则容易因连遭挫折而对职业生涯丧失信心。大学生往往因为定位的不准确,出现"高不成低不就"的现象,毕业几年仍漂泊不定。因此,大学生尤其是高职院校的学生,需要准确地标定自己的位置,既不能自卑也不要自傲,应根据自己的实际水平,在择业时对职位、薪资、工作内容等做好判断。

（4）定心,就是稳定自己的心态。人的一生就像山脉一般高低起伏,成功与挫折总是结伴而行的。个人的职业生涯也不例外,在实现职业理想与目标的过程中,难免也会有磕磕碰碰和意想不到的困难。对大学生来说,要保持一种平常心态,敢于直视就业过程中的困难和问题,不以物喜,不以己悲,始终坚定地按照自己的计划去实现既定的目标和理想。

二、确立有效的目标

[案例]　话说白龙马从西天取经归来,荣归故里,前去看望小时候的玩伴——一头驴子。驴子见到白龙马功成名就,已经成就了正果,不由得向白龙马倾诉起自己的困惑来:"你去西天走了多年,我在这里拉磨也走了多年;你走了十万里路,我这些年拉磨差不多也走了这么多路。付出的劳动和努力差不多,为什么你成了正果,我却一无所获呢?"

【点评】　唯有方向正确,努力才有效果。

（一）确立目标的 SMART 原则

运用 SMART 原则帮助确立有效的目标。SMART,是英文单词 specific、measurable、attainable、relevant、time-bound 的缩写,表明目标必须具体的、可衡量的、可实现的、有相关性的、有时间期限的。

1. 目标必须是具体的(specific)

所谓具体就是要用具体的语言清楚地说明要达成的行为标准,明确而具体的目标几乎是所有成功者的一致特点,有些人过得很失败,重要原因之一就是目标定得模棱两可。例如,某同学的目标为"找到好工作",这种对目标的描述就是很不明确的,因为"工作"本身就包括了很多方面,如工作内容、工作环境、薪酬、福利等,那么"好工作"究竟指的是哪方面就不明确了,可以是薪酬高,也可以是福利好,或者是两者兼而有之。

2. 目标必须是可衡量的(measurable)

衡量性就是指目标应该是明确的,而不是模糊的。应该有一组明确的参照标准,作为衡量是否达成目标的依据。如果制定的目标没有办法衡量,就无法判断这个目标是否可以实现。例如,"取得好成绩"目标,这种"好成绩"就缺少一个衡量的标准,到底达到什么样的水平才叫做"好成绩"。改进一下,这个目标可以这样设置,能够取得专业平均成绩达到 80 分,这样在学期末的时候我们就能够评估是否实现了既定的目标。

3. 目标必须是可实现的(attainable)

制定类似于"在月考之前的两个星期里,努力让自己从年级 300 名上升到年级前 10 名"这样的目标,很显然难以实现,也就丧失了它的价值,相反还有可能给自己带来一些负面情绪;同样,太容易实现的目标,也是毫无意义的。因此,在制定目标时,要求我们充分了解自己的能力,既不能过分自卑、妄自菲薄,也不能过度自满、骄傲自大。

4. 目标必须和其他目标是有相关性的(relevant)

我们制定目标要有延续性,分阶段制定的目标要符合整体目标的要求,要花一个月的时间造一栋楼,那每个星期的目标就应该是建地基,盖第一层、第二层……这样一步一步地来。不要突然去做和最终结果没什么关系的事情。

5. 目标必须是有时间期限的(time-based)

目标特性的时限性就是指目标是有时间期限的。例如,我将在 2026 年 12 月 30 日之前完成某事。2026 年 12 月 30 日就是一个确定的时间限制。没有时间限制的目标没有办法进行考核。因此,我们需要根据工作任务的权重、事情的轻重缓急,拟定出完成目标项目的时间要求,定期检查项目的完成进度,及时掌握项目进展的变化情况,以方便我们根据实际情况对计划进行调整。

(二) 大学生如何确立职业生涯目标

许多职业生涯规划专家认为,从职业生涯规划模式来看,职业生涯目标的决策来自三个方面的依据:"自我""环境"和"教育与职业"。职业生涯规划的过程,就是通过价值观、个人兴趣、个人风格的自我评估、结合对来自家庭和环境等社会背景的助力或阻力的分析,再根据在教育、职业的实践、考察中树立起来的榜样,逐渐发展对自己职业生涯的认同,最终建立起自己的职业生涯目标。

探索自我是生涯规划的基础。只有认识自己,才能明白自己真正的需要,明确自己的人生方向;只有了解自己,才能对自己的职业生涯目标作出最佳选择,确定适合自己发展的职业生涯路线。职业资料的收集和评估是整个生涯目标决定过程中不可或缺的部分,对大学生来说异常重要。有的大学生可能因把握不住资料收集的重点和方向、缺乏整理分析资料的能力、不了解职业资料的用途而忽略了收集。大学生可通过学校就业指导中心、媒体信息、职场的实地考察、与师兄师姐交流访谈,通过动态与静态、主观与客观的不同维度来收集资料。

可见,确立职业生涯目标,是大学生成长发展的关键一环,对个人、社会都有着深远意义。我将从职业规划、个人成长、社会价值等方面,阐述确立职业生涯目标的重要性。大学生确立职业生涯目标时,须综合多方面因素审慎考量。首先要深入了解自己,通过职业测评、自我反思等方式,清晰认识个人兴趣、性格特质、能力优势与价值观。比如,性格外向且善于沟通的学生,从事销售、公关等与人打交道的工作或许更易发挥优势;而性格沉稳、逻辑思维强的学生,在科研、数据分析领域更有发展潜力。其次,不能闭门造车,应主动开展职业探索,借助实习、行业调研、与职场人士交流等途径,全面了解不同职业的工作内容、发展前景、行业趋势以及所需技能。像新兴的人工智能、新能源行业,虽发展迅猛,但对专业知识和技术能力要求极高。再次,要结合社会需求与市场变化,避免盲目跟风热门职业,充分考虑职业的可持续性与稳定性。比如前几年热门的教培行业,受政策影响发生巨大变革,许多从业者面临职业转型。最后,确立目标后,还须将长远目标拆解为阶段性小目标,制订具体实施计划,定期复盘并根据实际情况动态调整。此外,最重要的是,要坚守自己的价值取向,不被短期利益或他人意见左右,确保职业生涯目标既契合外部环境,又能实现个人价值与职业成就感。

三、制订计划

目标、计划与成功的关系,就像是阳光、水、空气对于我们的生命一样。失去了阳光、空气和水,我们的生活将无法继续;同样,如果没有计划,成功将会变得毫无希望。

(一) 计划的含义

计划是为了实现目标而安排的各项活动。计划用一个字来说就是"谋",谋你所追求的目标、实现目标的途径等。谋定而后动,深谋远虑,多谋善断,"运筹于帷幄之中,决胜于千里之外"等,都是在讲计划。

"凡事预则立,不预则废"。做任何事情要取得成功,都必须进行周密的计划。没有计划,仓促行事,就会导致失败。计划活动是连接可能与现实、今天与明天、现在与未来的桥梁。通过计划活动,那些本来不一定能够实现的事情变得有可能实现,有可能变糟的事情得以向好的方向转化。

计划的基本内容可以用"5W1H"模型进行表述,即计划必须清楚地确定和描述下列内容:

what——做什么?(目标与内容)

why——为什么做?(原因)

who——谁去做?(人员)

where——何地做?(地点)

when——何时做?(时间)

how——怎样做?(方式、手段)

(二) 如何制订计划

1. 明确你的目标

在制订计划之前,你首先要清楚地知道自己希望实现的目标是什么。最好能够明确地定义你的目标,这个定义要包括时间标准、最终目的、实现效果等要素。例如,在一个月之内完成客户的第一阶段需求,并得到客户的好评;或在两周之内看完一本书,并且写出一篇高质量的读后感。要记住,如果你的目标不明确的话,那么什么样的计划都没有作用,因为你根本不知道自己想要什么。

[案例] 甘地夫人曾经说:"我这个人眼高手低。一个人要做一件事,不管这事多么小也要斗争。可我是一个懒人,所以我就把事情分为三类:最重要的、次要的和不重要的。我只为头一类事而奋斗。如果我身体好,有潜力,就去张罗第二类事。"

【点评】 明确的目标,是成功的基础。

2. 了解现实和目标之间的距离

制订计划的目的是实现目标。那么我们现在离目标有多远,这是制订计划时必须明确的问题。例如,某同学的目标是大学期间能够拿到二等奖学金。那么他必须知道自己的各门功课离二等奖学金有多远。只有明确了这一点,才能够有的放矢地制订相应的计划。也只有这样,制订出来的计划才有针对性和现实性。

3. 寻找可行性方案

制订计划能不能帮助我们实现目标,关键还要看执行。一个好的计划,如果得不到执行,那么结果同样不如人意。因此,在制订计划时,必须要注意可行性和可操作性。可行性方案可以是多个,"条条大路通罗马""殊途同归"等都描述了实现某一目标的途径是多条的,拟定的可行性计划应尽可能地多,可供选择的行动计划数量越多,对选中的计划相对满意程度就越高,行动就越有效。

4. 制订预备方案

执行任何计划都有可能出现意外的情况,那么在制订计划的时候我们就应该考虑这些意外情况,并且根据这些意外情况制订预备方案。同样,预备方案和计划一样,必须具备可行性。

5. 根据分级目标制订计划

一个大的目标就像一个大蛋糕,不可能一口吃下去,必须一块一块地吃。因此在制订计划的时候,也应该对目标进行分级,然后根据这些分级目标制订各自不同的计划和预备方案。必须注意,在工作中,其目标必须具体明确,而对于人生的目标来说,难以精确地制订,因为人生总目标是人生大事,需要数十年的时间来实现,甚至要为此奋斗终身。这样的大目标很难精确细致,尤其是对于涉世不深、阅历不足的青年人来说更是如此。所以,人生的大目标只要有个大致方向就可以了,而为此制订的中短期目标就很重要了。中短期目标是自己的行动指南,如果低于自己的水平和能力,就不具有激励的效果,但倘若远远超出自己的能力,则会引起挫折感。因此,制订中短期目标,要根据自己的实际状况,做到稍微高出能力,又基本切实可行。

(三)制订计划对职业生涯发展的重要意义

在当今竞争激烈的就业市场中,大学生面临着前所未有的挑战与机遇。职业生涯发展是一个动态且复杂的过程,它关乎个人未来的职业走向、生活质量以及自我价值的实现。而制订计划,如同为大学生的职业生涯点亮一盏明灯,在其发展过程中具有不可替代的重要意义。从明确职业目标、合理规划时间,到提升综合竞争力、增强应对风险的能力,计划的作用贯穿大学生职业生涯发展的各个阶段。

1. 明确职业目标,避免职业迷茫

大学生正处于探索自我与职业世界的关键时期,许多人对未来的职业发展感到迷茫。缺乏清晰的职业目标,会使大学生在学习和生活中失去方向,导致时间和精力的浪费。而制订计划能够帮助大学生通过自我评估和职业探索,明确自己的职业目标。

在自我评估方面,大学生可以通过多种方式了解自己的兴趣、能力、性格和价值观。例

如,借助霍兰德职业兴趣测试、MBTI 性格测试等专业工具,能够清晰地认识到自己的兴趣类型和性格特点。若通过测试发现自己具有较强的社会型人格特质,喜欢与人交往、帮助他人,那么教师、社会工作者等职业可能会是不错的选择。同时,通过对自身能力的分析,包括专业知识掌握程度、实践操作能力、沟通表达能力等,明确自己的优势和不足。

在职业探索环节,大学生可以通过参加职业讲座、企业参观、实习等活动,深入了解不同职业的工作内容、发展前景、所需技能等。比如,参加互联网企业的开放日活动,能直观感受互联网行业的工作氛围和节奏;进行暑期实习,能亲身体验目标职业的实际工作,从而判断该职业是否真正适合自己。通过系统的自我评估和广泛的职业探索,大学生能够制定出符合自身特点的职业目标,让职业生涯发展有了明确的方向。

2. 合理规划时间,提高学习效率

大学时光宝贵而短暂,课程学习、社团活动、实习实践等众多事务需要大学生合理安排时间。如果缺乏计划,很容易陷入忙碌却低效的状态。制订计划能够帮助大学生将学习任务、实践活动等进行科学合理的安排,充分利用时间,提高学习效率。

首先,在课程学习方面,大学生可以根据课程表和教学大纲,制订详细的学习计划。将一门课程的学习内容分解到每周甚至每天,明确每个阶段的学习任务和目标。例如,对于一门学期为 16 周的专业课程,在计划中可以安排前 8 周完成基础知识的学习,中间 4 周进行案例分析和小组讨论,最后 4 周进行复习和考试准备。同时,合理分配每天的学习时间,保证对重点、难点知识有足够的学习和理解。

其次,在实践活动方面,大学生可以结合自己的职业目标,有计划地参与社团活动、实习和志愿服务等。如果目标是进入金融行业,那么可以在大一时加入金融相关的社团,学习金融知识、培养团队协作能力;大二时争取到银行、证券公司等金融机构实习,积累实践经验;大三时根据实习反馈和自身情况,有针对性地准备求职。通过这样的时间规划,大学生能够在不同阶段完成相应的任务,逐步提升自己的能力,为未来的职业发展奠定坚实基础。

最后,制订计划还能帮助大学生避免拖延。将大目标分解为一个个小目标,每完成一个小目标都能带来成就感,激励自己继续前进。例如,撰写毕业论文是一项庞大的任务,若将其分解为选题、资料收集、大纲撰写、初稿完成、修改完善等多个小任务,并设定具体的完成时间,就能有效避免拖延,确保论文按时高质量完成。

3. 提升综合竞争力,增强就业优势

在就业市场中,用人单位越来越注重应聘者的综合能力。制订计划有助于大学生有针对性地提升自己的专业技能、实践能力、沟通能力等综合素质,从而在求职过程中脱颖而出。

在专业技能提升方面,大学生可以根据职业目标和行业需求,制订详细的学习计划。例如,想要从事人工智能领域的工作,除了学好学校开设的计算机基础、数据结构等课程外,还需要自学 Python 编程、机器学习、深度学习等专业知识,并通过参加线上课程、阅读专业书籍、参与项目实践等方式深入学习。通过有计划地学习和实践,不断提升自己在专业领域的知识和技能水平。

实践能力的培养同样离不开计划。大学生可以提前规划实习时间和目标,选择与职业

方向相关的企业和岗位进行实习。在实习过程中,明确自己要学习和掌握的技能和经验,如在互联网公司实习时,学习产品运营的流程和方法、掌握数据分析工具的使用等。同时,积极参与学校组织的各类实践活动,如创新创业大赛、学科竞赛等,锻炼自己的实际操作能力和解决问题的能力。

沟通能力、团队协作能力等软技能也是提升综合竞争力的重要方面。大学生可以通过参加社团活动、小组作业等方式,有计划地锻炼这些能力。在社团活动中,担任组织策划者的角色,学会与不同性格的人沟通协作;在小组作业中,积极发表自己的观点,倾听他人意见,提高团队协作效率。通过系统的计划和实践,大学生能够全面提升自己的综合竞争力,增加在就业市场上的优势。

4. 增强应对风险能力,实现平稳过渡

职业生涯发展过程中充满了不确定性,如行业变化、就业形势波动等。制订计划能够帮助大学生提前预测可能面临的风险和挑战,并制订相应的应对策略,增强应对风险的能力,实现从校园到职场的平稳过渡。

大学生可以通过对行业发展趋势的研究和分析,预测未来可能出现的变化和风险。例如,随着人工智能技术的快速发展,一些重复性、规律性强的工作岗位可能会被自动化设备和软件取代。如果大学生的职业目标涉及相关领域,就需要在计划中提前考虑应对措施,如学习人工智能相关知识,提升自己的不可替代性;或者调整职业方向,向与人工智能结合的新兴领域发展。

在就业过程中,也可能会遇到求职不顺利的情况。有计划的大学生会提前准备多套求职方案,如同时投递不同类型企业的岗位、参加不同地区的招聘会等。并且,在求职过程中不断总结经验,根据面试反馈调整自己的求职策略和个人简历。此外,计划还能帮助大学生做好职业转换的准备。当发现当前职业发展不符合预期时,能够凭借之前积累的知识和技能,快速制订新的计划,实现职业的顺利转换。

5. 促进自我成长,实现人生价值

制订计划不仅仅是为了职业发展,更是一个促进自我成长和实现人生价值的过程。在制订计划和实施计划的过程中,大学生需要不断地反思和调整自己的目标和行动,这有助于培养自我管理能力、自律能力和坚韧不拔的精神。

当大学生按照计划完成一个个学习任务和实践活动时,不仅提升了自己的能力,还增强了自信心和成就感。这种积极的反馈会激励他们设定更高的目标,追求更大的成功。同时,在计划实施过程中遇到困难和挫折时,大学生需要克服困难、调整心态,这一过程能够锻炼他们的意志力和抗压能力。

从长远来看,职业生涯发展与人生价值的实现紧密相连。通过制订计划,大学生能够将个人的职业目标与社会需求相结合,在为社会做出贡献的同时,实现自己的人生价值。例如,选择从事教育行业的大学生,通过精心规划自己的职业生涯,不断提升教学水平,培养出更多优秀的学生,在这个过程中,他们实现了自我价值,也为社会的发展贡献了力量。

第二节 科学管理 愉快生活

一、时间管理

(一) 什么是时间管理

时间管理是指通过规划、组织、控制和协调个人或组织的时间资源,以实现既定目标、提高效率和效能的过程。它并非简单地对时间进行划分,而是围绕目标,将有限的时间进行科学分配与合理利用,是一套系统化、精细化的自我管理体系。

目标设定是时间管理的核心前提。清晰明确的目标能够为时间分配指明方向,例如学生以取得优异成绩为目标,职场人士以完成项目为目标,有了目标,才能判断各项事务的重要程度与紧急程度。依据目标确定优先顺序后,便要对时间进行规划。这包括制订长期计划、中期计划和短期计划,将大目标拆解为可执行的小任务,并分配到具体的时间段。比如撰写毕业论文,可先设定完成选题、收集资料、撰写初稿等阶段性目标,再细化到每周、每天的任务。

组织与协调是时间管理的重要环节。它要求我们对工作、学习和生活中的各项事务进行有序安排,避免混乱和冲突。可以运用日程表、任务清单等工具,将不同的任务按照时间和重要性进行排列,同时预留一定的弹性时间,以应对突发情况。在执行计划过程中,控制与监督不可或缺。我们需要定期检查任务的完成进度,分析时间使用效率,若发现实际进度与计划存在偏差,及时调整策略和方法,确保目标的实现。

时间管理的重要性体现在多个方面。它能够显著提高工作和学习效率,让我们在有限时间内完成更多任务;帮助我们养成良好的生活和工作习惯,增强自律性和自我管理能力;减少因时间紧迫、任务积压产生的焦虑和压力,维持身心健康;助力我们更好地平衡工作、学习和生活,实现个人全面发展。

时间管理是实现个人成长和目标达成的必备技能。通过科学的时间管理,我们能够更好地掌控生活节奏,在有限的时间里创造更大的价值,向着理想的人生不断迈进。

[案例] 时间管理测试:下列的每个问题,请你根据自己的实际情况,如实地给自己评分(计分方式为:选择"从不"记 0 分,选择"有时"记 1 分,选择"经常"记 2 分,选择"总是"记 3 分):

① 我在每个工作日之前,都能为计划中的工作做些准备。

② 凡是可交派下属(别人)去做的,我都交派下去。

③ 我利用工作进度表来书面规定工作任务与目标。

④ 我尽量一次性处理完毕每份文件。

⑤ 我每天列出一个应办事项清单,按重要顺序来排列,依次办理这些事情。

⑥ 我尽量回避干扰电话、不速之客的来访,以及突然的约会。

⑦ 我试着按照我的生活节奏来安排我的工作。

⑧ 我的日程表留有回旋余地，以便应对突发事件。

⑨ 当其他人想占用我的时间，而我又必须处理更重要的事情时，我会说"不"。

结论：

0～12 分：你自己没有时间规划，总是让别人牵着鼻子走。

13～17 分：你试图掌握自己的时间，却不能持之以恒。

18～22 分：你的时间管理状况良好。

23～27 分：你是值得人们学习的时间管理典范。

（二）时间管理的方法

时间管理的方法有一个发展变化的过程。第一阶段的时间管理方法是利用便条、备忘录和记事本之类的记录来记下工作的重点。第二阶段的时间管理方法更注重计划性，人们利用安排表、效率手册以及商务通等电子手段来安排工作事项。在时间管理方法的第三阶段，人们设立近期、中期和长期的工作目标，根据不同的目标来分配各自的工作重点，安排工作时间。目前，时间管理方法已发展到第四阶段，进入了时间管理理论的时代。前几个阶段的时间管理注重完成工作的时间和工作量，而时间管理理论则更注重个人的管理，注重效能，关注完成的工作是否具有有效性。

1. 明确总目标

成功等于实现目标，时间管理的目的是让你在最短时间内实现更多你想要实现的目标；你可以把本学年 4～10 个目标写出来，找出一个核心目标，并依次排列重要性，然后依照你的目标制订一份详细的计划并实施。

2. 列出任务清单

把今年所要做的每一件事情都列出来，并进行目标细分。年度目标细分成季度目标，列出清单，每一季度要做哪些事情。季度目标细分成月目标，并在每月初重新再列一遍，碰到有突发事件而更改目标的情形要及时调整过来。每一个星期天，把下周要完成的每件事列出来。每天晚上把第二天要做的事情列出来。

（1）制作"待办单"：将你每日要做的一些工作事先列出一份清单，排出优先次序，确认完成时间，以突出工作重点，避免遗忘，未完事项留待明日。

（2）"待办单"主要包括的内容：非日常工作、特殊事项、行动计划中的工作、昨日未完成的事项等。

（3）"待办单"的注意事项：每天在固定时间制作"待办单"，只制作一张"待办单"，完成一项工作划掉一项，"待办单"要为应对紧急情况留出时间，最关键的一项是每天坚持。

（4）每学期末作出下一学期的学习工作规划；每季季末作出下一季的学习工作规划；每月月末作出下月的学习工作计划；每周周末作出下周的学习工作计划等。

3. 巧妙运用"二八定律"

"二八定律"指用 80% 的时间做 20% 最重要的事情。因此，你一定要了解，对你来说，哪些事情是最重要的。事情有所谓紧急的事情、重要的事情，最先要做的一定是紧急而重要的事情。通常这些事情是一些突发事件，一些迫不及待要解决的问题。

4. 设定不被干扰时间

每天至少要设定半个小时至一个小时不被干扰时间。假如你能有一个小时时间完全不受任何人干扰,把自己关在房间里面思考问题,或是做一些你认为最重要的事情,这一个小时可以抵过你一天的工作效率。

著名管理学家科维提出了一个时间管理的理论,把工作按照重要和紧急两个不同的程度进行了划分,基本上可以分为四个"象限":既紧急又重要(如学习任务、四六级考试等)、重要但不紧急(如建立人际关系、寻找新的机会等)、紧急但不重要(如接电话等)、既不紧急也不重要(如闲谈、旅游等)。时间管理理论的一个重要观念是应有重点地把主要的精力和时间集中用在处理那些重要的学习与工作上,这样可以做到未雨绸缪,防患于未然。在大家的日常生活工作中,很多时候往往有机会去很好地完成一件事,却又没有及时去做,随着时间的推移,造成学习和工作质量的下降。因此,把主要的精力和时间有重点地放在重要的事务上是必要的。

5. 明确你的价值观

时间管理中很重要的一点是要和你的价值观相吻合。一定要明确你个人的价值观,假如你的价值观不明确,你就很难知道什么对你是最重要的,时间就不好分配。时间管理的重点在于如何分配时间。因为你永远没有时间做每件事,但你永远有时间做对你来说最重要的事。

6. 尽力做最有效率的事情

要尽量用每一分、每一秒做最有效率的事情。你必须明白要做好一份工作,到底哪几件事对你来说是最有效率的,然后把要做的事情列出来,分配时间做好它。

将自己工作按轻重缓急分为:A(紧急、重要)、B(次要)、C(一般)三类;安排各项学习和工作优先顺序,粗略估计各项学习和工作时间和占用百分比;在学习和工作中记载实际耗用时间;将每日计划时间安排与耗用时间进行对比,分析时间运用效率;重新调整自己的时间安排,更有效地工作。

7. 充分授权

列出你目前生活中所有觉得可以授权的事情,然后开始找人授权,找对适当的人授权,这样效率会比较高。

8. 一次做完同一类事情

同一类的事情最好一次把它做完。假如你在做纸上作业,那段时间就都做纸上作业;假如你是在思考,用一段时间只作思考;打电话的话,最好把电话集中至某一时间一次打完。当你重复做一件事情时,你会熟能生巧,效率定会提高。

9. 做好"时间日志"

时间管理的第九大关键是做好"时间日志"。你需要花多少时间做哪些事情并把它详细记录下来,这时你就会发现浪费了哪些时间。当你找到了浪费时间的根源后,你才有办法改变它。

在时间管理的过程中,还需应付意外的不确定性事件,因为计划没有变化快,要为处理意外事件留时间。有三个预防此类事件发生的方法:第一是为每件计划都留有多余的预备时间。第二是努力使自己在不留余地、又饱受干扰的情况下,完成预计的工作。这并非不可能,事实上,工作快的人通常比慢吞吞的人做事精确些。第三是另准备一套应变计划。我们最好能迫使自己在规定时间内完成工作。你要对自己的能力有信心,要仔细分析将要做的事,然后把它们分解成若干个单元,这是正确迅速完成它们的必要步骤。

10. 记住"时间大于金钱"

用你的金钱去换取别人的成功经验,一定要跟顶尖人士学习,学习要仔细选择你所接触的对象,因为这会节省你很多时间,与一个成功者在一起,借鉴其花了数十年才成功的经验,等于节省了自己几十年的摸索时间。

二、压力与情绪管理

伴随着中国经济的高速增长和市场化进程的一步步深入,中国的大学生承受的学习、工作压力也越来越大。

(一) 压力与情绪的含义

压力也叫应激,这一概念最早于 1936 年由加拿大著名的生理心理学家汉斯·塞里提出。他认为压力是表现出某种特殊症状的一种状态,这种状态是由生理系统中因对刺激的反应所引发的非特定性变化所组成的。情绪的稳定性是衡量心理健康与否的一个重要方面,所谓的情绪稳定性,即情绪波动的幅度和频率。如果个体的情绪波动的幅度大、频率高,则说明个体的情绪非常不稳定;反之,则比较稳定。情绪稳定性在学生的学习、生活和人际交往等方面都起着非常关键的作用。

压力这个概念至少有三种不同的含义。第一,压力指那些使人感到紧张的事件或环境刺激。例如,一份压力很大的工作,即将可能带来紧张的事物本身当作压力。第二,压力指一种身心反应。例如,有人说我要参加演讲比赛,我觉得压力好大,这里他就用压力来指代他的紧张状态,压力是他对演讲事件的反应。这种反应包括两个层面:一是心理层面,包括个人的行为、思维以及情绪等主观体验,也就是所谓的"觉得紧张";二是生理层面,包括心跳加速、口干舌燥、胃部紧缩、手心出汗等身体反应。这些身心反应合起来称为压力状态。第三,压力是一个过程。这个过程包括引起压力的刺激、压力状态以及情境。所谓情境是指人与环境相互影响的关系。根据这种说法,压力不只是刺激或反应,也是一个过程,在这个过程里,个人是一个能通过行为、认知、情绪的策略来改变刺激物带来的冲击的主动行动者。面对同样的事件,每个人经历到的压力状态程度却可以有所不同,就是因为个人对事件的解释不同,应对方式也不同。

(二) 压力与情绪的来源

心理压力的产生原因是复杂的,我们将这些具有威胁性或伤害性并因此带来压力感受的事件或环境称为压力源。生活中的压力源可能存在于人们自身,也可能存在于环境中。但是,人类最主要的压力源是人,人际关系是造成压力的最主要来源。心理学家在研究中把造成压力的各种生活事件进行分析,提出了四种类型的压力源。

1. 躯体性压力源

躯体性压力源是指通过对人的躯体直接发生刺激作用而造成身心紧张状态的刺激物,包括物理的、化学的、生物的刺激物。如过高或过低的温度、微生物、变质食物、酸碱刺激等,这一类刺激是引起生理压力和压力的生理反应的主要原因。

2. 心理性压力源

心理性压力源是指来自人们头脑中的紧张性信息。例如,心理冲突与挫折、不切实际的期望、不祥预感以及与工作责任有关的压力和紧张等。心理性压力源与其他类型压力源的显著不同之处在于它直接来自人们的头脑中，反映了心理方面的困难。生活中的压力事件处处可见，但为什么有的人无动于衷，有的人却耿耿于怀，区别常常源于人们内心对压力的认知。如果过分夸大压力的威胁，就会制造一种自我验证的预言：我会失败，我应付不了。长此下去，会产生所谓的长期性压力感，畏惧压力。

3. 社会性压力源

社会性压力源是指造成个人生活方式上的变化，并要求人们对其作出调整和适应的情境与事件。社会性压力源包括个人生活中的变化，也包括社会生活中的重要事件。个人生活的改变常常会给人带来压力。心理学家霍尔姆斯和拉赫编制的《社会生活评定事件量表》，列出了 43 种大部分人都可能经历的生活事件，如表 7-1 所示。由 400 位不同职业、阶层、身份、年龄的人对这些事件产生的压力大小打分，发现其中 24 个项目直接与家庭内人际关系的变化有关。

表 7-1　生活事件与压力感

序号	生活事件	压力感	序号	生活事件	压力感
1	丧偶	100	23	儿女长大离家	29
2	离婚	73	24	触犯刑法	29
3	夫妻分居	65	25	取得杰出成就	28
4	坐牢	63	26	妻子开始或停止工作	26
5	直系亲属死亡	63	27	开始或结束学校教育	26
6	受伤或生病	53	28	生活条件的改变	25
7	结婚	50	29	改变个人的习惯	24
8	失业	47	30	与上司闹矛盾	23
9	复婚	45	31	工作时间或条件改变	20
10	退休	45	32	迁居	20
11	家庭成员生病	44	33	转学	20
12	怀孕	40	34	娱乐方式的改变	19
13	性生活不协调	39	35	宗教活动的改变	19
14	新家庭成员诞生	39	36	社会活动的改变	18
15	调整工作	39	37	少量抵押和贷款	17
16	经济地位变化	38	38	改变睡眠习惯	16
17	其他亲友去世	37	39	家庭成员居住条件改变	15
18	改变工作行业	36	40	饮食习惯改变	15
19	一般家庭纠纷	35	41	休假	13
20	借贷大笔款项	31	42	过重大节日	12
21	取消抵押或贷款	30	43	轻度违法	11
22	工作责任改变	29			

4. 文化性压力源

文化性压力源最常见的是文化性迁移,即从一种语言环境或文化背景进入另一种语言环境或文化背景中,使人面临全新的生活环境、陌生的风俗习惯和不同的生活方式,从而产生压力。若不改变原有习惯,适应新的变化,常常会出现不良的心理反应,甚至积郁成疾。例如,出国留学如果缺乏对环境改变所应有的心理准备,没有一定的外语水平,在异国文化背景下就难以适应,无法交流,难以沟通,因此不得不中断学业或引发疾病的事例也是时有发生。

(三) 压力与情绪应对方法

所谓压力处理,是指当压力对我们可能造成伤害时,用一些方法和技巧去应对,以减低压力带来的消极影响。为了有效地处理压力,大学生应该了解面对压力时解决问题的过程、策略和具体方法。个体从面临压力到解决问题一般要经过三个不同的阶段。

第一阶段为冲击阶段,发生在压力来临之时。如果刺激过强过大,会使人感到眩晕、发懵、麻木、呆板、不知所措,甚至会出现类休克状态。例如,突然听到亲人过世,大多数人发愣、惊慌,甚至歇斯底里,只有少数人能保持镇定和冷静。

第二阶段为安定阶段。此时,当事人在经历了震惊、冲击之后,努力想恢复心理上的平衡,设法控制焦虑和情绪紊乱,恢复受到损害的认知功能,运用心理防卫机制或争取亲友的帮助。

第三阶段为解决阶段。当事人将自己的注意力转向产生压力的刺激,冷静地分析压力产生的原因,或逃避和远离产生压力的情境事件,或提高自己的应对能力,直接面对压力去解决问题。

怎样才能最大化地消除心理压力,保持健康的心理状态,全面发展,成为有用于社会的真正人才,可以从以下几方面着手。

1. 提高心理承受能力

生活并不总是一帆风顺,困难客观存在。因此,当遇到困难时,不应该退缩,要无畏地去正视它、解决它。应采取积极态度看待压力,压力可以磨炼人的意志,激发人的智慧和潜能,应把压力看成生活的挑战,成长的机会。巴尔扎克说过:"世界上的事情永远不是绝对的,结果完全因人而异。苦难对于人才是一块垫脚石,对于能干的人是一笔财富,对于弱者则是万丈深渊。"因此,在压力面前要保持勇气和信心,有心理准备去勇敢迎接各种各样的任务和挑战。自信是成功的基石,有了自信才会有克服困难的勇气和力量。要树立正确的奋斗目标,目标确定后,就要用自己的毅力和坚强的意志去实现,不能好高骛远,也不能半途而废。

2. 列一个压力表

把你的压力一一列出,然后"分而治之"。这是一个积极而有效的方法。把问题写出来是解决很多个人问题的诀窍。把带来压力的事情列出来,至少可以缓解一下心情。很多时候我们担心的事情并不像我们想象中那么可怕。如果你能勇敢而理性地面对它,付出一些努力,往往会发现其实那没什么。

3. 和别人谈谈你的压力

在遇到困难或心理失去平衡的时候,应该学会与老师、家长或同学沟通,说出自己的烦恼,增进别人对你的了解,及时寻求有效的帮助,克服困难、化解矛盾,避免作出过激的行为。向别人求助是一种重要的心理援助能力，这也是一个人生存的基本能力。

4. 做自己情绪的主人

放松自我的方法很多，例如，微笑是个好办法，大笑就更棒了；洗个热水澡，好好睡一觉；不责备自己；放松一下，出去走走；找一个沙袋打一阵；唱唱自己喜欢的歌曲。这些都可舒解内心的压力。

第三节　了解政策法规　提高求职能力

一、大学生就业政策

为了使大学生能够顺利就业，国家制定了一系列的相关政策。作为在校大学生，深入了解针对大学生的就业政策，对将来顺利就业大有裨益。

（一）大学生就业的方针和原则

根据相关规定，凡取得毕业资格的统招生，在国家就业方针的指导下，实行"供需见面"和"双向选择"的办法，在一定范围内安排就业。目前，我国大学毕业生就业已经建立起了"双向选择、自主择业"的就业模式。现阶段大学生就业工作要贯彻统筹安排、合理使用、加强重点、兼顾一般和面向基层，充实生产、科研、教学第一线的方针，在保证国家需要的前提下，贯彻学以致用、人尽其才的原则。

（二）参军政策

1. 国家鼓励大学生应征入伍服义务兵役

这里的"大学生"指根据国家有关规定批准设立、实施高等学历教育的全日制公办普通高等学校、民办普通高等学校和独立学院，按照国家招生规定录取的全日制普通本科、高职、研究生、第二学士学位的应（往）届毕业生、在校生和已被普通高校录取但未报到入学的学生。

2. 应征入伍服义务兵役大学生的年龄规定

男性：高中（含中专、职高、技校）毕业生及以上文化程度的青年（含高校在校生），年满18至22周岁；普通高等学校本专科毕业生、上半年符合毕业条件的毕业班学生，年满18至24周岁；研究生毕业生及在校生放宽至26周岁。

女性：普通高等学校和科研机构全日制应届毕业生及在校生，年满18至22周岁，全日制研究生应届毕业生及在校生放宽至26周岁。

3. 大学生应征入伍服义务兵役给予国家资助的内容

高等学校学生应征入伍服义务兵役国家资助，是指国家对应征入伍服义务兵役的高校学生，在入伍时对其在校期间缴纳的学费实行一次性补偿或获得的国家助学贷款实行代偿；应征入伍服义务兵役前正在高等学校就读的学生服役期间按国家有关规定保留学籍或入学资格、退役后自愿复学或入学的，国家实行学费减免。

4. 复学政策

(1) 高校学生(含高校新生)服役期间按国家有关规定保留学籍或入学资格,退役后2年内允许复学或入学。

(2) 经学校同意,大学生士兵退役后复学可转入本校其他专业学习。优先开放师范类专业。

(3) 退役复学后免修公共体育、军事技能、军事理论等课程,可直接获得学分。

(4) 高职(专科)在校生(含高校新生)入伍经历可作为毕业实习经历。

5. 升学优惠政策

(1) 高职(专科)毕业生及在校生(含高校新生)应征入伍,退役后完成高职(专科)学业的,可申请参加相关高校的退役大学生士兵免试普通专升本招生。符合成人高考专升本报考条件的退役军人,可申请免试就读所在省(区、市)的成人高校专升本。

(2) 自主就业(自谋职业)退役士兵可在其全国普通高考统考成绩总分的基础上增加10分投档。在服役期间荣立二等功以上或被大军区以上单位授予荣誉称号的,增加20分投档。退役考生在与其他考生同等条件下优先录取。

(3) 退役大学生士兵达到报考条件后,3年内参加全国硕士研究生招生考试,初试总分加10分,同等条件下优先录取。在服役期间获得三等战功、二等功以上奖励或者二级以上表彰,符合全国硕士研究生招生考试报考条件的,可申请免试(指初试)攻读硕士研究生。

(4) 设立"退役大学生士兵专项硕士研究生招生计划",专门招收退役大学生士兵攻读硕士研究生。2021年起每年安排计划8000人。

(5) 应征入伍的高校毕业生退役后报考政法干警招录培养体制改革试点班的,教育考试笔试成绩总分加10分。

6. 退役后技能培训政策

(1) 自主就业退役士兵可在达到法定退休年龄前接受一次免费职业技能培训,享有参加适应性培训待遇,加快实现军地角色转换。

(2) 退役军人参加职业技能提升行动接受培训,可按有关规定享受当地免费培训政策,符合条件的困难退役军人可享受生活补贴。参加培训并取得证书的人员,原则上每年可享受不超过3次补贴资助,但同一职业同一等级不可重复享受。

7. 退役后就业创业服务政策

(1) 高校毕业生士兵退役后一年内,可视同当年的应届毕业生,凭用人单位录(聘)用手续,向原就读高校再次申请办理就业相关手续,户档随迁(直辖市按照有关规定执行)。

(2) 退役高校毕业生士兵可参加户籍所在地省级毕业生就业指导机构、原毕业高校就业招聘会,享受就业信息、重点推荐、就业指导等就业服务。

(3) 乡镇补充干部、基层专职武装干部配备时,注重从退役大学生士兵中招录;在军队服役5年(含)以上的高校毕业生士兵可以报考面向服务基层项目人员定向考录的职位,优先录用建档立卡贫困户家庭高校毕业生退役士兵。

(4) 各地在制定中小学教师招聘计划时,可面向退役军人单列计划,对应放宽年龄限制。退役军人在服役前1年内取得的中小学教师资格考试合格证明,其有效期可延长2年。

(5) 退役士兵报考公务员、应聘事业单位职位的,在军队服现役经历视为基层工作经

历,服现役年限计算为工龄。

(6) 自 2023 年 1 月 1 日至 2027 年 12 月 31 日,自主就业退役士兵从事个体经营的,自办理个体工商户登记当月起,在 3 年(36 个月)内按每户每年 20 000 元为限额依次扣减其当年实际应缴纳的增值税、城市维护建设税、教育费附加、地方教育附加和个人所得税。限额标准最高可上浮 20%,各省、自治区、直辖市人民政府可根据本地区实际情况在此幅度内确定具体限额标准。

(三) 基层就业

1. 中央有关部门实施的基层就业项目

近年来,中央各有关部门主要组织实施了多个引导高校毕业生到基层就业的专门项目,例如:团中央、教育部、财政部、人社部等四部门从 2003 年起组织实施的"大学生志愿服务西部计划";中组部、人社部、教育部等八部门从 2006 年开始组织实施的"三支一扶"(支教、支农、支医和扶贫)计划;教育部、财政部、人社部、中央编办等四部门从 2006 年开始组织实施的"农村义务教育阶段学校教师特设岗位计划";中组部、教育部、财政部、人社部等部门从 2008 年起组织实施的"选聘高校毕业生到村任职工作";农业农村部、人社部、教育部等部门从 2013 年起组织实施的"农业技术推广服务特设岗位计划"。

2. 农村义务教育阶段学校教师特设岗位计划

2006 年,教育部、财政部、原人事部(现人社部,下同)、中央编办下发《关于实施农村义务教育阶段学校教师特设岗位计划的通知》(教师〔2006〕2 号),联合启动实施"特岗计划",公开招聘高校毕业生到"两基"攻坚县农村义务教育阶段学校任教。特岗教师聘期 3 年。

3. 选聘高校毕业生到村任职

2008 年,中组部、教育部、财政部、人社部出台了《关于印发〈关于选聘高校毕业生到村任职工作的意见(试行)〉的通知》(组通字〔2008〕18 号),计划用五年时间选聘 10 万名高校毕业生到农村担任村党支部书记助理、村委会主任助理或团支部书记、副书记等职务。从 2010 年开始,扩大选聘规模,逐步实现"一村一名大学生村官"计划的目标。选聘的高校毕业生在村工作期限一般为 2 年～3 年。

4. "三支一扶"计划

三支一扶是支教、支医、支农、扶贫的简称。2006 年,中组部、原人事部等八部门下发《关于组织开展高校毕业生到农村基层从事支教、支农、支医和扶贫工作的通知》(国人部发〔2006〕16 号),以公开招募、自愿报名、组织选拔、统一派遣的方式,从 2006 年开始连续 5 年,每年招募 2 万名高校毕业生,主要安排到乡镇从事支教、支农、支医和扶贫工作。服务期限一般为 2 年～3 年。招募对象主要为全国普通高校应届毕业生。2011 年 4 月,人社部下发《关于继续做好高校毕业生三支一扶计划实施工作的通知》(人社部发〔2011〕27 号),决定继续组织开展高校毕业生"三支一扶"计划,从 2011 年起每年选拔 2 万名,五年内选拔 10 万名高校毕业生到基层从事"三支一扶"服务。

5. 大学生志愿服务西部计划

大学生志愿服务西部计划由共青团中央牵头,教育部、财政部、人社部共同组织实施。从 2003 年开始,每年招募 1.8 万名普通高等学校应届毕业生,到西部贫困县的乡镇从事为期

1年~3年的教育、卫生、农技、扶贫以及青年中心建设和管理等方面的志愿服务工作。

6. 农业技术推广服务特设岗位计划

农业技术推广服务特设岗位计划由农业部牵头,人社部、教育部和科技部共同组织实施。从2013年开始,每年招募一批普通高等学校应届毕业生,到乡镇或区域性农业技术推广机构从事为期2年~3年的农业技术推广、动植物疫病防控、农产品质量安全服务等工作。

二、"国聘行动"

"国聘行动"是教育部、人社部、国务院国资委、共青团中央、全国妇联、全国工商联和中央广播电视总台联合开展的以高校毕业生为重点群体的促进就业的活动。以2025年的"国聘行动"为例,其主要内容包括:

(1)深入挖掘就业岗位。各地各单位要加力落实就业优先政策,准确把握当前就业面临的风险挑战,把促进高校毕业生就业作为民生头等大事,明确目标任务、细化工作措施、增强工作合力,聚焦重点产业和人才需求量大的区域和领域,深入挖掘就业岗位。强化数字赋能,积极搭建用人单位和高校互联互通、访企拓岗、洽谈对接的平台,推进线上线下一体服务,全面提升就业服务质量。鼓励各地组织优质用人单位开展跨区域招聘引才活动,深化校地、校企合作,提升岗位利用率和访企拓岗的实效性,鼓励有条件的地方推动"青年就业驿站"加入国聘行动就业促进活动,为毕业生跨区域求职就业提供短期住宿和就业指导等公益服务。

(2)集中发布就业信息。各地各单位要鼓励、支持、引导各类企事业单位积极参与"国聘行动"促就业活动。各用人单位要自觉遵守行业规范,依法依规发布用人需求,明确招聘条件和招聘人数,在国聘招聘平台、中智招聘平台、国家大学生就业服务平台、中国人力资源市场网、中国公共招聘网、高校毕业生就业服务平台、团团微就业、全联人才在线、中国妇女人才网等线上平台,设置活动专栏,集中发布岗位信息,持续举办各类行业性、区域性专场招聘活动。有关招聘平台要切实履行社会责任,为用人单位招聘、毕业生求职提供精准的岗位匹配推送服务。

(3)开展"国聘行动+"宣传推介活动。结合毕业生就业需求,创新"国聘行动"开展方式,具备条件的地方、高校和企业用人单位,可通过中央广播电视总台央视频等融媒体宣传渠道,持续开展形式多样的招聘宣传,鼓励将线下活动通过联动直播等形式扩大宣传范围,全面提升宣讲活动的覆盖面和实效性。各地各单位要充分发挥协同优势,以促进新质生产力发展、建设现代化产业体系为导向,结合引才政策发布、招才引智等活动,组织区域性、行业性、联盟性、主题性的融媒体招聘活动,持续扩大"国聘行动"促就业合力。充分发挥国有企业示范引领作用和民营企业在稳就业中的重要作用,带动各类用人单位积极参与,扩大就业容量。

(4)加强毕业生就业观念教育引导。各地各高校要把就业教育作为全员、全过程、全方位育人的重要内容,积极动员高校毕业生参与"国聘行动"推出的就业指导主题活动,引导毕业生树立正确的成才观、职业观、就业观,营造"职业无贵贱,劳动受尊重"、"三百六十行,行行出状元"、"基层就业,同样出彩"的良好舆论氛围和社会环境。激励高校毕业生到新疆、西藏等西部地区就业,引导高校毕业生投身重点领域、重点行业、城乡基层和中小微企业就业创业,以择业新观念打开就业新天地。

三、就业法规常识

(一)《中华人民共和国就业促进法》(以下简称《就业促进法》)简介

《就业促进法》由中华人民共和国第十届全国人民代表大会常务委员会第二十九次会议于 2007 年 8 月 30 日通过,自 2008 年 1 月 1 日起施行,2015 年修正。

《就业促进法》共 9 章 69 条,它明确了就业工作在经济社会发展中的重要地位,将扩大就业作为经济社会发展的重要目标,有利于推进经济社会又好又快发展,是构建社会主义和谐社会的一部重要法律。

1.《就业促进法》的立法宗旨及就业指导方针

《就业促进法》的立法宗旨是"为了促进就业,促进经济发展与扩大就业相协调,促进社会的和谐稳定"。

《就业促进法》的就业指导方针是"国家把扩大就业放在经济社会发展的突出位置,实施积极的就业政策,坚持劳动者自主择业、市场调节就业、政府促进就业的方针,多渠道扩大就业"。

2.《就业促进法》的基本原则

《就业促进法》确立了平等就业、市场导向、城乡统筹、扶持特殊群体四项基本原则,它们不仅在总则有所规定,还贯穿在整个条文中。

(1)平等就业原则。所谓"平等就业"原则,又称反就业歧视原则,指国家保障劳动者享受平等的就业权,任何用人单位不得以任何借口在就业方面歧视劳动者。

(2)市场导向原则。"市场导向"原则,意味着由市场作为劳动力资源的基础性配置机制,使劳动者和用人单位能够在劳动力市场上自主地双向选择;国家依法运用政策、计划、经济杠杆、行政监督等手段,对劳动力资源市场实行以间接调控为主的宏观调控。如政府开发就业岗位、开展职业培训都要通过市场进行,遵循市场规律,要有助于调动、激发劳动者自主就业、自主创业的积极性。

(3)"城乡统筹"和"扶持特殊群体"原则。"城乡统筹"和"扶持特殊群体"原则,意指立法所规定的各项就业促进措施,应当统一适用于城乡;而对由于生理、健康、文化、历史和社会等原因在劳动力市场上处于劣势的特殊群体,政府要增加投入,发展公共就业服务,进行扶持帮助。

3. 政府在促进就业中的责任

政府在促进就业中的责任主要有四个方面的内容。

(1)《就业促进法》建立了促进就业的长效机制。我国以前实行的是有期限的、短期的促进就业政策。这次制定《就业促进法》时,把这些有期限的政策、在实践中行之有效的政策规范化、制度化、法律化,建立了促进就业的长效机制。

(2)经济社会的发展要与促进就业紧密地结合起来。国家产业政策的制定、经济结构的调整、区域经济的发展、投资和重大项目的建设、对外交流合作等等方面,都要与促进就业扩大就业相协调。

（3）制定有利于促进就业的金融政策、信贷政策，税收优惠政策，以及财政政策。例如，本法就明确规定各级政府的财政预算中，一定要建立就业专项资金，用于促进就业的工作。

（4）要实行城乡统筹的就业政策，统筹做好城镇新增劳动力、农业富余劳动力，以及失业人员的就业工作。加强就业服务，扩大就业渠道，降低就业门槛，搞好职业教育和职业技能的培训，提供就业援助等。总的来说，促进就业工作是一项系统工程，需要各级人民政府和有关部门各司其职、各负其责、依法行政，把就业工作做好。

4.《就业促进法》中的主要制度

《就业促进法》通过法律形式将就业工作制度化，从而使就业工作纳入法治化轨道。从大的方面来讲，主要包括五个方面，即加强对就业工作组织领导的政府责任制度，加强对劳动者工作的公共就业服务和就业援助制度，加强对市场行为规范的人力资源市场管理制度，加强对人力资源素质提升的职业能力开发制度和加强对失业治理的失业保险及预防制度。

（1）加强对就业工作组织领导的政府责任制度。包括：目标责任和考核检查制度，列入经济社会发展规划，建立促进就业工作协调机制。这项制度是政府确立就业工作地位，切实履行职责的重要保证，不仅将政府和有关部门建立促进就业目标责任制度通过法律形式固定下来，而且充分肯定了当前就业工作联席会议制度的重要作用，并对进一步完善这一制度提出了明确要求，确保对就业工作的齐抓共管持续有效。

（2）加强对劳动者工作的公共就业服务和就业援助制度。包括：公共就业服务体系制度，困难群体和困难地区的就业援助制度。这些制度是政府履行公共服务职能的重要体现，既从根本上解决了目前公共就业服务工作中的短缺和不足，使公共就业服务的发展有了制度保障，也将有力促进公共就业服务规范化，促进就业援助工作常规化和制度化。

（3）加强对市场行为规范的人力资源市场管理制度。包括：培育和完善统一开放竞争有序的人力资源市场，覆盖城乡的就业服务体系，职业中介管理规范，劳动力调查统计制度和就业登记、失业登记制度。这一制度是市场就业的基础。这些制度，对于打破市场分割、积极推进一体化市场建设、实现市场规范运行、有效促进市场就业具有重要意义。

（4）加强对人力资源素质提升的职业能力开发制度。包括：职业能力开发计划，城乡各类劳动者培训制度，劳动预备制度，职业资格证书制度，培训补贴制度。这一制度是提高劳动者就业能力和创业能力的重要手段。这些制度，进一步明确职业培训的方向和任务，并使人力资源开发和促进就业有机结合有了坚强的制度保证。

（5）加强对失业治理的失业保险和预防制度。包括：失业预警，失业预防和调控，失业保险。这些制度是治理失业的重要保证。这些制度，对于有效发挥失业保险促进就业作用，对于加强政府宏观调控，稳定就业局势，维护社会稳定，提供了有力的法律保障。

5.《就业促进法》中的主要政策

政策是政府履行责任的具体体现。《就业促进法》将经过实践检验行之有效的积极就业政策上升为法律规范，主要从十个方面进行了规定，即有利于促进就业的经济发展政策、财政保证政策、税收优惠政策、金融支持政策和城乡统筹、区域统筹、群体统筹的就业政策，以及支持灵活就业、援助困难群体就业的政策，还有失业保险促进就业的政策。

（1）有利于促进就业的经济发展政策。法律规定，县级以上政府统筹协调产业政策与

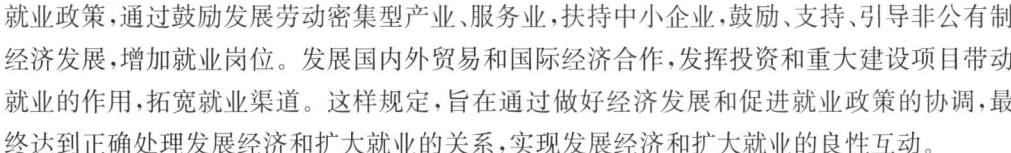

就业政策，通过鼓励发展劳动密集型产业、服务业，扶持中小企业，鼓励、支持、引导非公有制经济发展，增加就业岗位。发展国内外贸易和国际经济合作，发挥投资和重大建设项目带动就业的作用，拓宽就业渠道。这样规定，旨在通过做好经济发展和促进就业政策的协调，最终达到正确处理发展经济和扩大就业的关系，实现发展经济和扩大就业的良性互动。

（2）有利于促进就业的财政保证政策。法律规定，国家加大资金投入，县级以上人民政府在财政预算中安排就业专项资金用于促进就业工作，以及就业专项资金的具体用途。同时规定，审计机关、财政部门应当依法对就业专项资金的管理和使用情况进行监督检查。促进就业既是政府的重要职责，也是公共财政投入的重要方向。这样规定，有利于保证各级政府对就业工作的财政投入，建立起政府财政投入的保障机制；同时，有利于规范就业资金的使用和管理，进一步发挥资金效益。

（3）有利于促进就业的税收优惠政策。法律规定，国家鼓励企业增加就业岗位，扶持失业人员和残疾人就业，对符合法定条件的企业和人员依法给予税收优惠，并对从事个体经营的失业人员和残疾人免除行政事业性收费。税收优惠政策是促进就业政策中最有效的重要手段之一。这样规定，不仅使目前税收优惠政策通过法律形式固定下来，而且在适用范围和适用对象方面都有所扩展，有利于使税收优惠政策对促进就业发挥应有的作用。

（4）有利于促进就业的金融支持政策。法律规定，增加中小企业的融资渠道；鼓励金融机构改进金融服务，加大对中小企业的信贷支持，并对自主创业人员在一定期限内给予小额信贷等扶持。加大金融信贷支持，是促进中小企业发展和劳动者自主创业的关键。这样规定，使金融支持常规化、普惠化，有利于促进中小企业发展更多吸纳就业，有利于发挥劳动者自主创业带动就业的倍增效应。

（5）城乡统筹的就业政策。法律规定，国家建立健全城乡劳动者平等就业的制度，引导农业富余劳动力有序转移就业。实现城乡统筹就业是缩小直至消除劳动者城乡就业差别，实现平等就业的基础性内容，对于改善城乡二元经济结构、促进城乡统筹发展具有重要意义。这样规定，将目前国家促进城乡劳动者平等就业、引导农业富余劳动力有序转移等政策通过法律形式固定下来，可以有效推动政策实施，更能够使农村劳动力转移的整个过程得到法律保障。

（6）区域统筹的就业政策。法律规定，国家支持区域经济发展，鼓励区域协作，统筹协调不同地区就业的均衡增长；支持民族地区发展经济，扩大就业。实现区域统筹就业是促进我国不同区域就业均衡增长和区域经济协调发展的重要方面。这样规定，将进一步规范国家在统筹协调不同地区就业方面应担负的责任，有效实现区域和民族的就业均衡。

（7）群体统筹的就业政策。法律规定，各级人民政府统筹做好城镇新增劳动力、农业富余劳动力转移就业和失业人员就业工作。统筹促进城乡各类群体劳动者就业，是各级人民政府的重要职责。这样规定，有利于进一步明确政府职责，根据各个群体不同时期的不同情况进行就业的统筹安排。

（8）有利于灵活就业的劳动和社会保险政策。法律规定，各级人民政府采取措施，逐步完善和实施与非全日制用工等灵活就业相适应的劳动和社会保险政策，为灵活就业人员提供帮助和服务。灵活就业已成为促进就业的重要途径，本法针对当前灵活就业工作中劳动关系不稳定、社会保障制度不健全等薄弱环节，作出相应的保护规定，有利于促进灵活就业规范健康发展。

(9) 援助困难群体的就业政策。法律规定,国家建立健全就业援助制度,对就业困难人员给予扶持和帮助。对困难群体实施就业援助,是保障公民实现劳动就业权,维护和改善劳动者生存状况,促进社会公平与和谐的基本要求。本法将有关扶持政策形成长期的制度性的安排,也给就业困难人员吃了定心丸。同时,本法还规定就业困难人员的范围由省级人民政府根据本行政区域的实际情况规定,从而使各地能够从实际出发解决就业困难人员问题,更有利于充分发挥援助政策效应。

(10) 实行失业保险促进就业政策。明确规定失业保险制度保障基本生活和促进就业的功能,并要求加强对大规模失业的预防、调节和控制。

(二)《中华人民共和国劳动合同法》(以下简称《劳动合同法》)简介

《中华人民共和国劳动合同法》由中华人民共和国第十届全国人民代表大会常务委员会第二十八次会议于 2007 年 6 月 29 日通过,自 2008 年 1 月 1 日起施行,2012 年修正。《劳动合同法》共分 8 章 98 条,包括:总则、劳动合同的订立、劳动合同的履行和变更、劳动合同的解除和终止、特别规定、监督检查、法律责任和附则。

《劳动合同法》是规范劳动关系的一部重要法律,在中国特色社会主义法律体系中属于社会法。劳动合同在明确劳动合同双方当事人的权利和义务的前提下,重在对劳动者合法权益的保护,被誉为劳动者的"保护伞",为构建与发展和谐稳定的劳动关系提供法律保障。作为我国劳动保障法制建设进程中的一个重要里程碑,《劳动合同法》的颁布实施有着深远的意义。

1. 立法宗旨

完善劳动合同制度,明确劳动合同双方当事人的权利和义务,保护劳动者的合法权益,构建和发展和谐稳定的劳动关系。

2.《劳动合同法》的调整范围

中华人民共和国境内的企业、个体经济组织、民办非企业单位等组织(以下称用人单位)与劳动者建立劳动关系,订立、履行、变更、解除或者终止劳动合同,适用本法。

国家机关、事业单位、社会团体和与其建立劳动关系的劳动者,订立、履行、变更、解除或者终止劳动合同,依照本法执行。

同时,在附则中规定:事业单位与实行聘用制的工作人员订立、履行、变更、解除或者终止劳动合同,法律、行政法规或者国务院另有规定的,依照其规定;未作规定的,依照本法有关规定执行。

3. 用人单位的规章制度

用人单位应当依法建立和完善劳动规章制度,保障劳动者享有劳动权利、履行劳动义务。用人单位在制定、修改或者决定有关劳动报酬、工作时间、休息休假、劳动安全卫生、保险福利、职工培训、劳动纪律以及劳动定额管理等直接涉及劳动者切身利益的规章制度或者重大事项时,应当经职工代表大会或者全体职工讨论,提出方案和意见,与工会或者职工代表平等协商确定。在规章制度和重大事项决定实施过程中,工会或者职工认为不适当的,有权向用人单位提出,通过协商予以修改完善。用人单位应当将直接涉及劳动者切身利益的规章制度和重大事项决定公示,或者告知劳动者。

4.劳动合同关系的建立与书面劳动合同的订立

用人单位自用工之日起即与劳动者建立劳动关系。建立劳动关系,应当订立书面劳动合同。订立劳动合同,应当遵循合法、公平、平等自愿、协商一致、诚实信用的原则。已建立劳动关系,未同时订立书面劳动合同的,应当自用工之日起一个月内订立书面劳动合同。用人单位与劳动者在用工前订立劳动合同的,劳动关系自用工之日起建立。用人单位与劳动者协商一致,可以订立固定期限劳动合同、无固定期限劳动合同和以完成一定工作任务为期限的劳动合同。

劳动合同应当具备以下条款:

(1)用人单位的名称、住所和法定代表人或者主要负责人。

(2)劳动者的姓名、住址和居民身份证或者其他有效身份证件号码。

(3)劳动合同期限。

(4)工作内容和工作地点。

(5)工作时间和休息休假。

(6)劳动报酬。

(7)社会保险。

(8)劳动保护、劳动条件和职业危害防护。

(9)法律、法规规定应当纳入劳动合同的其他事项。

此外,用人单位与劳动者可以约定试用期、培训、保守秘密、补充保险和福利待遇等其他事项。同时,在法律责任中规定:用人单位自用工之日起超过一个月但不满一年未与劳动者订立书面劳动合同的,应当向劳动者每月支付二倍的工资。

5.无固定期限劳动合同的规定

用人单位与劳动者协商一致,可以订立无固定期限劳动合同。有下列情形之一,劳动者提出或者同意续订、订立劳动合同的,除劳动者提出订立固定期限劳动合同外,应当订立无固定期限劳动合同:

(1)劳动者在该用人单位连续工作满十年的。

(2)用人单位初次实行劳动合同制度或者国有企业改制重新订立劳动合同时,劳动者在该用人单位连续工作满十年且距法定退休年龄不足十年的。

(3)连续订立二次固定期限劳动合同,且劳动者无本法第三十九条和第四十条第一项、第二项规定的情形,续订劳动合同的。

用人单位自用工之日起满一年不与劳动者订立书面劳动合同的,视为用人单位与劳动者已订立无固定期限劳动合同。同时,在法律责任中规定:用人单位违反本法规定不与劳动者订立无固定期限劳动合同的,自应当订立无固定期限劳动合同之日起向劳动者每月支付二倍的工资。

6.试用期的法律规定

劳动合同期限三个月以上不满一年的,试用期不得超过一个月;劳动合同期限一年以上不满三年的,试用期不得超过二个月;三年以上固定期限和无固定期限的劳动合同,试用期不得超过六个月。同一用人单位与同一劳动者只能约定一次试用期。以完成一定工作任务为期限的劳动合同或者劳动合同期限不满三个月的,不得约定试用期。

试用期包含在劳动合同期限内。劳动合同仅约定试用期的，试用期不成立，该期限为劳动合同期限。劳动者在试用期的工资不得低于本单位相同岗位最低档工资或者劳动合同约定工资的 80%，并不得低于用人单位所在地的最低工资标准。

在试用期中，除劳动者有不符合录用条件、有违规违纪违法行为、不能胜任工作等情形外，用人单位不得解除劳动合同。用人单位在试用期解除劳动合同的，应当向劳动者说明理由。同时，在法律责任中规定：用人单位违反本法规定与劳动者约定试用期的，由劳动行政部门责令改正；违法约定的试用期已经履行的，由用人单位以劳动者试用期满月工资为标准，按已经履行的超过法定试用期的期间向劳动者支付赔偿金。

7. 劳动合同的履行

用人单位与劳动者应当按照劳动合同的约定，全面履行各自的义务。用人单位应当按照劳动合同约定和国家规定，向劳动者及时足额支付劳动报酬。用人单位拖欠或者未足额支付劳动报酬的，劳动者可以依法向当地人民法院申请支付令；人民法院应当依法发出支付令。

用人单位应当严格执行劳动定额标准，不得强迫或者变相强迫劳动者加班。用人单位安排加班的，应当按照国家有关规定向劳动者支付加班费。劳动者拒绝用人单位管理人员违章指挥、强令冒险作业的，不视为违反劳动合同。

劳动者对危害生命安全和身体健康的劳动条件，有权对用人单位提出批评、检举和控告。国家采取措施，建立健全劳动者社会保险关系跨地区转移接续制度。

8. 劳动者可以解除劳动合同的情形

用人单位与劳动者协商一致，可以解除劳动合同。劳动者提前三十日以书面形式通知用人单位，可以解除劳动合同。劳动者在试用期内提前三日通知用人单位，可以解除劳动合同。

用人单位有下列情形之一的，劳动者可以解除劳动合同：

（1）未按照劳动合同约定提供劳动保护或者劳动条件的。

（2）未及时足额支付劳动报酬的。

（3）未依法为劳动者缴纳社会保险费的。

（4）用人单位的规章制度违反法律、法规的规定，损害劳动者合法权益的。

（5）因用人单位过错致使劳动合同无效的。

（6）法律、行政法规规定劳动者可以解除劳动合同的其他情形。

用人单位以暴力、威胁或者非法限制人身自由的手段强迫劳动者劳动的，或者用人单位违章指挥、强令冒险作业危及劳动者人身安全的，劳动者可以立即解除劳动合同，不需事先告知用人单位。

9. 用人单位可以解除劳动合同的情形

用人单位与劳动者协商一致，可以解除劳动合同。劳动者有下列情形之一的，用人单位可以解除劳动合同：

（1）在试用期间被证明不符合录用条件的。

（2）严重违反用人单位的规章制度的。

（3）严重失职，营私舞弊，给用人单位造成重大损害的。

（4）劳动者同时与其他用人单位建立劳动关系，对完成本单位的工作任务造成严重影响，或者经用人单位提出，拒不改正的。

（5）因劳动者过错致使劳动合同无效的。

（6）被依法追究刑事责任的。

有下列情形之一的，用人单位提前三十日以书面形式通知劳动者本人或者额外支付劳动者一个月工资后，可以解除劳动合同：

（1）动者患病或者非因工负伤，在规定的医疗期满后不能从事原工作，也不能从事由用人单位另行安排的工作的。

（2）劳动者不能胜任工作，经过培训或者调整工作岗位，仍不能胜任工作的。

（3）劳动合同订立时所依据的客观情况发生重大变化，致使劳动合同无法履行，经用人单位与劳动者协商，未能就变更劳动合同内容达成协议的。

10. 集体合同

企业职工一方与用人单位通过平等协商，可以就劳动报酬、工作时间、休息休假、劳动安全卫生、保险福利等事项订立集体合同。集体合同草案应当提交职工代表大会或者全体职工讨论通过。集体合同由工会代表企业职工一方与用人单位订立；尚未建立工会的用人单位，由上级工会指导劳动者推举的代表与用人单位订立。

企业职工一方与用人单位可以订立劳动安全卫生、女职工权益保护、工资调整机制等专项集体合同。在县级以下区域内，建筑业、采矿业、餐饮服务业等行业可以由工会与企业方面代表订立行业性集体合同，或者订立区域性集体合同。

集体合同订立后，应当报送劳动行政部门；劳动行政部门自收到集体合同文本之日起十五日内未提出异议的，集体合同即行生效。依法订立的集体合同对用人单位和劳动者具有约束力。行业性、区域性集体合同对当地本行业、本区域的用人单位和劳动者具有约束力。

11. 工会在劳动合同法中的作用

县级以上人民政府劳动行政部门会同工会和企业方面代表，建立健全协调劳动关系三方机制，共同研究解决有关劳动关系的重大问题。工会应当帮助、指导劳动者与用人单位依法订立和履行劳动合同，并与用人单位建立集体协商机制，维护劳动者的合法权益。

用人单位违反集体合同，侵犯职工劳动权益的，工会可以依法要求用人单位承担责任；因履行集体合同发生争议，经协商解决不成的，工会可以依法申请仲裁、提起诉讼。工会依法维护劳动者的合法权益，对用人单位履行劳动合同、集体合同的情况进行监督。用人单位违反劳动法律、法规和劳动合同、集体合同的，工会有权提出意见或者要求纠正；劳动者申请仲裁、提起诉讼的，工会依法给予支持和帮助。

12. 劳务派遣制度

劳务派遣单位应当依照公司法的有关规定设立，注册资本不得少于五十万元。劳务派遣单位是本法所称用人单位，应当履行用人单位对劳动者的义务。劳务派遣单位与被派遣劳动者订立的劳动合同，除应当载明本法第十七条规定的事项外，还应当载明被派遣劳动者的用工单位以及派遣期限、工作岗位等情况。

劳务派遣单位应当与被派遣劳动者订立二年以上的固定期限劳动合同，按月支付劳动报酬；被派遣劳动者在无工作期间，劳务派遣单位应当按照所在地人民政府规定的最低工资标准，向其按月支付报酬。劳务派遣单位应当将劳务派遣协议的内容告知被派遣劳动者。劳务派遣单位不得克扣用工单位按照劳务派遣协议支付给被派遣劳动者的劳动报酬。劳务派遣单位和用工单位不得向被派遣劳动者收取费用。

用工单位应当履行下列义务：

（1）执行国家劳动标准，提供相应的劳动条件和劳动保护。

（2）告知被派遣劳动者的工作要求和劳动报酬。

（3）支付加班费、绩效奖金，提供与工作岗位相关的福利待遇。

（4）对在岗被派遣劳动者进行工作岗位所必需的培训。

（5）连续用工的，实行正常的工资调整机制。用工单位不得将被派遣劳动者再派遣到其他用人单位。

被派遣劳动者享有与用工单位的劳动者同工同酬的权利。用工单位无同类岗位劳动者的，参照用工单位所在地相同或者相近岗位劳动者的劳动报酬确定。劳务派遣一般在临时性、辅助性或者替代性的工作岗位上实施。

用人单位不得设立劳务派遣单位向本单位或者所属单位派遣劳动者。

13. 劳动行政部门监督检查的规定

县级以上地方人民政府劳动行政部门依法对下列实施劳动合同制度的情况进行监督检查：

（1）用人单位制定直接涉及劳动者切身利益的规章制度及其执行的情况。

（2）用人单位与劳动者订立和解除劳动合同的情况。

（3）劳务派遣单位和用工单位遵守劳务派遣有关规定的情况。

（4）用人单位遵守国家关于劳动者工作时间和休息休假规定的情况。

（5）用人单位支付劳动合同约定的劳动报酬和执行最低工资标准的情况。

（6）用人单位参加各项社会保险和缴纳社会保险费的情况。

（7）法律、法规规定的其他劳动监察事项。

县级以上地方人民政府劳动行政部门实施监督检查时，有权查阅与劳动合同、集体合同有关的材料，有权对劳动场所进行实地检查，用人单位和劳动者都应当如实提供有关情况和材料。劳动行政部门的工作人员进行监督检查，应当出示证件，依法行使职权，文明执法。

14. 劳动者的权利救济

劳动者合法权益受到侵害的，有权要求有关部门依法处理，或者依法申请仲裁、提起诉讼。任何组织或者个人对违反本法的行为都有权举报，县级以上人民政府劳动行政部门应当及时核实、处理，并对举报有功人员给予奖励。

15. 劳动合同法的过渡期规定

本法施行前已依法订立且在本法施行之日存续的劳动合同，继续履行；本法第十四条第二款第三项规定连续订立固定期限劳动合同的次数，自本法施行后续订固定期限劳动合同时开始计算。本法施行前已建立劳动关系，尚未订立书面劳动合同的，应当自本法施行之日起一个月内订立。本法施行之日存续的劳动合同在本法施行后解除或者终止，依照本法第四十六条规定应当支付经济补偿的，经济补偿年限自本法施行之日起计算；本法施行前按照当时有关规定,用人单位应当向劳动者支付经济补偿的,按照当时有关规定执行。

四、简历制作

简历是一张浓缩人生精华的名片,它介绍和展示着一个人最精彩的一段人生。一份好的简历应是一幅最逼真的个人素描,繁简合理,鲜明而有力度,就像雕塑家罗丹说过的那样:"雕刻一张脸,就是把不是脸的地方删去。"简历应传达出这样的信息:我就是你们正在寻找的最合适的那个人。

（一）制作求职简历的五大关键词

简历无疑是大学生向用人单位展示自己的第一机会。就让我们梳理一下简历中的几个关键词,来了解一下如今简历制作的"潮流"。

1. 照片

为了给用人单位留下更深的印象,越来越多的毕业生不惜花"重金"在照片上做文章。据报道,目前上海有一家在学生中颇有名气的照相馆,先包装,再拍照,出来的照片几乎是完美的"准白领"形象。

点评:切莫照得连自己也认不出。

2. 特长

有关人士指出,大学生求职者在填写自己的特长时,一定要详细。例如,求职者说自己会乐器,就应该写清楚是什么乐器,是会弹钢琴还是会吹笛子;说自己擅长写作,就应该写明是擅长写新闻稿,还是擅长写调研报告,或者两者都擅长,发表的重要作品最好也列出。

点评:注意"特长"也是要有一定层次的。

3. 证书（奖状）

做简历,证书、奖状自然是必不可少的"砝码"。就业季时各高校附近的复印店生意就会红火起来,经常可以见到学生捧着一大叠各种各样的证书奖状前去复印,一印就是几十份。做得比较考究的简历,里面一大半的组成部分都是"荣誉"的证明。

点评:切莫胡乱堆砌,对"职"下"证"才是良策。

4. 经历

有人说,相比毕业院校、所获证书、成绩绩点等,在单位的实习、工作经历以及从事学生干部的经历越来越被看重。

于是,简历中工作经历一栏几乎人人都是填得满满的。曾经在招聘会现场有这样一个大学生,他的工作经历写了十几条,乍一看,此人一定工作能力很强。但仔细看来,却让人忍俊不禁。头一条:"本人于某年某月参加学院学生会干事应聘,并从事干事一职一个月时间。"第二条:"本人于某年某月被全班同学选举为生活委员,并连续两届连任,其间多次成功收齐全班班费。"

点评:经历不在乎多,在乎"精"。

5. 职务

班长、团支部书记、某校园社团负责人、学生会某部部长……诸如此类的职务在毕业生的求职简历上往往能吸引审阅者的目光。但这样的职务一多，未免让用人单位犯了迷糊——那些没当过"官"的普通学生哪里去了？

点评：不能因"职务"丢掉"诚信"。

（二）细节决定求职成败，避免简历十大错误

在简历上犯错误很容易，但挽回损失很难，特别是在简历被招聘经理看到后。所以，预防这些错误很重要，尤其对于初次写简历的人来说。以下是最常见的却又是最致命的简历错误。

（1）打字或者语法错误。你简历的文字需要完全合乎语法，避免出现任何可能引起歧义的地方。如果不是这样，招聘经理很可能会误解，或者干脆丢在一边，给你盖棺定论：做事不认真，或者，连简单的简历都写不好，那你还能干什么？

（2）缺乏细节。招聘经理需要详细知道你以前都做了些什么，你对这个行业有多熟悉。例如，一位写曾在一家餐厅工作；另一位写曾在一家餐厅工作，雇用并培训、督导超过 20 名员工，取得了 200 万元的年销售额。两者都表述了同样的经历，但是充满重要细节的后者能更吸引招聘经理的眼球。

（3）万能简历。任何时候只要你试图炮制一份万能简历，投递给所有的雇主，你的简历将会遭遇到的大部分结果将是，被招聘经理扔进废纸框。每一个老板都希望你专门为他们准备一份简历。他们期望你明确无误的展现，为什么你适合他们招聘的职位，以及在他们的这个特殊的团体里你将如何去适应这个职位。

（4）关注责任而不是成绩。你的简历很容易滑进简单罗列工作职责的模式。例如，参加小组会议，并作实录；在日间托儿所照看小孩；更新部门文件。然而招聘经理大都不关心你到底做了什么，或者完成了什么。他们在简历里期望看到这样的陈述：用掌上电脑记述每周会议记录，用办公软件编辑好，以备将来查用；为学龄前适龄儿童制定了三项日常活动，并让他们准备十分钟的度假设计；整理十年来累计的有价值的文件，以便于每个部门的人员查询。

（5）过长或者过短。简历的长短没有硬性规定。一般来说，最好能把篇幅限定在两页纸以内。但也不能说，你做简历必须用两页纸。相反，也不必把细节过多地删掉，只为了让它适合一页纸的标准。

（6）求职目标设定粗糙。用人单位当然会看你简历里面的求职目标说明，这也是显功夫的地方。但太多的简历上摆着这样笼统的语言：希望找一份具有挑战性并能提供职业训练的职位。最好能给雇主们一些具体的、更重要的信息，例如把焦点聚集在你和他们的需求上，类似这样的表述：一份具有挑战性的市场职位，能让我在为非营利性组织的筹款方面贡献我的经验和技能。

（7）缺乏吸引人的动词。要用这种有动态效果的词，例如，作为 IT 帮助平台的一部分，解决用户问题，服务超过 4 000 学生和员工。记住，动词更能吸引人的眼球。

（8）疏漏重要的信息。你可能会不愿提起，例如，曾经在学校里挣到外快的工作。有时候很可能一笔带过这样的经历，但你可能不知道，招聘经理对你从这些小事中学到的技能（如工作伦理、时间管理等）非常感兴趣。

（9）视觉上太花哨或拥挤。如果你的简历挤得太满，并且用了五种以上的字体，招聘经理一看就会头疼，结局可想而知。所以在你发出简历之前，最好能找几个人看看。问问他们，你的简历是不是在视觉上够吸引人？如果他们看起来比较困难，那么，请重新做吧！

（10）联系方式错误。曾经有一个求职者，他的简历看起来不错，基本上没有大问题，但他就是没有收到任何回复。后来有人问他是不是电话写错了，一检查，果不其然。他改正后，立即收到了他所期望去的公司的面试电话。从这个故事中我们得到一点教训：哪怕只剩最后一秒钟，也要检查你的联系方式两遍。这是理所当然应该做到的细节，早做总比晚做好。

（三）网络投递简历注意事项

目前，越来越多的公司选择在网络上招聘，有的放矢选择公司往往比试探性的网上求职成功率高得多，在网络上投递简历应注意以下事项。

1. 选择第一时间投递简历

通常网络招聘会的举办周期在一周或一个月不等，但对于求职者来说，还是要争取在第一时间寻找中意的单位，并投递出简历，以便抢占先机。

2. 选择直接向用人单位投递简历

有用人需求的公司，多数会在公司网站的人力资源部中辟出招聘专区。直接向其投递简历，比在求职网站中投档的命中率高。

3. 忌向一单位申请多职

在网络求职中，向一家单位同时申请多个职位的求职者不在少数。向一个单位同时申请多个职位，并不能表明你的能力过人，相反，用人单位会认为你非常盲目，没有自己的目标，缺乏主见。因此，向一家单位同时申请多个职位的做法不可取。

4. 根据用人单位岗位需求适度修改简历

求职者要认真研究求职岗位的需求，将自己最能胜任职位的特征要清晰地表示出来，有的求职者向所有有用人需要的单位投递相同的简历，无疑是不合适的。在你发出简历之前，你必须要确认：从简历上看，我是适合这个职位的。

5. 按招聘方要求投递简历

目前，网络病毒多以附件形式传播，招聘企业为安全起见，一般希望求职者以纯文本形式投递简历。如果用人单位对简历的格式、投递方式有特别要求，就要尽量按照对方的要求操作。

五、面试

（一）面试的种类

1. 结构化面试、半结构化面试和非结构化面试

根据面试的结构化（标准化）程度，面试可以分为结构化面试、半结构化面试和非结构化面试等三种。所谓结构化面试，是指面试题目、面试实施程序、面试评价、考官构成等方面都有统一明确的规范进行的面试；半结构化面试，是指只对面试的部分因素有统一要求的面试，如规定有统一的程序和评价标准，但面试题目可以根据面试对象而随意变化；非结构化

面试,是对与面试有关的因素不作任何限定的面试。

正规的面试一般都为结构化面试,如公务员录用面试一般为结构化面试。所谓结构化,包括三个方面的含义:一是面试过程把握(面试程序)的结构化。在面试的起始阶段、核心阶段、收尾阶段,主考官要做些什么、注意些什么、要达到什么目的,事前都会相应策划。二是面试试题的结构化。在面试过程中,主考官要考察应试者哪些方面的素质,围绕这些考察角度主要提哪些问题,在什么时候提出,怎样提,在面试前都会作出准备。三是面试结果评判的结构化。从哪些角度来评判应试者的面试表现,等级如何区分,甚至如何打分等,在面试前都会有相应规定,并在众考官间统一尺度。

2. 单独面试和集体面试

根据面试对象的多少,面试可分为单独面试和集体面试。

所谓单独面试,是指主考官个别地与应试者单独面谈。这是最普遍、最基本的一种面试方式。单独面试的优点是能提供一个面对面的机会,让面试双方较深入地交流。单独面试又有两种类型。一是只有一个主考官负责整个面试过程。这种面试大多在较小规模的单位录用较低职位人员时采用。二是由多位主考官参加整个面试过程,但每次均只与一位应试者交谈。公务员面试大多属于这种形式。

集体面试又叫小组面试,是指多位应试者同时面对面试考官的情况。在集体面试中,通常要求应试者作小组讨论,相互协作解决某一问题,或者让应试者轮流担任领导主持会议、发表演说等。这种面试方法主要用于考察应试者的人际沟通能力、洞察与把握环境的能力、领导能力等。

无领导小组讨论是最常见的一种集体面试形式。在不指定召集人、主考官也不直接参与的情况下,应试者自由讨论主考官给定的讨论题目,这一题目一般取自于拟任工作岗位的专业需要,或是现实生活中的热点问题,具有很强的岗位特殊性、情景逼真性和典型性。在讨论中,众考官坐于离应试者一定距离的地方,不参加提问或讨论,通过观察、倾听为应试者进行评分。

3. 压力性面试和非压力性面试

根据面试目的的不同,可以将面试区分为压力性面试和非压力性面试。

压力性面试是指将应考者置于一种人为的紧张气氛中,让应考者接受诸如挑衅性的、非寻常的、刁难性的刺激,以考察其应变能力、压力承受能力、情绪稳定性。典型的压力式面试是以考官穷究不舍的方式,连续就某事向应考者发问,且问题刁钻棘手,甚至逼得应考者穷于应付。考官以此种压力发问方式逼迫应考者充分表现出对待难题的机智、灵活性、应变能力、思考判断能力、气质、性格和修养等方面的素质。

非压力性面试是指在没有压力的情景下考察应考者有关方面的素质。

4. 一次性面试和分阶段面试

根据面试的进程来分,可以将面试分为一次性面试和分阶段面试。

所谓一次性面试,是指用人单位对应试者的面试集中于一次进行。在一次性面试中,面试考官的阵容一般都比较"强大",通常由用人单位人事部门负责人、业务部门负责人及人事测评专家组成。在一次面试情况下,应试者是否能面试过关,甚至是否被最终录用,就取决于这一次面试表现。面对这类面试,应试者必须集中所长,认真准备,全力以赴。

分阶段面试又可分为两种类型,一种叫"依序面试",另一种叫"逐步面试"。

依序面试,一般分为初试、复试与综合评定三步。初试的目的在于从众多应试者中筛选出较好的人选。初试一般由用人单位的人事部门主持,主要考察应试者的仪表风度、工作态度、上进心、进取精神等,将明显不合格者予以淘汰。初试合格者则进入复试,复试一般由用人部门主管主持,以考察应试者的专业知识和业务技能为主,衡量应试者对拟任工作岗位是否合适。复试结束后,再由人事部门会同用人部门综合评定每位应试者的成绩,确定最终合格人选。

逐步面试,一般是指用人单位的主管领导、处(科)长以及一般工作人员组成面试小组,按照小组成员的层次由低到高排序,依次对应试者进行面试。面试的内容依层次各有侧重,低层一般以考查专业及业务知识为主,中层以考查能力为主,高层则实施全面考查与最终把关。实行逐层淘汰筛选,越来越严。应试者要对各层面试的要求做到心中有数,力争每个层次均留下好印象。在低层次面试时,不可轻视大意,不可骄傲马虎,在面对高层次面试时,也不必胆怯拘谨。

5. 常规面试、情景面试和综合性面试

根据面试内容设计的重点不同,可将面试分为常规面试、情景面试和综合性面试等三类面试。

所谓常规面试,就是指我们日常见到的主考官和应试者面对面以问答形式为主的面试。在这种面试条件下,主考官处于积极主动的位置,应试者一般是被动应答的姿态。主考官提出问题,应试者根据主考官的提问作出回答,展示自己的知识、能力和经验。主考官根据应试者对问题的回答以及应试者的仪表仪态、身体语言、在面试过程中的情绪反应等对应试者的综合素质状况作出评价。

情景面试突破了常规面试考官和应试者"一问一答"的模式,引入无领导小组讨论、公文处理、角色扮演、演讲、答辩、案例分析等人员甄选中的情景模拟方法。情景面试是面试形式发展的新趋势。在这种面试形式下,面试的具体方法灵活多样,面试的模拟性、逼真性强,应试者的才华能得到更充分、更全面的展现,主考官对应试者的素质也能作出更全面、更深入、更准确的评价。

综合性面试兼有前两种面试的特点,而且是结构化的,内容主要集中在与工作职位相关的知识技能和其他素质上。

6. 鉴别性面试、评价性面试和预测性面试

依据面试的功能,可以将面试分为鉴别性面试、评价性面试和预测性面试。

所谓鉴别性面试,就是指依据面试结果把应考者按相关素质水平进行区分的面试;评价性面试则是指对应考者的素质作出客观评价的面试;而预测性面试是指对应考者的发展潜力和未来成就等方面进行预测的面试。

7. 目标参照性面试和常模参照性面试

依据面试结果的使用方式,可以将面试区分为目标参照性面试和常模参照性面试。

所谓目标参照性面试,就是指面试结果须明确应考者的素质水平是否达到某一既定的目标水平,通常分为合格与不合格两种;而常模参照性面试,则是指根据面试结果对应考者按素质水平高低进行排序,从而进行优胜劣汰决策的面试,结果往往分为若干档次。

（二）面试前的准备

1. 确定"3W"

明确面试前的三要素：时间（when）、地点（where）、联系人（who）。在一般情况下，招聘单位会采取电话通知的方式。这时你一定要仔细听，最好记住联系人。不要以为只有人事部负责招聘，在许多公司里有时人事部根本不参与面试，只是到最后才介入办理录用手续。关于面试地点，若不熟悉可以提前前往查看具体位置。

2. 知己知彼

首先，事先了解一些企业背景，也就是先在家做一些调查。具体了解的问题可包括：企业所在国家背景、企业所处整体行业情况、企业产品、企业客户群、企业竞争对手、企业热门话题以及企业的组织结构。若有可能最好再多了解些这个企业总经理和部门经理的情况。这些足以显示出你对该企业的热爱和向往。在当今这个信息时代，你还可以到企业的网站中了解一些相关信息，说不定会有意外的发现。当然尽管你事先为自己灌输了这么多企业的信息，可千万别一股脑儿全倒给人家，自然而然地流露出来才能达到你真正的目的，否则会有卖弄之嫌。其次，要准备问题。仔细考虑：他们会问我些什么呢？我想了解些什么呢？在想对策迎战的同时，又要找问题进行挑战。最后，模拟面试练习。模拟面试练习至关重要。而在校学生则应更多地争取这种锻炼的机会。通过模拟面试，学生们因此得到实战的锻炼机会，到真的面试时，就没那么紧张了。

3. 披挂上阵

着装力求简洁大方，无论穿什么，都必须充分展现自信。一般来说，所穿的服装要保证干净，而且适合此行业穿着。尤其是去外企，一定要穿比较职业的着装。男士应着西装，女士应穿套装。着装的好坏能左右你的自信心。只有你的着装与周围人相融合，你才会感到融洽放松，你的自信心自然也会提升。那么是否一定要穿名牌呢？其实真的没必要。企业不会看重这些，真正看重的是你的内在素养。

4. 面试前的心理调适

求职者往往不确定面试流程、面试官提问内容，担心自己表现不佳而被淘汰；自我期望过高也会加重心理负担，有些人将这份工作视为职业发展的关键跳板，过度在意结果，从而给自己施加巨大压力。只有精准剖析情绪产生的原因，才能"对症下药"，进行有针对性的心理调适。

调整认知是面试前心理调适的重要一步。求职者需要改变对面试的固有看法，将面试看作是与企业双向了解、相互选择的过程，而非单纯的被挑选。企业通过面试考察求职者是否契合岗位需求，求职者同样可以借助面试机会了解公司文化、岗位发展空间等信息。如此一来，便能减轻因"必须通过面试"而产生的心理压力。同时，正确认识自身价值也很关键，每个人都有独特的优势和能力，面试只是展现自我的一个平台，即便此次面试失败，也不代表个人能力不足，而是可能与岗位匹配度不够。用这种理性、客观的认知取代过度担忧和自我怀疑，能有效缓解面试前的紧张情绪。

掌握放松技巧有助于在面试前快速调整身心状态。深呼吸是一种简单且实用的方法，面试前找一个安静的地方，慢慢地吸气，让空气充满腹部，感受腹部的膨胀，然后缓缓呼气，重复几次，能使身体放松，平复紧张情绪。此外，冥想也是不错的选择，在面试前静下心来，排除杂念,专注于自己的呼吸和内心感受,能帮助缓解焦虑,让思维更加清晰。

模拟面试训练是增强面试信心的有效途径。求职者可以邀请身边的家人、朋友充当面试官,按照真实的面试流程进行模拟。在模拟过程中,提前熟悉面试环境、面试官提问方式和节奏,锻炼临场应变能力。模拟结束后,收集"面试官"的反馈意见,针对自己在回答问题、肢体语言、表情管理等方面存在的不足进行改进。多次模拟面试能够让求职者积累经验,减少对真实面试的陌生感和紧张感,从而在正式面试时更加从容自信。

建立积极的自我暗示同样不可或缺。面试前,求职者可以通过积极的语言暗示自己,比如在心里默默告诉自己"我准备得很充分,一定能发挥出自己的水平""我具备岗位所需的能力,是这份工作的合适人选"。这些积极的话语能够在潜意识中增强自信心,改变心理状态。同时,回忆过往成功经历,如曾经出色完成的项目、获得的奖项等,将当时的自信和成就感带入面试情境中,也有助于提升面试时的心理状态。

(三) 面试技巧

面试虽然是一个双向选择的过程,但由于应试者在整个面试中,通常是处在被动的地位。为变被动为主动,更好地进行"自我推销",使自己在众多的竞争对手中脱颖而出,就必须讲求应聘技巧。一般来说,面试技巧通常包括以下几个方面的内容。

1. 面试礼仪

是否讲究面试礼仪直接影响着主考官对求职者印象的好坏,进而决定是否录用。大学生面试时应该注意以下几个问题。

(1) 遵守时间。参加面试应按约定的时间前往,最好提前 10 分钟抵达面试地点,以显示求职的诚意,给对方留下守时的好印象。而提前半小时以上到达亦会被视为没有时间观念。

(2) 耐心等候。到达面试地点后要在等候室耐心等候,并保持安静及正确的坐、立姿势。即使按顺序该你进去面试了,当你走到门口时,如果发现主考官正与其他人交谈,也应该退至门外耐心等候,即使等候的时间稍长一些,也不能贸然闯进去。

(3) 敲门进入办公室。假如要敲门进入,应敲两下且用力适中,当办公室门打开时,要有礼貌地说声"打扰了",然后转过身去正对着门,用手轻轻将门合上,再向室内考官表明自己是来面试的。如果办公室里有几个人,其中一个给你介绍其他人时,你应该点头致意或主动问候,并努力记住每个人的姓名、职务,当对方伸出手时,你要及时与之握手,握手时要用力。

(4) 进入办公室后,不能马上坐下,等主考官告诉你"请坐"时方可坐下。坐下后不要背靠椅子,也不要弓着腰,应该很自然地将腰伸直。要努力避免一些诸如抓耳挠腮、跷二郎腿等小动作。

(5) 回答主考官的问题时,不要东张西望、心不在焉,眼睛要注视对方。如果主试者有两位或以上,回答谁的问题,目光就移向谁,且口齿要清楚,声音适中,答话要简练、完整,不用口头语。谈话时,要注意聆听,不能随便打断主考官说话。这样既礼貌,又能抓住问题的要点和实质。如果遇到不明确的部分,可说:对不起,某部分我未听清。主考官通常会进一步稍加解释。这样既能搞清问题,又可以给对方留下虚心诚恳的好印象。

（6）要一一回答对方的问题，对方给你作某些情况介绍时，你要认真听。为了吸引对方更热心地给你介绍情况，你可以在适当的时候点头或答话。

（7）在整个面试过程中，要保持举止文雅、谈吐谦虚、态度和蔼。虽然这些都是细微的小事，但事实上这些礼仪与求职者能否被录用有很大关系。

（8）面试结束时，不管结果如何，都应该站起身向主考官和工作人员说"谢谢"。在走出办公室时先打开门，然后转过身来向主考官鞠一躬并再次表示感谢，然后轻轻将门关上。

2. 面试常设问题及应答技巧

参加面试会遇到各式各样的问题。在回答问题时不可含含糊糊，不得要领，更不可断章取义，表达不清。为了帮助求职者顺利通过面试，我们将面试中常设问题归纳为以下几种类型，以便求职者采用相应的技巧去应对。

（1）基本性问题。这类问题是主考官为考查应聘者的基本情况而设置的。一般包括个人背景，受教育情况，求职动机，自我评价等内容。

① 个人背景。在一般情况下，这些材料已填写在履历表内。主考官再次提到的目的是引导被试者消除紧张，进入角色，树立信心，以利于正常发挥水平，再就是检查被试者口齿是否清楚，初步判定语言表达能力。常见的问题有：请你介绍一下你的家庭情况、籍贯，你父母分别从事什么职业？你有几个兄弟姐妹？分别在干什么？对于这些问题，被试者不需要怎么思考，但最重要的是一开始就要注意调整好自己的应试状态，充满自信，口齿清楚，回答全面，且要注意尽量简洁。

② 受教育情况。受教育的大体情况在履历表中也已列出，提这类问题是为了获得更详细的情况。这类问题常有：你们开设了哪些课程？这些课程与此项工作有什么联系？你在校期间参加了校内什么团体，担任什么职务？为什么参加这些团体，有何收获？在校期间，你获得过什么荣誉和奖励？回答这类问题总的原则是，令招聘单位感兴趣的内容可适当多谈一些。例如，回答上述第二个问题时，把自己所学的重要课程及与此项工作有关的课程提出即可，不要面面俱到地把所有的课程都说一遍。再如，回答上述第四个问题时，不要仅简单地回答获得什么，还要简要地叙述一下为什么被授予这个荣誉。

③ 求职动机。提这类问题主要是看被试者是否对用人单位和应聘职位有所了解。这类问题常有：你选择本单位的原因是什么？你希望单位如何安排你的工作、待遇？你在工作中追求什么？个人有什么打算？你想怎样实现你的理想和抱负？回答上述第一个问题时，应将用人单位的情况与自身的长处结合起来，同时应尽量具体，让人信服。例如，"贵单位上下级关系融洽，在这样的环境里工作，心情一定舒畅，可以充分发挥自己的才干""贵单位是涉外单位，我的英语水平不错，在这里工作一定能发挥自己的长处，做出成绩来"。回答上述第二个问题时不要提出过高要求，应该表明自己愿意服从单位恰当的安排，不要单纯强调自己的要求。回答上述第三个问题时，就可以对自己的工作设计一下，但目标理想要切合实际，不要大而空，也不要简单地说目前还没有什么打算，可谈一下被录取后怎样工作的打算。

④ 自我评价。这类问题主要是考察被试者是否能正确地评价自己。常提问题有：你是怎样一个人，请谈谈你的优点和不足？请谈谈你的兴趣爱好、有何特长？你的创造性怎样？你的创造能力的最好例证是什么？回答上述第一个问题时，要坦诚、实事求是地谈出自己的长处与不足，包括你的为人处世，学业成绩和生活习惯等方面。在介绍缺点时，既要如实点

到，又要谈到成因及改进的方面，以及反衬自己某些方面的长处。回答上述第二个问题时，如果平平淡淡没有什么特长和兴趣爱好，会给人一种没有活力、缺乏情趣、平庸的感觉。若你真的没有什么特长，可以说比较喜欢爱好什么，千万不要胡编乱造，因为主考官可能会与你谈谈某一活动的细节。上述第三个问题可以从你思维的流畅性、发散性和独创性几方面来回答。

（2）随意性问题。在面试中，主考官常根据面试的进展情况，随意穿插一些问题，让你随便聊聊。这些问题内容广泛，它包括生活类、交际类、职业类和刁钻类，既没有固定的模式，也没有什么标准答案，给被试者以自由发挥的机会。设置这类问题的目的是，考查被试者的灵巧性、应变力及个性品质等。

（3）操作性问题。主考官还经常会提出一些操作性很强的问题，目的是检查应试者的基本技能达到何种水平，实践能力如何。常设的问题有：讲一堂课，你将采用哪些步骤？用什么教法？这种教法的优、缺点是什么？你采取什么样的步骤做××实验？能否做新的选择？推销××商品，你将如何设计工作步骤？你是如何与别人讲价的？怎样与人谈判？谈判完了，你怎么做？客户来了你怎么接待？对于这类问题，大多围绕操作程序的规则，构成的原理，事物的成因来回答，一般要谈出自己的见解及新的思路，且要谈得实在，不能含糊。

3. 面试语言运用技巧

面试场上应试者的语言表达艺术，反映出其成熟程度和综合素质，对求职者而言，掌握语言运用的技巧无疑是重要的。在面试中，除了口齿清晰、语言流利、文雅得体、语气平和、语调恰当、音量适中、语言含蓄、机智、幽默之外，还应合理运用以下技巧。

（1）"外交性语言"的运用。外交语言的特点是客气、友善、不卑不亢、机智灵活等，我们可以借鉴。一是利用客套语言，营造友善气氛。二是委婉回答一些带刺的问题。

（2）"新闻性语言"的运用。新闻语言的特点是简洁、明了、通俗、准确，把最重要的东西放在最前面。运用新闻语言，可以显示一个人干脆利落、明快果断的作风。在应用时需注意以下几点：一是自我介绍要简单明快。二是回答复杂的问题，要先提出要点，再分层扼要说明，让主考官认为你条理清楚、逻辑性强。三是谈受聘专业时，适当、准确地使用专业术语，暗示对方，你是内行。谈其他专业时则多用通俗语言，少用专业术语，以免让对方觉得你在故意卖弄。四是谈及数据时，尾数都要准确，给人以严密细致的印象。五是在谈话中，适当运用成语、典故，以表现自己的语言功底。

（3）特种语言的使用。就是使用绝招、出奇制胜。一是丰富的想象。面试中的提问，都有其目的。例如，主试官问你"请顺着窗子往外看，你看到了什么"，问这类问题，绝不是要考你的视力，而往往是看你有没有丰富的想力。因此，你如果老老实实地回答你所看到的事物，那肯定通不过。你可以这样回答："我似乎看到好多人好多车在排队等购我们公司的产品。我想，如果我能被录用的话，我会和你们一道把这种预想变成现实的。"二是曲径通幽。面试中，有的问题不便正面回答，可以另辟蹊径，达到目的。有这样一个例子：在一次招聘管理人员的面试中，一位应试者较好地回答了所有的问题，这时主考官提出了这样的问题："按照你的面试情况，好像也够管理人员的条件。不过我们招聘的管理人员名额有限，很可能要委屈你当一般工作人员，不知意下如何？"妥当的回答是："我注意到了贵单位在招聘的公告中讲的是招聘管理人员这一公开事实，我也是基于这一目的而来的。当然，也许在进入管理层之前,需要做一段一般工作以熟悉具体情况,不少有远见卓识的单位领导人对于手下的骨干都是这样安排的。如果真是这样,说明贵公司是立足长远考虑的。我也有充分的自信,不会在一般工作岗位上干很久。"

4. 化解面试危机技巧

面试中出现的危机主要表现在以下两方面:

(1)怎样应对尴尬局面。面试常出现的尴尬局面有如下几种。

① 过度紧张。过度紧张不但会给主考官留下坏印象,还会无法集中注意力回答问题,因此必须学会控制。控制可以采取以下方法:一是转化控制。不要把一次应试得失看得太重,要洒脱些;同时暗示自己,其他的应试者也同样会紧张;最后要想到,此处不留人,自有留人处。二是冷化控制。挺直腰,身体微微前倾,"四平八稳"地坐在椅子上,做深呼吸。或用机械的方法自控,如咬紧嘴唇,手捏肌肤等,这样触觉刺激在大脑皮层引起强烈的兴奋,对已有的情绪兴奋起负诱导作用,从而达到冷化控制的目的。三是缓解控制。在面试前,可进行自我鼓励,心里默念:"我能行,我能行……"这样会使你紧张的情绪得到缓解。四是环境控制。在面试前可预先到达应试场所,熟悉环境,增强信心。或找亲朋好友搞几次模拟面试。作好充足准备,可消除临场的紧张感。五是节奏控制。不要抢着回答问题,主考官问完之后,不妨稍等两秒钟再徐徐开口。掌握说话节奏,不能太快,快中出错会乱了阵脚,造成心理紧张,也不能太慢,太慢会引起主考官听得不耐烦,继而又引起你的慌乱。六是泄露控制。经过以上努力,仍不缓解紧张,最明智的办法就是坦白告诉主考,例如说:"对不起,我确实有点紧张,可不可以让我先冷静一下,再回答您的问题?"通常主考官都会同情你,并因你的诚实真诚留下好印象。而你也因为讲了出来,觉得舒服多了,因此紧张程度大大减轻。

② 说错了话。人在紧张的场合下说错话是很难避免的。说错话后明智的做法应该是:保持镇静,分析错误。如果说错的话无碍大局,也没有失礼、得罪人,就不必担心什么,用人单位不会因为一次小错误而放过合适的人才,而且主考官也会谅解你因为紧张而出的错。因此,可以不必理会,继续小心应对后面的问题。如果说错的话比较重要,或者因此会得罪人,就应该立即纠正错误,给对方道歉。

③ 沉默。在面试中,沉默有两种情况:一种是组织程序衔接不好,出现沉默,一种是为检查应试者的反应能力,主考官故意设置的情境。对此,可以预先准备。在面试前就应准备些合适的话题,以便在此时提出来打破沉默。还可以临场发挥。此时可以顺着先前的谈话内容,继续谈下去。

④ 遇到不懂或不明白的问题。正确的做法应该是:对于不懂的问题,应该坦白承认。对于不明白的问题,如果是没有听清楚,就请对方重复一次。如果明白是主考官问得模糊,就应该婉转表明自己不太明白问题要求哪一方面的答案,可尝试给出最可能接近的资料,说"不知道您想知道的是不是……"。总之,最重要的是态度诚恳,不能胡乱猜测、信口开河,切忌当面指责主考官。

(2)应付困难问题。这类问题的内容涉及你的态度、价值观、品格、求职动机、认识能力、应变能力、把握机遇的能力等方面。出现方式往往是突如其来,无法预测的。应付的方法通常是镇静沉着,充分准备,随机应变。例如,主考官问你希望得到多少薪酬。首先,你应该预先了解自己申请的同类同层次工作的市场价位,当主考官提出这个问题时,可以巧妙地回答"我没有一个既定的金额,我还需要多了解一点关于这个职位的详细情况"或"我相信我们如果互相满意的话,薪酬问题是一定可以达成协议的"。回答这个问题时要慎重,切勿让主考官觉得你脑子中只想着钱,但也不要装出一副完全不计较金钱的样子。

六、创业技能

创业,是一个充满诱惑的字眼,创业意味着成功、财富、地位和名望;创业也是一个让人恐惧的字眼,因为它也意味着失败、艰辛、落魄和名誉扫地。据调查,52%即将毕业的大学生都有创业意愿,在目前就业工作形势严峻的情况下,以创业带动就业是提高大学生就业的有效途径。

(一) 创业的内涵

创业就是开创事业,是指创业者通过发现和识别商业机会,成立活动组织,利用各种资源,提供产品和服务,从而创造价值的过程。

创业是就业的另一种模式,所不同的是创业者不是被动地等待他人给自己"饭碗"(就业机会),而是主动地为自己和他人创造"饭碗"。目前,我们国家提倡和鼓励大学生自主创业,并为此出台了一系列包括工商、税务等方面的优惠政策。之所以提倡大学生创业,除了创业不失为缓解目前就业压力的一条有效途径外,更重要的是引导大学生培养敢于开拓的创业精神。

(二) 大学生自主创业的基本思路

1. 了解所涉及行业的现状

想创业,一定要对某一行业越熟悉越好,不要光凭想象、冲劲做事。创业者要认真分析对拟创业的项目的现状,尽快熟悉这一领域,不仅要熟悉该行业的相关知识和技能,更重要的是这一行业的发展趋势、经营管理特点,顾客需求特点,原料、人力等资源的供给渠道、产品销售情况、竞争对手的情况等。只有知己知彼,方能百战不殆。

2. 发挥自己的知识优势和特长

创业者在创业前,要问自己"我适合干什么行业""我干什么最有把握"。创业者要做到扬长避短,要有利于发挥自己的长处、经验、学识和能力。分析自我的性格和气质;分析自己的素质和能力,包括人格魅力、知识基础、能力大小、心理承受能力等要素。同时,也要认真分析自己的社会关系,对于刚毕业的大学生来说,创业初期会面临很多自己解决不了的问题和困难,这时很需要能够获得帮助和支持。

3. 确立创业目标

创业者确立创业目标,必须建立在对自我分析和欲创业的行业分析上。创业目标的制定,直接涉及创业是否成功,一个错误的创业目标,是不可能取得成功的。正确的创业目标要符合自身发展与社会需求,只有符合社会需求的创业才能给创业者带来利益。

4. 制订创业计划

创业计划是对创业项目的调查和论证,也是说服自己,更是说服投资者的重要文件。制订创业计划是整个创业的核心，它不仅是创业者构思的体现，也是吸引投资的依据和创业实践的指导方针。创业计划一般以书面形式体现，包括创业主题，公司、企业简介，自身能力、资金、设备、社会关系等状况的分析，市场调研和预测，企业的发展目标、任务与阶段，企业组织计划，企业财务，风险预测和防范，相关的法律法规或政策文件，等等。

（三）大学生创业者的基本素质

1. 强烈的创业意识

要想取得创业的成功，创业者必须具备自我实现、追求成功的强烈的创业意识。强烈的创业意识，能帮助创业者克服创业道路上的各种艰难险阻，将创业目标作为自己的人生奋斗目标。创业的成功是思想上长期准备的结果，事业的成功总是属于有思想准备的人，也属于有创业意识的人。

2. 良好的创业心理素质

创业之路是充满艰险与曲折的，创业者要面对变化莫测的激烈竞争以及随时出现的需要迅速正确解决的问题和矛盾，这需要创业者具有非常强的心理调控能力，能够持续保持一种积极、沉稳的心态，即有良好的创业心理素质。它是对创业者的创业实践过程中的心理和行为起调节作用的个性心理特征，它与人固有的气质、性格有密切的关系，主要体现在人的独立性、敢为性、坚忍性、克制性、适应性、合作性等方面，它反映了创业者的意志和情感。创业的成功在很大程度上取决于创业者的创业心理品质。宋代大文豪苏轼说："古之成大事者，不惟有超世之才，亦必有坚忍不拔之志。"只有具有处变不惊的良好心理素质和愈挫愈强的顽强意志，才能在创业的道路上自强不息、竞争进取、顽强拼搏，也才能从小到大，从无到有，闯出属于自己的一番事业。

3. 自信、自强、自主、自立的创业精神

自信就是对自己充满信心。自信心能赋予人主动积极的人生态度和进取精神，不依赖、不等待。要成为一名成功的创业者，必须坚持信仰如一，拥有使命感和责任感；信念坚定，顽强拼搏，直到成功。信念是生命的力量，是创立事业之本，也是创业的原动力。要相信自己有能力、有条件去开创自己未来的事业，相信自己能够主宰自己的命运，成为创业的成功者。自强就是在自信的基础上，不贪图眼前的利益，不依恋平淡的生活，敢于实践，不断增长自己各方面的能力与才干，勇于使自己成为生活与事业的强者。自主就是具有独立的人格，具有独立性思维能力，不受传统和世俗偏见的束缚，不受舆论和环境的影响，能自己选择自己的道路，善于设计和规划自己的未来，并采取相应的行动。自主还要有远见、有敢为人先的胆略和实事求是的科学态度，能把握住自己的航向，直至达到成功的彼岸。自立就是凭自己的头脑和双手，凭借自己的智慧和才能，凭借自己的努力和奋斗，建立起自己生活和事业的基础。

4. 竞争意识

竞争是市场经济最重要的特征之一，是企业赖以生存和发展的基础，也是一个人立足社会不可缺乏的一种精神。人生即竞争，竞争本身就是提高，竞争的目的只有一个——取胜。随着我国社会主义市场经济从低级向高级发展，竞争愈来愈激烈。从小规模的分散竞争，发展到大集团集中竞争；从国内竞争发展到国际竞争；从单纯产品竞争，发展到综合实力的竞争。因此，创业者如果缺乏竞争意识，实际上就等于放弃了自己的生存权利。创业者只有敢

于竞争,善于竞争,才能取得成功。创业者创业之初面临的是一个充满压力的市场,如果创业者缺乏竞争的心理准备,甚至害怕竞争,就只能是一事无成。

5. 全面的创业能力

创业能力是一种特殊的能力,这种特殊能力往往影响创业活动的效率和创业的成功。创业能力包括决策能力、经营管理能力、专业技术能力、交往协调能力和创新能力。

(1) 决策能力。决策能力是指创业者根据主客观条件,因地制宜,正确地确定创业的发展方向、目标、战略,以及具体选择实施方案的能力。决策是一个人综合能力的表现,一个创业者首先要成为一个决策者。创业者的决策能力通常包括分析、判断能力和创新能力。大学生要创业,首先要从众多的创业目标以及方向中进行分析比较,选择最适合发挥自己特长与优势的创业方向和途径、方法。在创业的过程中,要能从错综复杂的现象中发现事物的本质,找出存在的真正问题,分析原因,从而正确处理问题,这就要求创业者具有良好的分析能力。所谓判断能力,就是能从客观事物的发展变化中找出因果关系,并善于从中把握事物的发展方向,分析是判断的前提,判断是分析的目的,良好的决策能力是良好的分析能力加果断的判断能力。创业实际就是一个充满创新的事业,所以创业者必须具备创新能力,有创新思维、无思维定式,不墨守成规,能根据客观情况的变化,及时提出新目标、新方案,不断开拓新局面,创出新路子。可以说,不断创新是创业者不断前进的关键环节。

(2) 经营管理能力。经营管理能力是指对人员、资金的管理能力。它涉及人员的选择、使用、组合和优化;也涉及资金聚集、核算、分配、使用、流动。经营管理能力是一种较高层次的综合能力。经营管理能力的形成要从学会经营、学会管理、学会用人、学会理财等方面去努力。

(3) 专业技术能力。专业技术能力是创业者掌握和运用专业知识进行专业生产的能力。专业技术能力的形成具有很强的实践性。许多专业知识和专业技巧要在实践中摸索,逐步提高发展、完善。创业者要重视创业过程中知识积累的专业技术方面的经验和职业技能的训练,对于书本上介绍过的知识和经验在加深理解的基础上予以提高、拓宽;对于书本上没有介绍过的知识和经验要探索,在探索的过程中要详细记录、认真分析,进行总结、归纳,上升为理论,形成自己的经验特色,积累起来。只有这样,专业技术能力才会不断提高。

(4) 交往协调能力。交往协调能力是指能够妥善地处理与公众(政府部门、新闻媒体、客户等)之间的关系,以及能够协调下属各部门成员之间关系的能力。创业者应该做到妥当地处理与外界的关系,尤其要争取政府部门包括工商以及税务部门的支持与理解;同时,要善于团结一切可以团结的人,团结一切可以团结的力量,求同存异、共同协调地发展,做到不失原则、灵活有度,善于巧妙地将原则性和灵活性结合起来。总之,创业者搞好内外团结,处理好人际关系,才能建立一个有利于自己创业的和谐环境,为成功创业打好基础。

(5) 创新能力。创新是知识经济的主旋律,是企业化解外界风险和取得竞争优势的有效途径。创新能力是创业者素质的重要组成部分。它包括两方面的含义:一是大脑活动的能力,即创造性思维、创造性想象、独立性思维和捕捉灵感的能力。二是创新实践的能力,即人在创新活动中完成创新任务的具体工作的能力。创新能力是一种综合能力,与人们的知识、技能、经验、心态等有着密切的关系。具有广博的知识、扎实的专业基础知识、熟练的专业技能、丰富的实践经验、良好的心态的人容易形成创新能力，它取决于创新意识、智力、创造性思维和创造性想象等。

在上述五个方面的基本素质中，每一项基本素质均有其独特的地位与功能，任何一个要素都会影响其他要素的形成和发展，影响其他要素的功能和作用的发挥，乃至影响创业的成功。因此，一个未来的创业者，不但要注意在环境和教育的双重影响下培养自己的创业素质，而且要重视其整体结构的优化，在创业实践中不断提高自我的创业素质。

（四）大学生创业要处理好的关系

1. 创业与学业

近年来，为了鼓励在校学生创业，教育部和许多高校出台了相关政策，允许学生保留学籍，休学开办高科技企业。这些措施给希望创业的学生提供了宽松的发展环境和良好的发展机遇。但是，是否学生都应该休学去创业呢？

客观地讲，在校学生创业主要是参与社会实践的一种方式，是为了更好地将所学知识应用于实践。在校生的主要任务是打好文化知识和技能的基础，为长远的发展做好准备。只有对那些学有余力、成绩优秀、创业条件成熟的学生来说，边读书边创业才是可行的选择。由于读书和创业都要投入较大的精力，难免顾此失彼，甚至两头落空。休学创业是需要慎重考虑的事情。因为在年轻的时候丢下学业，忽视了自身的提高，从长远来说，可能是得不偿失的。除非创业项目的时效性、创新性特别强，市场前景特别好，投资有保障，才可以考虑选择休学创业，否则，还是以学业为重。如果学业上取得了优异成绩，那么创新、创业也自然会水到渠成。

2. 创业与毕业

在严峻的就业形势面前，学生不要消极等待或无谓地哀叹"毕业即失业"，要积极主动地创造机会，树立"毕业即创业"的新观念，充分发挥自己的才能，这才是明智的选择。能够顺利地毕业，意味着经过大学几年的学习，在知识积累、能力培养、技能提高等方面都有所进步，达到了一个较高的层次，已经具备了创业者的一些基本条件和素质。创业并不像别人想象的那么神秘，其实只要敢于尝试，创业之路就在脚下。

3. 创业与就业

从本质上看，创业与就业都是完成自我实现、体现自我价值的方式。两者的差别首先在于：前者所从事的工作是自己创造出来的，后者所从事的工作是别人提供的。同时，创业者还为社会提供了更多的就业机会，因而承担的社会责任也相对比较大。但是无论哪种形式，都需要具有较高的文化素质、熟练的专业技能、很强的工作能力。就业是创业的基础，没有许许多多从业者在自己的岗位上努力工作，创业者要取得成功也是难以想象的。创业是就业的提高。许多人通过就业活动锻炼了才干，认识了市场以后，也会在时机成熟的时候走向创业。可见创业和就业不可偏废：只有充分认识就业在创业活动中的基础作用，才会以更大的热情、更高的责任心投入平凡的工作中去；只有理解创业对就业的带动作用，才会更加积极地工作，开创事业发展的新天地。

人物案例

一名快递小哥的自述

回想起 2019 年 2 月 1 日那天,我至今都感觉像在做梦一样:因为临近过年,快递很多,我便主动来到位于北京前门石头胡同的顺丰营业站帮忙。大家在整理完快递正要出门派送时,突然听到一声"总书记来了"! 我们急忙跑出来一看,果真是习近平总书记。那一刻,我终生难忘。总书记亲切询问了我们这些"快递小哥"的工作生活情况,对我们说:"'快递小哥'工作很辛苦,起早贪黑、风雨无阻,越是节假日越忙碌,像勤劳的小蜜蜂,是最辛勤的劳动者,为大家生活带来了便利。"总书记和我握手时,我激动得说不出话来。我真切地感受到,总书记心中始终装着我们这些普通的一线劳动者。

总书记的鼓励让我干劲儿更足了。这些年来,我无数次穿行在前门附近的胡同小巷,准时把每一件快递送到居民手中,风雨无阻。我竭尽所能为邻里街坊提供便利服务:有的老年人不会使用手机寄快递,我就帮忙下单;有的居民搬运大且重的货物,我主动上前搭把手;有的居民想吃附近美食,我会顺手帮他们带来……日子久了,我和邻里街坊的距离也更近了。以前大家看到我,往往说声"小哥来啦",亲切点儿的会喊声"阔儿来啦";现在大家都会笑呵呵地喊声"小蜜蜂来啦"。我越来越体会到,虽然手中传递的是货物,但串起的是人心。

令我感动的是,同事们也都奔跑在服务群众的"最后一公里"上:帮大妈们买菜,帮大爷们倒垃圾,给生病的孩子送药……许多同事都说,做得多了,跟邻里街坊也越来越亲。

记得我 6 年前刚来北京时,心中只有一个想法:要比在老家多赚点钱。上班第一天,大大小小的胡同让我犯了难。那时还担心,快递这碗饭能吃多久。但这些年坚持做下来,不仅和大家相处得其乐融融,也真正懂得了用勤劳双手去努力奋斗的意义。如今,党和国家对快递这个行业越来越重视,出台很多政策保障"快递小哥"的合法权益。社会各界也纷纷响应,比如在工会和街道帮助下,我们这个服务点已从最初的一间简单小屋建设成一个"驿站",快递员、外卖员,甚至附近居民,都可以来喝喝茶、歇歇脚,每天这里充满欢声笑语。对这里、对行业,我也有了更强的归属感和认同感。

再分享一个好消息,不久前,我光荣加入中国共产党,成为一名中国共产党党员,责任重大、使命在肩。今后我愿意继续做一只"勤劳的小蜜蜂",对每一件快递尽心尽责,为每一天奔忙默默努力,在平凡岗位上贡献青春力量。

快递小哥每天走街串巷,传的是货物,串起的是人心。他是 2019 年在前门石头胡同快递点激动地和总书记握手的快递小哥;他是新中国成立 70 周年庆典活动群众游行中,"勤劳的小蜜蜂"中的一员;他是 2022 年北京冬季奥运会开幕式上,代表普通邮政快递业出场的"护旗手";他更是 5 年来,送出近 15 万件包裹,跑坏 20 余双鞋,朋友圈从几百人扩大到几千人的一名北京普通快递小哥。他就是刘阔,是顺丰速运有限公司北京大区陶然北岸经营分部快递员。

　　劳动创造幸福,实干成就伟业。党的十八大以来,习近平总书记始终心系牵挂劳动者,在不同场合多次关心关怀劳动者,为他们的辛勤付出点赞喝彩。作为全国 400 万名快递小哥中的一员,刘阔的人生因为快递而改变。在刘阔看来,如今的快递服务行业从业者,在做好本职工作的同时,可以主动帮助身边有需要的人做一些力所能及的事。他的普通与奇遇交织着,映射的是新时代背景下普通劳动者的机遇,站在他背后的是全国 400 万名快递小哥,是近千万新业态从业者。

主要参考文献

[1] 王春生,王清皿,徐靖喻.大学军事教程[M].3 版.厦门:厦门大学出版社,2019.

[2] 郑冬冬.大学生安全教育[M].北京:电子工业出版社,2023.

[3] 王振洪,江梅芳.大学生入学导读[M].5 版.北京:高等教育出版社,2022.

[4] 谷利成,邹烨,余晖.大学生职业生涯规划与就业指导[M].北京:电子工业出版社,2024.

[5] 于成文.大学生心理健康[M].2 版.北京:清华大学出版社,2024.

教学资源服务指南

高等教育出版社

感谢您使用本书。为方便教学，我社为教师提供资源下载、样书申请等服务，如贵校已选用本书，您只要关注微信公众号"高职素质教育教学研究"，或加入下列教师交流QQ群即可免费获得相关服务。

"高职素质教育教学研究"公众号

最新目录
样书申请
资源下载
写作试卷
线上购书

师资培训　教学服务　教材样章

资源下载：点击"**教学服务**"—"**资源下载**"，或直接在浏览器中输入网址（http://101.35.126.6/），
　　　　　注册登录后可搜索下载相关资源。（建议用电脑浏览器操作）
样书申请：点击"**教学服务**"—"**样书申请**"，填写相关信息即可申请样书。
样章下载：点击"**教材样章**"，可下载在供教材的前言、目录和样章。
师资培训：点击"**师资培训**"，获取最新直播信息、直播回放和往期师资培训视频。

 **联系方式**

职业素养和创新创业教师交流QQ群：310075759
联系电话：（021）56961310　电子邮箱：3076198581@qq.com